A QUESTÃO AGRÁRIA NO BRASIL

Debate sobre a situação e perspectivas da reforma agrária na década de 2000

João Pedro Stedile (org.)
Douglas Estevam (assistente de pesquisa)

A QUESTÃO AGRÁRIA NO BRASIL

Debate sobre a situação e perspectivas da reforma agrária na década de 2000

1ª edição

EDITORA
EXPRESSÃO POPULAR

São Paulo – 2013

Revisão: *Lia Urbini e Maria Elaine Andreoti*
Projeto gráfico e diagramação: *ZAP Design*
Capa: *Marcos Cartum*
Impressão e acabamento: *Intergraf Ind. Gráfica Eireli*

Dados Internacionais de Catalogação-na-Publicação (CIP)

Q5 A questão agrária do Brasil: debate sobre a situação e perspectivas da reforma agrária na década de 2000 / João Pedro Stedile (org.) ; Douglas Estevam (assistente de pesquisa).--1.ed.-- São Paulo : Expressão Popular, 2013.
242 p. : tabs., fots.—(A questão agrária; v. 8).

Indexado em GeoDados - http://www.geodados.uem.br
ISBN 978-85-7743-220-2.

1. Reforma agrária – Brasil. 2. Movimentos sociais rurais - Brasil. 3. Agronegócio – Brasil. I. Stedile, João Pedro, Org. II. Estevam, Douglas, (Ass. de Pesq.) III. Título. IV. Série.

CDD 3072420981
CDU 333.013.6(81)

Catalogação na Publicação: Eliane M. S. Jovanovich CRB 9/1250

1ª edição: março de 2013
2ª reimpressão: maio de 2015

EDITORA EXPRESSÃO POPULAR
Rua Abolição, 201 – Bela Vista
CEP 01319-010 – São Paulo – SP
Tel: (11) 3522-7516 / 4063-4189 / 3105-9500
editora.expressaopopular.com.br
livraria@expressaopopular.com.br
www.facebook.com/ed.expressaopopular

SUMÁRIO

A HISTÓRIA DA QUESTÃO AGRÁRIA NO BRASIL

Existem diversas formas para analisar e estudar a questão agrária no geral e no Brasil em particular. Nesta coleção, o enfoque principal está na economia política e na história, utilizadas como instrumento científico de interpretação da questão agrária pelos autores e teses publicados. É uma forma específica de analisar a questão. Se quisermos mais abrangência, poderemos buscar outras áreas do conhecimento, como a análise da evolução das classes sociais no campo, ou do desenvolvimento das forças produtivas, ou do desenvolvimento das lutas e dos movimentos sociais. Para todos esses vieses, existe uma ampla literatura de pesquisa e de estudos, realizados e publicados pelos nossos Históriadores, cientistas políticos e sociólogos.

A questão agrária I – O debate tradicional – 1500-1960

Primeiro volume da coleção, traz uma coletânea de autores, considerados "clássicos", que se debruçaram na pesquisa, durante a década de 1960, para entender a questão agrária brasileira no período colonial. Foram estes os primeiros autores que, do ponto de vista da economia política e da história, procuraram interpretar as relações sociais e de produção na agricultura brasileira.

A questão agrária II – O debate na esquerda – 1960-1980

O segundo volume reúne textos que aprofundam ainda mais os estudos, que chegam aos anos 1980 com a publicação do histórico documento *A Igreja e os problemas da terra*, uma análise sociológica da natureza dos problemas agrários. Esta análise representou um elo entre a polêmica criada pelos estudos da década de 1960 até o fim da ditadura nos anos de 1980.

A questão agrária III – Programas de reforma agrária – 1946-2003

O terceiro volume é uma coletânea dos diversos projetos e programas políticos que setores sociais, classes e partidos ofereceram à sociedade brasileira como interpretação e solução do problema agrário. A opção pela publicação desses textos se baseou no fato de representarem vontades coletivas de partidos ou de movimentos sociais, e não simples expressões individuais. Assim, reunimos todas as principais propostas – desde a do Partido Comunista do Brasil (PCB), na Constituição de 1946, até o programa unitário dos movimentos camponeses e entidades de apoio, de 2003.

A questão agrária IV – História e natureza das Ligas Camponesas – 1954-1964

O quarto volume tem o objetivo de divulgar as experiências de luta e as iniciativas de organização das Ligas Camponesas num período específico da história recente do Brasil, mobilizando, na luta direta, durante dez anos, milhares de camponeses.

A questão agrária V – A classe dominante agrária – natureza e comportamento – 1964-1980

O quinto volume é um profundo estudo realizado por Sonia Regina de Mendonça sobre a natureza das principais organizações políticas da classe dominante no meio rural, em especial a Sociedade Nacional de Agricultura, União Democrática Ruralista (UDR), a Sociedade Rural Brasileira, bem como seus representantes. A autora analisa também as relações promíscuas entre as classes dominantes e o Estado brasileiro, particularmente no que se refere à sua influência nos rumos da política agrária e agrícola.

A questão agrária VI – A questão agrária na década de 1990

O sexto volume foi inicialmente publicado pela editora da Universidade Federal do Rio Grande do Sul (UFRGS), de Porto Alegre, com o título *A questão agrária hoje*. Como havia uma demanda da própria universidade para atender às necessidades do intenso debate que houve naquele período permeado pela redemocratização do país, ele acabou sendo publicado antes dos demais. Foi um esforço para publicar análises e polêmicas de diversos autores, pesquisadores da questão agrária, que surgiram, ou ressurgiram, após a queda da ditadura, sobretudo com a reaparição dos movimentos sociais no campo.

A questão agrária VII – O debate na década de 2000-2010

O sétimo volume resgata o debate ocorrido nestes anos de 2000-2010, marcado pela derrota político-eleitoral do programa democrático-popular que incluía a implementação de uma reforma agrária clássica no país. Com essa derrota, é implantado no Brasil um novo modelo de dominação do capital na agricultura, dentro da lógica do neoliberalismo, conhecido como agronegócio.

A questão agrária VIII – Situação e perspectivas da reforma agrária na década de 2000-2010

O oitavo volume da coleção reúne o debate havido, e que ainda está em curso, sobre as mudanças que têm ocorrido na natureza da reforma agrária. Aglutinam-se aqui diversos textos analíticos de pesquisadores e representantes dos movimentos sociais que atuam no campo que procuram refletir sobre as diferentes interpretações que ocorreram na natureza da reforma agrária a partir das mudanças estruturais analisadas no sétimo volume. O debate central gira em torno do argumento da classe dominante de que não há mais necessidade de reforma agrária no Brasil.

***

Esse volume reúne diversos textos e ensaios com um objetivo claro de recolocar o debate sobre a natureza da reforma agrária no Brasil, a partir da nova realidade agrária hegemonizada pelo modelo do capital, o agronegócio.

Na história da luta pela terra e pela reforma agrária, tivemos vários tipos de reforma agrária em todo mundo determinados pelo desenvolvimento das forças produtivas do capital, e pela capacidade de organização dos trabalhadores, dos movimentos camponeses e de proletários rurais.

Durante o período colonial, dominado pelo capitalismo comercial europeu e suas formas perversas de produção – que incluiu trabalho escravo –, a luta pela terra se combinava com a luta pela liberdade e pela soberania nacional sobre o território. Durante o capitalismo industrial, as burguesias nacionais perceberam que a concentração da propriedade fundiária nãos mãos de uma oligarquia rural rentista, impedia o desenvolvimento das forças produtivas e do mercado interno. E por isso tomaram a iniciativa de realizar as reformas agrárias. Ou seja, reformas estruturais na propriedade privada da terra, democratizando seu acesso e transformando os camponeses em produtores e consumidores de mercadorias. E assim, os mercados internos se potencializaram e o capitalismo industrial floresceu de forma mais rápida. Essas reformas agrárias clássicas ocorreram em praticamente todos os países, hoje, industrializados do hemisfério norte, no período que vai de 1870 (comuna de Paris) até 1956 (Guerra da Coreia).

No Brasil, vivemos diversas situações da luta pela terra e pela reforma agrária ao longo de nossa história. No período colonial, saímos da escravidão sem ter democratizado a terra. Na expressão do professor José de Souza Martins, "libertou-se o trabalho, mas escravizou-se a propriedade da terra." Ao contrário do que haviam conseguido os trabalhadores escravos do Haiti.

Durante o modelo de desenvolvimento industrial (1930-1980) a cada crise cíclica do modelo, emergiam propostas da necessidade da reforma agrária clássica, para desenvolver o mercado interno, distribuir renda e expulsar o capitalismo industrial. As propostas de reforma agrária clássica no Brasil foram apresentadas tanto pelos movimentos sociais da época, quanto por setores lúcidos da burguesia nacionalista e seus representantes acadêmicos.

A proposta mais abrangente está expressa no projeto do Governo João Goulart, apresentado à nação dia 13 de março 1964 – veja o volume 3 dessa coleção – depois reapresentada no bojo do programa democrático-popular da campanha de 1989.

Com o advento do neoliberalismo, a derrota político-eleitoral de 1989, e a consolidação do modelo de dominação do capital no campo como agronegócio, a reforma agrária clássica foi derrotada. Mas isso não quer dizer que se resolveram os problemas agrários, do ponto de vista da classe trabalhadora.

Não quer dizer que não haja mais necessidade de reforma agrária. Precisamos, ao contrário debater que tipo de reforma agrária a sociedade brasileira demanda, no atual estágio de desenvolvimento das forças produtivas.

João Pedro Stedile

INTRODUÇÃO

DOUGLAS ESTEVAM
JOÃO PEDRO STEDILE

A NATUREZA DA REFORMA AGRÁRIA

O ponto central deste livro é o debate sobre a natureza da reforma agrária nesse quadrante da história brasileira. Nesses últimos anos (2000 a 2012), vários autores contribuíram para a configuração de um novo tipo de reducionismo, defendido na academia e nos jornais pelos defensores do agronegócio. Eles interpretam a desnecessidade da reforma agrária no Brasil com argumentos similares aos utilizados nas décadas de 1970 e 1980 quando a modernização tecnológica garantiu o aumento da produção sem alterar a distribuição da propriedade da terra – período esse que ficou conhecido como de "modernização conservadora" ou de implantação da "revolução verde", impulsionada pelos Estados Unidos como panaceia para resolver os problemas da fome e da pobreza no meio rural. Ao final de 50 anos da revolução verde, a fome se ampliou em todo mundo, assim como a pobreza e a migração. Mas, enfim, as empresas estadunidenses passaram a controlar todo o mercado de insumos e mercadorias agrícolas

Iniciamos nossa coletânea com um importante estudo do professor João Márcio Mendes Pereira. Ele analisa com profundidade as políticas propostas pelo Banco Mundial, a serviço dos interesses das empresas transnacionais norte-americanas, que se resumem a uma reforma agrária de mercado. Ou seja, naqueles países da periferia em que ainda perduravam conflitos sociais em torno do acesso à terra, a melhor saída encontrada foi a de os governos comprarem, a preço de mercado, certa quantidade de terras de fazendeiros e oferecê-las aos camponeses sem-terra, a fim de possibilitar sua inserção no mercado, desde que possam pagar pela terra. O autor apresenta o contexto em que essas políticas foram implementadas. Preconizadas pelo Banco Mundial, que concebia a intervenção do Estado como ineficiente, elas tinham o objetivo de compensar os efeitos socialmente regressivos das políticas de ajuste estrutural do neoliberalismo e começaram a ser aplicadas no Brasil num contexto de violência e crescimento das lutas sociais que marcaram a segunda metade de década de 1990. Conforme as orientações do Banco Mundial, as políticas de reforma agrária de mercado tinham como objetivo diminuir a pressão social e a ascensão política desses movimentos sociais, além de combatê-los ideologicamente, propagando um acesso à terra sem conflitos. Assim, através dos mecanismos de mercado, a política de reforma agrária se limitaria a uma política compensatória.

Nos últimos anos, ganhou força a concepção produtivista de que o moderno agronegócio exportador resolveu, sem mudanças na estrutura fundiária, os problemas que seriam da alçada da reforma agrária. Plínio de Arruda Sampaio desenvolve uma crítica desse modelo destacando os obstáculos estruturais que ele representa para o desenvolvimento do país. Questionando a aceitação do capitalismo agrário inclusive por setores da esquerda – que deixaram de ver na reforma agrária um objetivo político, reduzindo-a inicialmente a um objetivo social e depois a simples políticas compensatórias –, Plínio demonstra a necessidade de uma intervenção do Estado através da alteração da estrutura fundiária para assegurar a soberania alimentar, a criação de empregos produtivos, a geração de renda, o desenvolvimento do mercado interno, a eliminação do êxodo rural e a proteção ambiental, que seriam políticas essenciais para um projeto de país.

As pesquisas do professor Sérgio Leite, partindo da mesma análise crítica sobre o reducionismo a que foi submetida a reforma agrária, demonstram os equívocos de algumas das principais teses de acadêmicos que defendem a não necessidade da reforma agrária. Leite aponta os limites na capacidade de geração de emprego e renda do agronegócio e demonstra o potencial dos assentamentos no desenvolvimento econômico regional e local, criticando as alegações de falta de terras, de ausência de demanda, do alto custo da reforma agrária, além de contestar também o discurso sobre a vocação agrícola e a qualidade de vida dos assentamentos. Mesmo com o fortalecimento do modelo do agronegócio, ele aponta uma afirmação política do campesinato e da reforma agrária, que é posta na ordem do dia pela demanda social.

Sem deixar de entrar em diálogo com o debate clássico sobre a questão agrária no Brasil, José Graziano defende, partindo das interpretações de Ignácio Rangel, uma concepção de reforma agrária que não tenha um caráter essencialmente agrícola, mas que responda principalmente a um problema populacional, combinando atividades agrícolas e não agrícolas. Segundo o autor, uma intervenção na estrutura fundiária só se justificaria para algumas regiões do país, com a criação de aglomerações de assentamentos rurais, enquanto que os problemas de preço e produção seriam resolvidos pelo complexo agroindustrial.

A LUTA PELA REFORMA AGRÁRIA

A chegada ao governo federal (2003) de um arco de alianças sociais e partidárias heterogêneas coordenado pelo Partido dos Trabalhadores (PT), originado de amplas lutas sociais, não foi suficiente para enfrentar o modelo do agronegócio e propor mudanças estruturais no campo.

As medidas de "reforma agrária", embora apresentando elementos de reforma agrária clássica no Segundo Plano Nacional de Reforma Agrária (2003-2006), no final das contas não passaram de desapropriações pontuais – fruto da pressão dos movimentos sociais. E seguiu-se ainda com programas de colonização na Amazônia que não alteraram a concentração da propriedade da terra no Brasil; ao contrário, no período analisado neste volume, o processo de concentração da propriedade da terra se intensificou, inclusive, com a desnacionalização para o capital estrangeiro. Portanto, houve um claro movimento do capital contra a reforma agrária.

As reflexões sobre a questão agrária no Brasil no século XXI elaboradas pelo professor Sérgio Sauer evidenciam os processos que estão recolocando o tema na pauta mundial e brasileira, contradizendo as afirmações teóricas e políticas acerca de sua superação histórica. Um dos elementos para entender a questão agrária atual e os desafios para a reforma agrária é a nova configuração da disputa territorial em nível internacional, assim como as agroestratégias de novos atores globais, como setores financeiros, empresas agroindustriais e países interessados em *commodities* (agrícolas e minerais), agrocombustíveis e alimentos, cujo aumento da demanda vai continuar pelos próximos anos. A outra dimensão analisada é o processo social de reinvenção do campo no Brasil, materializado nas lutas dos sem-terra, indígenas, quilombolas, ribeirinhos, quebradeiras, faxinalenses, extrativistas e outras populações tradicionais. No contexto das lutas contra as novas agroestratégias em curso, há a necessidade de não restringir a terra somente à sua dimensão econômica e produtiva, mas entendê-la como um território e espaço de produção da existência, identidade, interpelações e pluralidades. Sauer analisa o potencial mobilizador e a força política desses conceitos nas lutas sociais.

Horácio Martins elabora uma proposta de ressignificação da reforma agrária que deve ser considerada como parte de um amplo complexo de lutas sociais, tendo como novo paradigma uma reapropriação social da natureza. A articulação das lutas dos sem-terra, indígenas, quilombolas e outros setores tem que transformar as áreas reformadas em territórios camponeses, unidades de poder popular, político e social em sentido amplo. Horácio analisa uma série de contradições que limitam a construção dessa ressignificação da reforma agrária. Em primeiro lugar estão as concepções que se desenvolveram desde os anos 1940 sobre a questão agrária, limitando a centralidade do campesinato como sujeito político. O outro polo da contradição se encontra nos limites dos movimentos sociais e está relacionado com suas concepções políticas e teóricas, seu corporativismo e sua dependência econômica de governos.

Finalmente, publica-se a análise de Plínio de Arruda Sampaio Júnior, que em suas notas críticas faz uma avaliação do estágio atual da questão agrária no Brasil e, mais além da crítica ao modelo do agronegócio, evidencia de que modo as forças populares e as esquerdas precisam entender os novos desafios da questão agrária, que agora ultrapassam os marcos do meio rural e do campesinato para fazerem parte da luta de classes no Brasil. Plínio defende que uma reforma agrária de novo tipo somente será viável se tivermos mudanças no projeto de desenvolvimento do país.

Completando o debate, apresentam-se, de forma ilustrativa, dois programas de reforma agrária de novo tipo defendidos pelos movimentos e organizações sociais que nos permitem ter uma visão ampla das principais propostas formuladas por esses atores sociais. O primeiro deles é o documento *Plataforma política que defendemos*, que sintetiza o programa formulado por diversos movimentos sociais específicos que fazem parte da articulação da Via Campesina Brasil. O segundo é a *Proposta de reforma agrária popular do MST*, consolidada e aprovada em seu congresso nacional de 2007. Essas duas propostas evidenciam os elementos do que seria um novo projeto para a agricultura brasileira, com base nos interesses populares. Nesses documentos, encontramos uma análise sobre o modelo vigente e seus impactos ambientais e sociais, assim como algumas diretrizes para um novo modelo agrícola com formulações sobre a estrutura fundiária, a água, a organização da produção, políticas públicas, educação, infraestrutura, agroindústria, mobilização social e Estado democrático e popular.

A LUTA POLÍTICA EM TORNO DA IMPLEMENTAÇÃO DO MODELO DE REFORMA AGRÁRIA DE MERCADO DURANTE O GOVERNO CARDOSO*

JOÃO MÁRCIO MENDES PEREIRA**

Toda ação principia mesmo
é por uma palavra pensada.
João Guimarães Rosa

O objetivo deste trabalho é traçar um quadro abrangente da luta política em torno da implementação dos programas orientados pelo modelo de reforma agrária de mercado (MRAM) do Banco Mundial no Brasil durante o governo Cardoso.

O MRAM foi concebido pelo Banco Mundial como uma alternativa às dificuldades e ineficiências atribuídas à chamada "reforma agrária conduzida pelo Estado", baseada na desapropriação de propriedades improdutivas que não cumprem a sua função social. Trata-se, por isso, de uma construção negativa, fundada na crítica e na desqualificação de outro tipo de ação fundiária (Pereira,

* Este artigo foi escrito em abril de 2005 e circulou na internet e entre movimentos sociais do Brasil. Corresponde, basicamente, ao sétimo capítulo da dissertação de mestrado do autor. Essa discussão foi retomada no livro *A política de reforma agrária de mercado do Banco Mundial: fundamentos, objetivos, contradições e perspectivas*, publicado pela editora Hucitec em 2009.

** Históriador e doutor em História pela Universidade Federal Fluminense (UFF).

2004; Medeiros, 2002). Pode-se definir o MRAM como uma política estatal que combina transação patrimonial privada e política distributiva (Borras, 2001). Transação patrimonial por tratar-se de um financiamento concedido para a compra e venda voluntária entre agentes privados – ou seja, uma típica operação mercantil –, e pelo fato de que os proprietários são pagos em dinheiro e a preço de mercado, enquanto os compradores assumem integralmente os custos da aquisição da terra e os custos de transação. Política distributiva porque há transferência de recursos a fundo perdido, em proporção variável conforme o caso, para investimentos em infraestrutura e produção. Em outras palavras, trata-se de uma relação de compra e venda de terras entre agentes privados financiada pelo Estado, que fornece um subsídio maior ou menor conforme o caso. Politicamente, tal modelo se insere no rol de ações do Banco Mundial voltadas para compensar seletivamente os efeitos socialmente regressivos provocados pelas políticas de ajuste estrutural, através da liberalização e dinamização de mercados de terra. Foi direcionado para países marcados por grave problema agrário e tensões sociais no campo (por exemplo, África do Sul, Guatemala, Colômbia e Filipinas).

O trabalho está dividido em quatro itens. O primeiro desenha o processo mais amplo de disputas que demarca a lógica na qual tais programas foram inseridos. O segundo trata da unidade das forças políticas a favor e contra os referidos programas, enquanto o terceiro aborda a conjuntura de dispersão relativa dessas mesmas forças. O quarto item sintetiza os principais pontos discutidos.

1. DISPUTA PELO PROTAGONISMO POLÍTICO E AÇÕES DE ENQUADRAMENTO: O PRIMEIRO GOVERNO CARDOSO (1995-1998)

Em função de uma confluência de fatores – dentre os quais, a derrota das propostas em favor da reforma agrária na Constituição de 1988, o refluxo político dos movimentos sociais do campo vivenciado pós-1989 e a saturação da agenda nacional pelo combate à inflação –, o tema da reforma agrária não teve uma expressão significativa na disputa eleitoral de 1994.

Embora reconhecesse a necessidade de mudanças em favor da desconcentração da propriedade da terra e da "agricultura familiar", o programa do PSDB – partido hegemônico no governo – de fato não associava a reforma agrária à transformação da estrutura fundiária brasileira, à democratização do poder político, ao crescimento do produto agrícola nem à mudança do modelo de desenvolvimento econômico, entendida como ampliação e fortalecimento do mercado interno de massas e redistribuição substantiva de renda e riqueza. Como assinala Carvalho Filho (2001, p. 201): "O conceito de reforma agrária implícito no programa resumia-se em ações fundiárias mais agressivas quando comparadas com os governos passados, mas sem a menor pretensão de alteração estrutural". Tanto a reforma agrária era concebida de modo deslocado da órbita econômica que, de início, as ações de governo nessa área estavam vinculadas ao programa Comunidade Solidária, reconhecidamente de caráter assistencialista.

Entretanto, apesar das orientações minimalistas do governo Cardoso, o *status* do tema "reforma agrária" na agenda política nacional mudaria pela confluência de um conjunto de pressões e acontecimentos desencadeados no biênio 1996-1997, em especial: a) a enorme repercussão internacional que teve o assassinato de 28 trabalhadores rurais pela Polícia Militar nos casos de Corumbiara (RO) em agosto de 1995 e de Eldorado dos Carajás (PA) em abril de 1996, os quais geraram uma onda de protestos contra a violência e a impunidade e em favor da luta social por reforma agrária no Brasil; b) o aumento, em praticamente todo o país, das ocupações de terra organizadas pelo Movimento dos Trabalhadores Rurais Sem Terra (MST) e, em alguns Estados (Pará, Goiás, Minas Gerais e parte da região canavieira nordestina), por determinados sindicatos e federações ligados à

Confederação Nacional dos Trabalhadores na Agricultura (Contag), recém-vinculada à Central Única dos Trabalhadores (CUT); c) a tensão social crescente no Pontal do Paranapanema – região caracterizada por uma prática histórica de grilagem de terras situada num dos principais Estados de agricultura capitalista consolidada –, em virtude do aumento das ocupações de terra e da violência paramilitar praticada por latifundiários; d) a "Marcha Nacional por Reforma Agrária, Emprego e Justiça" organizada pelo MST, que chegou em Brasília em abril de 1997 e, mesmo sofrendo um misto de descaso e desqualificação por parte dos grandes meios de comunicação e do governo federal, acabou galvanizando a insatisfação popular contra as políticas liberais, transformando-se na primeira manifestação popular massiva contra o governo Cardoso; e) a realização de uma série de protestos, no exterior, organizada por entidades de apoio ao MST – principalmente durante as viagens oficiais do presidente da República – em favor da reforma agrária e contra a violência e a repressão praticadas contra trabalhadores rurais e dirigentes do MST no Brasil (Carvalho, 1999; Medeiros, 2002).

Esses acontecimentos posicionaram num novo patamar as ações dos movimentos sociais, sobretudo do MST, que passou a assumir um papel de protagonismo na produção dos principais impulsos e pressões para a definição e execução de uma política de reforma agrária no Brasil.

Em resposta à forte repercussão do massacre de Eldorado dos Carajás, o governo federal criou, ainda em 1996, o Gabinete do Ministro Extraordinário de Política Fundiária (MEPF), como assinala Raul Jungmann, designado para ocupar a nova pasta: "O Ministério só existe por conta do MST. Os meus constituintes foram os 19 mortos em Eldorado dos Carajás. Ou seja, quem me sentou lá [no Ministério] foram os caras que morreram lá" (entrevista ao autor).

Órgão com poderes ministeriais, mas destituído da estrutura operacional comum a um ministério, a criação do MEPF revela, por um lado, o caráter secundário e extemporâneo da política agrária na agenda do governo Cardoso e, por outro, a tentativa de dar algum tipo de resposta às ocupações de terra. Do ponto de vista institucional, o MEPF incorporou o Instituto Nacional de Colonização e Reforma Agrária (Incra) – até então subordinado ao Ministério da Agricultura, espaço tradicional de representação e articulação do patronato rural –, e ambos passaram a ficar subordinados diretamente à presidência da República, o que permitia uma maior margem de manobra para os seus operadores (Medeiros, 1999, p. 25 e 41).

Para o governo federal, a criação do MEPF serviu como instrumento para tentar retomar as iniciativas políticas capazes de imprimir direção ao tratamento das tensões no campo e minimizar a ascensão política e a gravitação social do MST. Nesse sentido, o governo Cardoso iniciou em 1997 um conjunto de ações em quatro direções principais. Relativamente dispersas no início, tais ações foram ganhando coerência ao longo do triênio 1997-1999.

Numa primeira direção, foi editado em junho um pacote de medidas legais – em grande parte por meio da edição de medidas provisórias – destinado a cumprir três objetivos básicos: a) reduzir parcialmente o preço final pago pelo Estado às desapropriações, em razão da arbitragem judicial provocada pela contestação dos proprietários ao preço estabelecido pelo Incra; b) acelerar o tempo de imissão na posse da terra desapropriada pelo Incra; c) impedir a realização de certos procedimentos comumente praticados pelos proprietários para se evadirem do ato desapropriatório (MEPF, 1998; Medeiros, 1999, p. 42-44).

Nem todas as medidas foram adiante, e algumas delas, de fato, não surtiram qualquer efeito. De qualquer modo, elas sinalizavam a preocupação do governo federal em acelerar a sua capacidade de resposta à pressão social, inclusive estabelecendo metas de assentamento rural bem mais elevadas que aquelas fixadas por governos anteriores.

Numa segunda direção, o governo federal baixou uma série de expedientes legais (Medeiros & Leite, 2004, p. 2-3) destinados a reprimir as ocupações de terra promovidas pelos movimentos sociais, tais como: a) a proibição de vistorias em áreas ocupadas, inviabilizando sua desapropriação; b) a suspensão de negociações em casos de ocupação de órgão público; c) a penalização dos funcionários do Incra que negociassem com os ocupantes; d) o veto ao acesso a recursos públicos, em qualquer das esferas de governo, por entidades que fossem consideradas suspeitas de serem participantes, coparticipantes ou incentivadoras de ocupações de terra.

Paralelamente, crescia a violência no campo, com a rearticulação da extrema-direita agrária, o acionamento da Polícia Federal para monitorar e coibir as ações dos movimentos sociais e o recrudescimento da violência policial, na forma de despejos arbitrários e prisões políticas. Essa onda repressiva não só gozava do beneplácito do governo federal como era por ele estimulada (Carvalho Filho, 2001, p. 206).

Tanto o primeiro como o segundo conjunto de ações articuladas pelo governo federal tiveram ampla ressonância nos principais meios de comunicação, através dos quais se travou uma disputa ideológica em que se procurou construir uma imagem positiva do governo Cardoso em relação à reforma agrária e, ao mesmo tempo, uma imagem negativa dos movimentos sociais, num período em que crescia o apoio social ao MST (Carvalho Filho, 2001, p. 205).

Numa terceira direção, o MEPF tomou iniciativas no sentido de vincular a política de reforma agrária ao processo mais amplo de reforma liberal do Estado, através da descentralização institucional e administrativa (MEPF, 1997). Nos termos em que foi colocada, a descentralização na prática sinalizava uma efetiva desfederalização e desresponsabilização do Incra na condução do programa de reforma agrária, na medida em que passava para os governos estaduais a competência para exercer as funções-chave de todo processo, como a definição das diretrizes básicas da política de reforma agrária em nível estadual e a instrução do processo de desapropriação e obtenção de terras. O instrumento básico para tanto seriam os Conselhos Estaduais de Reforma Agrária – cuja composição abrangeria representantes do Executivo federal, estadual e local, do patronato rural, dos sindicatos de trabalhadores e do banco federal existente na região –, que seriam incumbidos de aprovar a ordem de prioridade dos imóveis a serem vistoriados e emitir parecer sobre as desapropriações e aquisições de terra instruídos pelos órgãos estaduais ou pelo Incra (Medeiros, 2002, p. 67-68). Empurrada de cima para baixo, a política de descentralização ia contra a plataforma do movimento social e sindical, os quais, historicamente, defendem a federalização da política de reforma agrária. Além disso, combinada a outras medidas, a descentralização modificava as relações de força entre os agentes políticos, na medida em que permitia a incorporação de entidades sindicais e excluía o MST do processo de gestão e participação na política pública (Medeiros & Leite, 2004, p. 3).

Numa quarta direção, o MEPF deu início à introdução, no Brasil, do modelo de reforma agrária de mercado (MRAM) do Banco Mundial.

2. UNIDADES DE OFENSIVA E CONTESTAÇÃO: A INTRODUÇÃO DOS PROGRAMAS ORIENTADOS PELO MODELO DE REFORMA AGRÁRIA DE MERCADO

Desde o início do governo Cardoso, o Banco Mundial preconizava a dinamização dos mercados fundiários como mecanismo mais eficiente para atingir dois objetivos simultâneos: distribuir terra a pequenos agricultores e trabalhadores sem-terra e aliviar seletivamente a pobreza rural, agudizada pelas políticas de ajuste estrutural (Banco Mundial, 1995, p. XIII; Van Zyl *et al.*, 1995, p. 2). É a partir dessa dupla pressão que o MRAM foi introduzido no Brasil.

O primeiro projeto orientado pelo MRAM chamou-se São José (ou "Reforma Agrária Solidária"), uma experiência muito pequena iniciada no Ceará em fevereiro de 1997 a partir de programas preexistentes voltados ao "alívio de pobreza" em todo o Nordeste. A base para a implantação do São José foi o Programa de Combate à Pobreza Rural (PCPR), sucedâneo de uma longa série de projetos financiados pelo Banco Mundial no Nordeste brasileiro desde 1975. Concebidos como ação compensatória às políticas de ajuste estrutural (Banco Mundial, 1995), os PCPRs foram inseridos em 1995 no Programa Comunidade Solidária, e seu objetivo era financiar projetos de infraestrutura social e produtiva. Porém, no Ceará, ocorreu uma "novidade": introduziu-se um componente fundiário no PCPR, permitindo a concessão de financiamento para a compra de terras, dando origem ao projeto São José. O governo do Ceará, então, criou um fundo estadual e nele aportou pouco mais de R$ 4 milhões, complementados por mais R$ 6 milhões de um empréstimo do Banco Mundial (Hidalgo, 1998). O objetivo era financiar a compra de 40 mil ha por 800 famílias durante o ano de 1997. Na prática, financiou-se a compra de 44 imóveis por 694 famílias, totalizando 23.622 ha (Brandão, 2000, p. 311). Foi dessa experiência, iniciada em fevereiro de 1997, que nasceu imediatamente o projeto-piloto Reforma Agrária e Alívio da Pobreza Rural, mais conhecido como Cédula da Terra, a partir da proposta do Banco Mundial ao governo brasileiro. O Cédula foi aprovado em abril do mesmo ano, abarcando cinco Estados da federação (Pernambuco, Ceará, Maranhão, Bahia e norte de Minas Gerais) a partir de um acordo de empréstimo com o Banco Mundial de 90 milhões de dólares.

De fato, o MRAM foi introduzido no Brasil como uma espécie de "braço agrário" de políticas compensatórias já em curso no meio rural destinadas a aliviar seletivamente a deterioração socioeconômica provocada pelas políticas de ajuste estrutural. Mas não só isso: politicamente, o objetivo do governo federal e do Banco

Mundial era diminuir a pressão provocada pelas ocupações de terra e a ascensão política dos movimentos sociais, introduzindo um mecanismo de mercado que pudesse disputar, pela base, a adesão de trabalhadores sem-terra. Assim, selecionou-se uma região caracterizada pela maior concentração de pobreza rural do país (Rocha, 2003, p. 89) e pela presença, há mais de 20 anos, de operações do Banco Mundial, de modo que, contando com uma estrutura operacional preexistente e frente a uma elevada demanda por terra, a implementação do projeto-piloto fosse acelerada e pudesse obter resultados em curtíssimo prazo (Banco Mundial, 1997a, p. 3).

A repercussão nacional e internacional dos conflitos agrários e o aumento exponencial das ocupações de terra levaram o governo brasileiro a implementar o PCT (Banco Mundial, 1997b, p. 7). Para o Banco Mundial e o governo federal, a introdução de programas orientados pelo MRAM poderia desligar a conexão entre ocupações e desapropriações, recolocando em novo patamar o tratamento das questões fundiárias. Nessa lógica, a ação governamental deixaria de estar a reboque de fatos políticos provocados pela ação dos movimentos sociais e se limitaria a intermediar relações de compra e venda entre trabalhadores e proprietários de terra. A estratégia do governo Cardoso e do Banco Mundial, portanto, era priorizar o MRAM e secundarizar o mecanismo da desapropriação, como resume com clareza o próprio Banco:

> O modelo de reforma agrária através da distribuição de terras pelo governo é um círculo vicioso: a terra é redistribuída onde há conflitos sociais, e os conflitos sociais pressionam o programa de redistribuição de terras do governo (...). À medida que novas alternativas começam a fazer efeito [o MRAM], o governo poderá reduzir a ênfase nas desapropriações e, consequentemente, quebrar a ligação entre sua política de reforma agrária e os conflitos rurais (2003a, p. 127 – grifo meu).

Coerente com a sua atual política de terras (Deininger & Binswanger, 1998; Pereira, 2004), o Banco Mundial buscou contornar a alta sensibilidade política do problema agrário brasileiro propondo um projeto-piloto com metas modestas – financiar a compra de terras por 15 mil famílias em quatro anos –, mas que servisse como "efeito demonstração" para, em seguida, implementar o MRAM em grande escala em todo país. Isso fica claro pelos documentos do próprio Banco (1997b, p. 7): "Se o projeto-piloto demonstrar a viabilidade da reforma agrária assistida pelo mercado e as estimativas de custos para este piloto forem representativas do país (...), tal programa poderia atender 1 milhão de famílias em menos de seis anos". Desde o início, o Banco Mundial teve a intenção de implantar o MRAM em larga escala no Brasil, pois isso fazia parte de sua estratégia política para o país (Banco Mundial, 1997, p. 125, § 57).

As cifras acima citadas revelam que o Banco Mundial pretendia estar à frente de um modelo alternativo à reforma agrária. Para se ter ideia da escala pretendida pelos programas orientados pelo MRAM, basta fazer uma comparação com o Plano Nacional de Reforma Agrária (PNRA) da Nova República. Momento decisivo de polarização de forças políticas pró e antirreforma agrária (Bruno, 2002; Gomes da Silva, 1987), o PNRA de 1985 estabelecera como meta assentar 1 milhão de famílias em 15 anos, tendo alcançado resultados muito aquém do previsto. Mas note-se: o Banco Mundial vislumbrava, em 1997, alcançar em seis anos, com a implementação do MRAM, o mesmo número de famílias que o PNRA havia estabelecido para 15 anos. Diante de cifras dessa magnitude, é difícil negar as intenções do Banco Mundial.

Para legitimar o MRAM no Brasil, as "afinidades eletivas" entre o governo federal e o Banco Mundial se expressariam, tal como ocorrera em outros países, pela combinação de dois argumentos principais: a) a "oportunidade histórica" para a via de mercado deflagrada pela redução do preço da terra – especialmente sentida na fase inicial de planos de estabilização e reformas que combinam abertura comercial, ajuste fiscal e recessão econômica; b) a desqualificação do "modelo tradicional" de reforma agrária, proclamado como esgotado ou falido historicamente.

O primeiro argumento ganhou enorme adesão por parte da intelectualidade brasileira (Navarro, 1998; Teófilo, 2003; Teófilo *et al.*, 2003). A baixa relativa do preço da terra – detectada por estudos realizados em algumas regiões – foi lida como uma perda patrimonial significativa para o conjunto de grandes proprietários em todo país, e o governo federal logo proclamou que a redução da inflação havia quebrado a "espinha dorsal do latifúndio". Esse discurso foi largamente utilizado pelo ministro Raul Jungmann: "O grande reformador agrário foi o Plano Real, que quebrou economicamente o latifúndio. Os movimentos sociais continuam dizendo que o latifúndio aqui tudo pode. Pode nada, o latifúndio foi derrotado" (entrevista ao autor). Desse postulado, logo se concluiu que os grandes proprietários teriam, então, um duplo interesse: por um lado, ofertar terras no mercado fundiário que poderiam ser compradas através dos programas orientados pelo MRAM; por outro, aceitar desapropriações negociadas (Buainain, Silveira & Teófilo, 2000, p. 165). Milton Seligman explicava em 1997 a posição do governo federal em relação à oportunidade aberta pela queda do preço da terra:

> O pior negócio para o governo federal é a desapropriação litigiosa (...). Qual é o melhor negócio? É aquele indicado pelo mercado, em que conseguimos, de comum acordo, encerrar uma negociação em valores de mercado (...). Estamos exatamente buscando agilizar o poder público para usar o grande benefício que a iniciativa privada encontrou, um mercado de terras em queda (Senado, audiência pública na Comissão de Assuntos Econômicos, 4 jul. 1997).

O segundo argumento em favor do MRAM – que também encontrou eco entre diversos intelectuais no Brasil – era o de que o "modelo tradicional" de reforma agrária chegara a uma situação de falência e esgotamento, tal como teria ocorrido em outros países, porque era paternalista, autoritário, lento, burocrático, centralizado, conflitivo, mais caro que as negociações de mercado, limitado ao componente fundiário e incapaz de captar os sinais do mercado de terras (Teófilo, 2003; Buainain, Silveira & Teófilo, 2000; Banco Mundial, 1997b). Sem qualquer análise sobre as relações de poder que conformam a realidade agrária do Brasil, nem tampouco sobre o processo histórico de deformação do aparato estatal voltado à realização da reforma agrária, o Banco Mundial simplesmente repetia aqui o mesmo discurso homogeneizador aplicado em outros países para legitimar o MRAM.[1] Coerente com essa tomada de posição, o Banco (1997b, p. 5) explicitamente rejeitou apoiar financeiramente qualquer medida relacionada ao chamado "modelo tradicional", alegando que este era mais caro, administrativamente lento, politicamente controvertido e selecionava mal os beneficiários.

É curioso que os proponentes do MRAM, de modo geral, tenham adotado o discurso da complementaridade entre a sua proposta e o "modelo tradicional", uma vez que, seguindo o seu próprio raciocínio, não se consegue explicar por que é preciso complementar o que, em tese, é caro demais e não funciona. Depois de condenarem politicamente o tal "modelo tradicional" a uma posição marginal e residual, por que razão ele deveria ser "complementado"? Não é difícil perceber que a própria lógica desse discurso, toda estruturada sobre a suposta negatividade "genética" do modelo desapropriacionista, anula a retórica da complementaridade. Além disso, há um problema de fundo nesse tipo de formulação. Se já é discutível fazê-lo para outras sociedades, como é possível, no Brasil, sustentar seriamente a tese da falência do tal "modelo tradicional"

---

1 Basta, por exemplo, comparar a justificativa para os acordos de empréstimo do Banco Mundial para o Brasil e a Guatemala (cf. BANCO MUNDIAL, 1998, 1998a e 1997b).

de reforma agrária se o mesmo nunca foi levado adiante de maneira substantiva? Não é difícil perceber que o pressuposto do discurso do Banco Mundial – reproduzido por inúmeros intelectuais brasileiros – era (e continua sendo), no mínimo, equivocado.

Numa clara concorrência com o programa de reforma agrária, o Cédula da Terra (PCT) podia financiar a compra de qualquer tipo de imóvel rural, mesmo aqueles que fossem passíveis de desapropriação para fins de reforma agrária.

De imediato, o Cédula da Terra foi rejeitado pelo MST e pela Contag, sendo identificado como parte da política mais ampla de redução do papel do Estado nas questões sociais e como uma política desprovida de qualquer intencionalidade e potencialidade para modificar a estrutura agrária. Logo no início do projeto, ainda em 1997, Gilmar Mauro expôs com clareza, em audiência pública no Senado, a posição que seria adotada pelo MST:

> Não me causa surpresa esse tipo de programa, porque, ao longo dos anos, verificamos uma série de iniciativas, todas elas periféricas, que não resolveram o problema central da reforma agrária (...). Assentar 15 mil num universo de 4,8 milhões de famílias, qual é o impacto social desse programa? Nenhum impacto (...). No nosso entendimento, o Cédula da Terra é mais um [programa], entre tantos outros, para confundir a população e não resolver o problema [do campo] na essência (...). Somos contrários e não [o] vemos (...) como um programa que busque resolver o problema da reforma agrária (...). Vamos combater esse tipo de programa (Senado, Comissão de Assuntos Econômicos, 4 set. 1997).

Na mesma ocasião, embora fosse da Executiva Nacional do PSDB, Francisco Urbano, então presidente da Contag, fez uma crítica dura tanto à política oficial de reforma agrária como ao Cédula da Terra. No primeiro caso, sustentou que:

> O que se faz no Brasil é uma enganação da sociedade (...). Uma reforma agrária envolve uma decisão política de intervenção na estrutura agrária, criando um novo modelo de desenvolvimento, em que se desconcentram poder, riqueza, e se estabelece um novo patamar do

> processo de desenvolvimento do país. O que se faz hoje é apagar fogo de um lado e de outro: desapropria-se um pedaço aqui pela ocupação, desapropria-se outro pedaço ali porque o fazendeiro ofereceu. Não se muda nada da estrutura agrária da região: as estruturas econômica, comercial e bancária permanecem as mesmas (Senado, Comissão de Assuntos Econômicos, 4 set. 1997).

No segundo caso – embora ressaltasse que as federações sindicais estivessem debatendo se deveriam ou não participar do PCT, sinalizando que não se tratava de uma questão resolvida internamente na Contag –, Francisco Urbano afirmou:

> O Cédula da Terra (...) não passa de um atraso – dos maiores que já vi – no processo de reforma agrária neste país. É nitidamente um retrocesso no processo da reforma agrária e uma forma de o Estado fugir do seu papel ao não intervir na mudança de sequer um patamar na estrutura agrária brasileira (Senado, Comissão de Assuntos Econômicos, 4 set. 1997).

Apesar das críticas, o Cédula foi implantado e obteve certa adesão. Em dois anos (dezembro de 1997 a dezembro de 1999) contabilizou nos cinco Estados a entrada de 6.798 famílias (Buainain *et al.*, 1999, p. 56). O governo propagandeou esse fato como sinal da eficiência do programa e confirmação inquestionável de sua aceitação plena por parte dos trabalhadores rurais. Na verdade, porém, um conjunto de fatores determinou a adesão social ao Cédula da Terra.

Em primeiro lugar, o projeto foi implementado num período de seca e num ano agrícola péssimo, o que teve impacto direto na demanda, convertendo o acesso à terra num meio de sobrevivência imediato (Buainain *et al.*, 1999, p. 27). Em segundo, houve intensa propaganda dirigida a enaltecer a possibilidade de acesso a terra "sem conflitos", por meio da compra e venda, numa região marcada pela falta de oportunidades de trabalho a uma população rural imensa e empobrecida, numa conjuntura de repressão às ocupações de terra realizadas pelos movimentos sociais. A avaliação preliminar contratada pelo governo federal e financiada pelo Banco Mundial é ilustrativa a esse respeito:

> Em uma região caracterizada pela elevada concentração da propriedade da terra e exclusão social, (...) a possibilidade de acesso 'fácil', sem 'risco', desburocratizado e imediato à terra favorece e estimula a adesão ao Programa (...). Muitos entrevistados referiram-se a este aspecto contrapondo a facilidade oferecida pelo Cédula aos riscos das invasões e dificuldades da vida em um acampamento de trabalhadores sem-terra (...). Percebe-se que os entrevistados reproduzem o discurso oficial da reforma agrária solidária, sem conflitos e em parcerias (Buainain *et al.*, 1999, p. 270 e 271 – grifo meu).

Houve também uma dupla pressão para acelerar a implantação do PCT proveniente dos governos estaduais – que tinham interesse em angariar votos nas eleições de 1998 – e do governo federal e do Banco Mundial, interessados em legitimar o novo modelo e, assim, travar a disputa político-ideológica com os movimentos sociais. Como diz a avaliação preliminar:

> A conjuntura política também contribuiu para aumentar a adesão e acelerar a implantação do Programa. Dois fatos merecem destaque: as eleições e a aparente 'ansiedade' do governo federal em viabilizar o programa como instrumento de ação fundiária (...). Os projetos foram implantados sob pressão do governo federal e do Banco Mundial, dificultando as tarefas de planejamento e acompanhamento (Buainain *et al.*, 1999, p. 272).

Intensificou-se o esforço conjunto da tríade governo federal-Banco Mundial-governos estaduais, de modo que mais da metade dos 223 projetos contabilizados em janeiro de 1999 havia sido implementada no segundo semestre de 1998 (Buainain *et al.*, 1999, p. 15), justamente o período de acirramento da disputa eleitoral, de aumento do número de ocupações de terra e da eclosão de saques no Nordeste, que repercutiam negativamente sobre os governos federal e estaduais (Carvalho Filho, 2001, p. 208-209). O significado e a intencionalidade política do Cédula naquela conjuntura foram diagnosticados com clareza:

> Essa concepção de acesso à terra, fruto de uma 'negociação entre as partes, solidária e sem conflitos', parece ser eficaz em atrair uma camada do público potencial da reforma agrária (...). Na atual conjuntura de mobilização, ao colocar nova opção de acesso à terra, o Cédula da Terra introduz uma disputa política e ideológica com outros movimentos sociais e seus mediadores (...), os quais detêm, hoje, a iniciativa política neste campo e defendem o acesso à terra via instituto da desapropriação (Buainain *et al.*, 1999, p. 280-281 – grifos meus).

Antes mesmo de realizar a avaliação dos resultados do Cédula – como previa o acordo de empréstimo com o Banco Mundial e como seria no mínimo razoável esperar, já que as organizações de representação de trabalhadores rurais mais relevantes do país, o MST e a Contag, manifestavam-se contra o projeto –, o governo Cardoso jogou peso na criação do Banco da Terra pelo Congresso Nacional. Através dessa operação, procurava-se nacionalizar o mecanismo de mercado como forma de obtenção de terra, com o objetivo simultâneo de criar uma alternativa ao "modelo tradicional" de reforma agrária, aliviar o nível de tensão no campo e esvaziar a ascensão política dos movimentos sociais, especialmente do MST. Acompanhe-se, em detalhe, como se deu esse processo.

Em 26 de fevereiro de 1997, foi protocolado no Senado o projeto de lei n. 25, de autoria de Esperidião Amin (PPB-SC), para a criação do Banco da Terra/Fundo de Terras, com base na experiência de um fundo de terras criado em seu governo (1983-1987) voltado para financiar a compra de imóveis rurais de até 12 hectares.[2] No Congresso, o discurso difundido pela base governista foi dúbio (Câmara dos Deputados, 1998, p. 400-1.024): ora reivindicava-se o Banco da Terra como sequência do supostamente bem-sucedido Cédula da Terra – posição que explicitava a sua vinculação direta com o Banco Mundial –, ora sustentava-se que o Banco da Terra

[2] Na mesma época, o deputado federal Hugo Biehl (PPB-SC) apresentou um projeto de lei na Câmara para a criação de um fundo de terras nacional, muito parecido com o projeto do senador Esperidião Amin.

seria tão somente a ampliação da experiência catarinense, também exaltada como bem-sucedida, procurando desvinculá-lo da ação do Banco Mundial e atribuir-lhe um caráter exclusivamente "nacional".

Como se tratava de uma matéria objeto de legislação complementar à Constituição Federal, o projeto teve de seguir rito especial, o qual exige maioria absoluta no Congresso, i.e., no mínimo 41 senadores e 257 deputados. O projeto original ganhou dois substitutivos e foi aprovado no Senado em 4 de dezembro do mesmo ano, sem debate e por unanimidade (58 votos), fato quase inédito durante o governo Cardoso.[3]

Remetido à Câmara, onde a oposição era mais organizada e tinha mais peso político, sabidamente o projeto (agora PLC n. 216/98) encontraria resistência. Por isso, o Executivo agiu preventivamente, e a votação se fez em regime de urgência.

Acompanhando o debate legislativo (Câmara dos Deputados, 1998, p. 832-1.024), observa-se que a oposição liderada pelo Partido dos Trabalhadores (PT) fez uma série de críticas, especialmente contra: a) a possibilidade de compra de propriedades passíveis de desapropriação, o que concorreria com o programa de reforma agrária e "premiaria" o latifúndio que não cumpre com a função social prevista pela Constituição, na medida em que o pagamento aos proprietários seria em dinheiro, a preço de mercado; b) a autorização de sindicatos patronais como intermediários, e não as entidades de representação de trabalhadores; c) a introdução de um mecanismo de compra de terra num período de queda da rentabilidade agrícola e de endividamento dos pequenos produtores rurais, o que contribuiria ainda mais para a inadimplência e a possível falência desse segmento; d) as condições não favoráveis de financiamento; e) a possibilidade de aquecimento

[3] Na época, o PT – principal partido de oposição – não tinha assessoria agrária no Senado. Além disso, o Senado era secundarizado pelo partido naquele período devido ao tamanho diminuto da sua bancada.

do mercado fundiário por conta da introdução de um instrumento financeiro, o que tenderia a elevar o preço da terra rural.

A liderança do PT e de outros partidos da oposição manifestaram-se em favor da criação de um fundo de terras que financiasse *apenas* a compra de propriedades produtivas, i.e., não passíveis de desapropriação (Câmara dos Deputados, 1998, p. 909). Também a Contag e o MST se manifestaram contrariamente à *forma* como o projeto se apresentava, conforme relataram em plenário os deputados ligados àquelas organizações (Câmara dos Deputados, 1998, p. 910). Por outro lado, a base governista reconhecia como procedentes diversas críticas da oposição, admitindo que o projeto original tinha inconsistências e problemas, mas assumiu a posição de que os ajustes seriam feitos quando da regulamentação da lei, os quais só ocorreram parcialmente. Assim, a base governista rejeitou todas as emendas apresentadas e derrubou a proposta do bloco oposicionista de adiamento da votação para maior debate, criando uma situação paradoxal: embora admitisse que havia necessidade de modificações no projeto, impedia concretamente as possibilidades de sua realização. Após uma única sessão de "debate", o projeto foi aprovado, no dia 21 de janeiro de 1998, por folgada maioria: 351 votos a favor, 83 contra e 3 abstenções, votação suficiente para aprovar uma emenda constitucional.[4]

Consumava-se, assim, o apoio decisivo do patronato rural à criação do Banco da Terra, através da votação em bloco da bancada ruralista, que atravessava – e se confundia com – todos os partidos da base de sustentação do governo Cardoso. Em 2 de fevereiro de 1998 era então criado o Banco da Terra, através da lei complementar n. 93/98. Já não se tratava mais de um projeto-piloto, restrito a cinco Estados da federação, mas sim de um fundo de caráter nacional

[4] Votaram a favor deputados dos seguintes partidos: PSDB, PFL, PMDB, PTB, PPB, PL, PP, PPS e um deputado do PDT. Os votos contrários vieram do PT, PSB, PCdoB, PSTU, um do PMDB e outro do PDT. O PV se absteve.

previsto constitucionalmente para financiar a compra de terras a trabalhadores rurais. Através desse expediente, o princípio básico do MRAM – a transferência voluntária de terras via transação de mercado em detrimento da desapropriação – deixava de ser um objeto externo à política fundiária brasileira e passava a integrar-lhe por força de uma lei aprovada por maioria absoluta no Congresso Nacional. Por essa via institucional e com apoio amplo e resoluto do patronato rural, a lógica do MRAM se interiorizava no Estado, incorporando-se ao conjunto de instrumentos permanentes de política fundiária. A criação do Banco da Terra sem dúvida representou uma mudança do aparato público administrativo, mas o fez em favor do braço de sustentação mais antigo do Estado brasileiro, qual seja, a preservação do poder social dos grandes proprietários de terra. Assim, seguiria incólume o pacto de dominação que constitui a essência primeira do fenômeno estatal (Borón, 1994; Fiori, 2001).

Sem dúvida, a rapidez e a escalada desse processo foram impressionantes. Basta reconstruir o encadeamento entre as ações principais. Em agosto de 1996, o Projeto São José foi criado no Ceará, e o primeiro financiamento para compra de terras foi liberado em fevereiro de 1997 (Brandão, 1998). Já em abril do mesmo ano foi criado o Cédula da Terra, com início efetivo no mês de julho. Em fevereiro de 1997, protocolou-se no Senado o PLS n. 25, a partir do qual seria criado o Banco da Terra, em fevereiro de 1998. Àquela altura, o Cédula da Terra mal havia começado. Sem qualquer tipo de avaliação sobre as experiências anteriores e contra a posição das principais organizações de representação de trabalhadores rurais, o Executivo jogou todo o peso político na criação do Banco da Terra. Partindo de uma experiência diminuta no Estado do Ceará até a mobilização do "rolo compressor" do governo federal no Congresso Nacional, em apenas um ano e seis meses o Brasil conheceu três ações direcionadas para o mesmo fim: instituir o financiamento público à compra privada de terras como mecanismo alternativo à reforma agrária, de modo a aliviar as tensões sociais no campo e devolver o protagonismo político ao governo Cardoso na condução da política agrária. Exceto no caso das privatizações, entre 1994 e 2002, possivelmente nenhuma outra iniciativa governamental tenha assumido tamanha escala e velocidade num intervalo de tempo tão reduzido.

Dando sequência à mesma estratégia usada desde 1997, o governo Cardoso utilizou a propaganda nos meios de comunicação de massa (principalmente no plano local) para divulgar as supostas vantagens do mecanismo de acesso à terra via mercado. Sempre lastreada na ideia de acesso "sem conflitos" e, sub-repticiamente, sem os riscos de sofrer uma possível violência policial ou paramilitar, a propaganda oficial disputava pela base a adesão dos trabalhadores rurais (Carvalho, 1999; Carvalho Filho, 2001). Essa operação político-ideológica foi direcionada tanto para o segmento que participava das ocupações e dos acampamentos como para o enorme contingente de trabalhadores sem-terra espalhado pelo país. Tratava-se, assim, de premiar a não ocupação de terras, passando por cima da enorme demanda organizada em todo o Brasil, expressa concretamente pelos acampamentos. Gilmar Mauro resumiu com precisão essa combinação de repressão e propaganda de acesso "pacífico" via mercado:

> Se você perguntar 'quem quer terra?', obviamente que tudo mundo levanta a mão. Agora, se você perguntar 'quem quer ir para uma ocupação?', num contexto de repressão policial, a coisa muda completamente de figura, porque os trabalhadores estão assistindo à Globo todo dia e vendo nós apanharmos e sermos despejados. O povo faz análise de conjuntura (...) e pensa: 'eu quero terra, mas desse jeito não!' Claro, não é idiota! Então, todo um contexto foi criado precisamente para tentar introduzir uma alternativa; não porque a burguesia achasse que seria a alternativa para resolver os problemas socioeconômicos do meio rural, mas para combater ideologicamente os movimentos sociais e a luta de classes (entrevista ao autor).

Com a reeleição de Cardoso, duas iniciativas de maior impacto foram tomadas pelo governo federal, uma no primeiro semestre de

1999 e outra em janeiro de 2000. A primeira foi a elaboração de diretrizes para o campo consubstanciadas nos documentos "Novo Mundo Rural" (MEPF, 1999) e "Nova Reforma Agrária" (MEPF, 1999a). Apesar de inúmeras contradições internas (Alentejano, 2000), ambos sistematizavam e aprofundavam as ações até então realizadas de modo relativamente disperso. A segunda iniciativa foi a transformação do MEPF em Ministério do Desenvolvimento Agrário (MDA), dotando-o de estrutura operacional permanente e equiparável à dos demais ministérios. Mais ainda: nessa operação, unificavam-se as políticas voltadas para assentados e agricultores familiares, centralizando no MDA recursos públicos disputados acirradamente por movimentos sociais e entidades sindicais. Com essas iniciativas, o governo Cardoso procurava garantir o seu protagonismo em torno da definição, do ritmo, da extensão e da direção da política de reforma agrária no Brasil.

Sem repetir análises já realizadas (Teixeira, 2000, 1999 e 1999a; Teixeira & Hackbart, 1999; Vigna & Sauer, 2001; Alentejano, 2000; Carvalho Filho, 2001; Medeiros, 1999 e 2002), importa destacar, para os fins deste trabalho, seis das principais diretrizes que passaram a informar as ações do segundo governo Cardoso para o campo: a) avançar – sempre com o vetor de cima para baixo – na descentralização operacional da política de reforma agrária, que passaria para Estados e municípios, na prática desfederalizando a responsabilidade e a execução da reforma agrária, de incumbência do Incra, no bojo do processo mais amplo, então em curso, de desmonte do aparato público federal característico da reforma liberal do Estado; b) terceirizar e privatizar grande parte das atividades e serviços vinculados ao programa de reforma agrária; c) acelerar o processo de titulação e emancipação total dos assentamentos rurais,[5]

[5] O processo de desobrigação do Estado em relação aos assentamentos, ironicamente chamado de "emancipação", contou com um empréstimo importante do Banco Interamericano de Desenvolvimento (BID). Vale recordar que existe uma *divisão de*

de modo a constituir uma contratualidade privatizante entre Estado e assentados dirigida à redução do escopo de políticas públicas voltadas à reprodução econômica dos assentados, a qual, a partir de então, deveria se dar exclusivamente via relações de mercado; d) limitar a política de reforma agrária a uma política social compensatória, deslocada da órbita econômica dominante, destituída da intencionalidade de mudança do modelo de desenvolvimento vigente e desprovida da capacidade de transformar a estrutura da propriedade da terra e de democratizar as relações de poder político consolidadas pela integração entre propriedade fundiária e capital financeiro; e) reprimir sistematicamente as ocupações de terra e estrangular economicamente o MST, vetando o máximo possível a liberação de recursos públicos para atividades por ele promovidas ou a ele relacionadas; f) implementar sistematicamente a compra e a venda de terras, cujo instrumento principal seria o Banco da Terra. Na base dessas seis diretrizes estava a adequação da política agrária ao processo mais abrangente de ajuste fiscal, praticado desde 1994 e reforçado ainda mais pelo cumprimento das condicionalidades do acordo de empréstimo que o governo federal havia feito com o FMI para contornar a crise do Plano Real deflagrada no final de 1998.

Àquela altura, apesar das críticas dos movimentos sociais, o MDA e o Banco Mundial saudavam o Cédula da Terra como um projeto bem-sucedido para os padrões internacionais, embora tivesse menos de um ano e meio de execução e sequer a avaliação preliminar oficial estivesse concluída. Nas palavras do então ministro Raul Jungmann:

> É preciso dizer que esse programa [o Cédula da Terra] se transformou, segundo parâmetro do próprio Banco Mundial, e a demanda que temos tido de um número muito expressivo de delegações internacionais, em um caso exemplar de programa de reforma agrária pelo crédito

---

trabalho entre o Banco Mundial e o BID, como o próprio Banco Mundial reconhece (1997, p. 147-148, § 82).

fundiário (Senado, audiência pública na Comissão de Assuntos Sociais realizada em 24 mar. 1999).

O Banco Mundial, por sua vez, também exaltava o Cédula da Terra, o qual, na sua visão, deveria ser logo expandido para outros Estados. Não era apenas discurso: na prática, o Banco trabalhou para que o novo programa, o Banco da Terra, fosse criado, ao prometer aporte de recursos e prestar apoio político irrestrito (Banco Mundial, 2000, p. 341, § 122, item d). Naquele momento, os teóricos da linha de frente do Banco Mundial em favor do MRAM entoavam elogios à sua expansão para todo o país:

> No Brasil, (...) um programa-piloto voltado para permitir a aquisição de terras via mercado por beneficiários tem tido resultados impressionantes, realizando a reforma agrária mais rápido que o esperado. O novo enfoque está agora sendo implementado nacionalmente (Deininger & Binswanger, 1999, p. 268).

Embora posteriormente fosse negada, a linha de sucessão entre ambos é clara. No "Novo Mundo Rural", o governo Cardoso exalta as supostas vantagens e resultados positivos do projeto-piloto como argumento de autoridade para a criação do Banco da Terra, na medida em que este "(...) sucede, aperfeiçoa e amplia o Cédula da Terra" (MEPF, 1999, p. 38). O Banco Mundial, por seu turno, não deixa dúvida quanto à linha sucessória: "O governo tem dois canais de reforma agrária, o antigo programa do Incra e o mais recente *Banco da Terra*, um programa de reforma agrária assistida pelo mercado. O *Banco da Terra* foi criado após a experiência do programa *Cédula da Terra* (Banco Mundial, 2003a, p. 120 – grifos no original).

O empenho do governo brasileiro e do Banco Mundial em implementar o MRAM em larga escala era tão forte que desde março de 1998 (Banco Mundial, 2000, p. 48) já havia negociações para um novo empréstimo, no valor de 200 milhões de dólares – lembrando que o empréstimo para o Cédula da Terra havia sido de 90 milhões de dólares –, cuja contrapartida brasileira seria aportada, precisamente, através do Banco da Terra (Banco Mundial, 1999, p. 3).

As negociações se encaminhavam para a aprovação de um projeto cuja primeira fase (de um total de três) teria um custo de 400 milhões de dólares, dos quais o Banco Mundial financiaria 200 milhões de dólares, o governo federal (via Banco da Terra) entraria com 160 milhões de dólares, os governos estaduais aportariam 20 milhões de dólares e os beneficiários completariam os restantes 20 milhões de dólares em dinheiro, material ou trabalho (Banco Mundial, 1999, p. 4). O custo das três fases seria de 2 bilhões de dólares, integralizado por 1 bilhão de dólares via empréstimo do Banco Mundial e a outra metade pelo governo brasileiro via Banco da Terra. Já no final de 1998, o ministro Jungmann anunciava essa operação, confirmada pela imprensa no início do ano seguinte, como mostra o seu depoimento em audiência pública no Senado realizada em 24 de março de 1999.

Ocorre que o Banco da Terra foi criado quando já existia, em maior ou menor grau, a oposição dos movimentos sociais e do movimento sindical – aglutinados desde 1995 no Fórum Nacional pela Reforma Agrária e Justiça no Campo[6] – às políticas liberais implementadas pelo governo Cardoso e, no plano agrário, ao Cédula da Terra. Assim, a criação do Banco da Terra acabou reforçando a percepção – absolutamente correta – de que estava em marcha acelerada o processo de substituição da reforma agrária pelo MRAM. Dois fatores reforçavam esse diagnóstico: de um lado, decresciam os recursos para atividades finalísticas do Incra, como

[6] O Fórum foi criado em 1995 e congregava, àquela altura, mais de 30 entidades, como: MST, Contag, Comissão Pastoral da Terra (CPT), Associação Brasileira de Reforma Agrária (Abra), Rede Brasil sobre Organizações Financeiras Multilaterais, Confederação Nacional dos Servidores do Incra (Cnasi), Conselho Nacional de Igrejas Cristãs do Brasil (Conic), Instituto de Estudos Socioeconômicos (Inesc), Cáritas Brasileira, Movimento de Mulheres Camponesas (MMC) e Conselho Indigenista Missionário (Cimi).

as desapropriações (Vigna & Sauer, 2001, p. 165-168); de outro, o Banco Mundial acenava com a possibilidade de efetuar um grande empréstimo para o Banco da Terra.

Desde o início da implementação do Cédula da Terra, o Banco Mundial vinha tentando ganhar a adesão da Contag, embora, na prática, desconsiderasse as reivindicações daquela entidade, as quais eram direcionadas basicamente a três pontos: a) que o PCT fosse apenas complementar à política de reforma agrária; b) que fosse dirigido a regiões de concentração de minifúndios ou onde não houvesse propriedades passíveis de desapropriação; c) que fosse um projeto "participativo", i.e., concebido, executado e avaliado junto com os sindicatos, as federações sindicais e a Contag.[7]

A aceleração da implantação do MRAM, a forma assumida por esse processo – desde o início, de cima para baixo – e o contexto mais amplo de repressão e desqualificação dos movimentos sociais, somados à reeleição de Cardoso – e, portanto, ao prosseguimento da mesma política econômica e do avanço das reformas liberalizantes –, acabaram pressionando as organizações de representação dos trabalhadores rurais à busca de uma maior unidade política, o que se deu através do Fórum Nacional pela Reforma Agrária e Justiça no Campo. Assim, ao longo de 1998, o Fórum acabou elegendo como objeto central de sua ação a luta contra o Cédula da Terra (PCT) e o Banco da Terra, considerados como os instrumentos de implantação do MRAM no Brasil e a extensão da política liberal de Cardoso ao campo brasileiro. Ou seja, naquela conjuntura, a crítica ao Cédula da Terra e ao Banco da Terra servia de referência a uma crítica mais geral às ações do governo federal.

Nesse sentido, de modo inovador, o Fórum encaminhou, em outubro de 1998, uma solicitação ao Painel de Inspeção do Banco

7 Conforme depoimento de Francisco Urbano, presidente da Contag, na Comissão de Assuntos Econômicos do Senado em 4 de setembro de 1997.

Mundial[8] sustentando que o Cédula da Terra: a) não estava sendo implementado como projeto-piloto, na medida em que não havia sido sequer avaliado e o Banco já assumira o compromisso com a sua ampliação, consumada na criação do Banco da Terra; b) estava sendo executado como alternativa, e não como complemento à desapropriação, revogando, na prática, o papel do Estado em garantir o cumprimento da função social da propriedade; c) havia sido dirigido para Estados com grande estoque de terras desapropriáveis, possibilitando que terras mantidas como reserva de valor durante décadas fossem remuneradas à vista a preço de mercado; d) aquecia o mercado fundiário, contribuindo para a elevação do preço da terra, revertendo a tendência de queda relativa até então observada; e) as condições de financiamento eram proibitivas, o que geraria inadimplência e perda da terra; f) não atendia ao objetivo de "combate à pobreza rural" preconizado pelo próprio Banco Mundial; g) não se tratava de um processo transparente e participativo, na medida em que não havia publicização de informações aos beneficiários e às suas organizações de representação, nem tampouco mecanismos de consulta e participação; h) permitia a reprodução de relações tradicionais de dominação e patronagem

[8] O Painel de Inspeção foi criado em 1994 para proporcionar um fórum "independente" aos agentes sociais que se sintam prejudicados direta ou indiretamente pela realização de projetos financiados pelo Banco Mundial. A reclamação deve demonstrar que os efeitos negativos decorrem da não observância das normas e procedimentos do Banco Mundial na elaboração, execução e avaliação dos projetos financiados. O escopo das reclamações se restringe, portanto, a verificar se as ações do Banco Mundial obedecem ou não às suas próprias normas e procedimentos. Somente por essa razão, já se pode observar que se trata de um instrumento limitado. Ainda assim, é o único meio de acesso direto dos cidadãos ao Banco Mundial, o qual, por sua vez, é a única grande organização internacional que permite tal acesso. A criação do Painel se fez como resposta a críticas advindas, sobretudo, de grupos ambientalistas e ligados à defesa dos direitos humanos (FOX, 2001). O caso do Cédula da Terra foi o primeiro em nível internacional ligado a um projeto de "alívio de pobreza" e vinculado ao MRAM. Portanto, foi um caso marcado por um duplo ineditismo.

no meio rural, na medida em que a negociação em torno do preço da terra, longe de ser uma transação mercantil entre iguais, seria controlada pelos agentes dominantes no plano local (proprietários e políticos) (Fórum, 1998 e 1998a; Sauer & Wolff, 2001).

A ideia era minar o projeto Cédula da Terra por dentro, i.e., deslegitimá-lo na arena internacional através de mecanismos oferecidos pelo próprio Banco Mundial. Assim, o Fórum realizou uma série de ações específicas no Brasil e, principalmente, no exterior, no sentido de pressionar os governos europeus a apoiarem a iniciativa brasileira junto ao Painel de Inspeção, através de redes de apoio internacional. Tais iniciativas foram: 1) denúncia ao Ministério Público Federal sobre suspeitas de superfaturamento e corrupção; 2) envio de documentos para o Banco Mundial, denunciando o descumprimento de suas próprias normas; 3) *lobby* junto aos governos dos Estados Unidos e da Europa denunciando as irregularidades e a finalidade política do Cédula da Terra, para que pressionassem o Banco Mundial e apoiassem o pedido de inspeção no projeto (Medeiros, 2002).

O Painel de Inspeção acatou a solicitação do Fórum e enviou, no início de 1999, representantes ao Brasil que visitaram áreas na Bahia e em Pernambuco. Sauer e Wolff questionam a legitimidade daquelas visitas, na medida em que, especialmente na Bahia, segundo o seu relato:

> i) elas foram realizadas com o acompanhamento do coordenador pelo Banco Mundial do programa Cédula da Terra, que assumiu o papel de intérprete do grupo e dos representantes dos governos estaduais; ii) as áreas foram previamente visitadas pelos representantes dos governos estaduais que coordenam os projetos; portanto um "circo" havia sido preparado, a ponto de terem sido levadas lideranças de outros assentamentos expressando apoio e positividade ao projeto; iii) todos os encontros na Bahia foram realizados em assembleia, permitindo um maior controle sobre os grupos; as questões eram formuladas para essas assembleias, mas nunca para os trabalhadores individualmente,

> nem mesmo para os presidentes das associações; iv) as questões não procuravam objetivar o conhecimento dos trabalhadores sobre, por exemplo, quanto cada família teria que pagar em relação ao prazo e às taxas de juros, mas eram do tipo: 'Sua situação está melhor agora que antes de receberem a terra?', o que não permite verificar tecnicamente possíveis falhas nos projetos (2001, p. 180-181).

É preciso não perder de vista que o Banco Mundial jogou enorme peso na implantação do Cédula da Terra, atribuindo-lhe prioridade em relação aos demais projetos desenvolvidos no Brasil. Além disso, desde cedo o transformou em caso "exemplar" para outras partes do mundo, não poupando esforços para divulgar as supostas vantagens do programa a formuladores de política de outros países e em nível internacional. Evidência maior dessa prioridade é dada pelo fato de que grande parte do *staff* do Banco Mundial no Brasil foi deslocada para acompanhar a sua implantação (Banco Mundial, 2000a, p. 24).

Em maio de 1999 – portanto, apenas um ano e três meses após a criação do Banco da Terra e sem que a avaliação preliminar do Cédula da Terra tivesse sido concluída –, o Painel de Inspeção julgou improcedentes todos os argumentos do Fórum e não recomendou à diretoria do Banco Mundial a investigação solicitada pelas principais organizações de representação dos trabalhadores rurais do país. Imediatamente, o governo brasileiro usou tal recusa como prova da suposta eficiência do projeto (MEPF, 1999b). Na ocasião, inclusive, o Banco chegou a desqualificar a representatividade das organizações que compunham o Fórum, considerando suas reivindicações de caráter "filosófico" (Painel de Inspeção, 1999a). No caso do Cédula, apesar de difundir o discurso da isenção política, o Banco Mundial agiu permanentemente contra as reivindicações dos movimentos sociais e em favor das posições do governo Cardoso.[9]

---

[9] Soares (2001, p. 56) observa que o Banco Mundial tem agido de maneira variada frente a críticas de organizações sociais. No caso do Planaforo e do Prodeagro, as

Como resposta às críticas do Fórum, o governo federal fez algumas alterações nas condições de financiamento do Cédula da Terra, ajustando-as às condições do Banco da Terra, então pouco menos desfavoráveis aos mutuários. Porém, em termos de objetivos e estrutura de funcionamento, nada foi mudado. Procurava-se, com isso, suavizar as críticas sobre o caráter "impagável" do financiamento contraído pelos trabalhadores rurais. O Banco Mundial, por sua vez, embora afirmasse que áreas passíveis de desapropriação não haviam sido compradas pelo Cédula, comprometeu-se a não autorizar empréstimos nessa direção.

Em maio de 1999 – portanto, no mesmo mês em que houve a recusa do Painel de Inspeção –, o governo federal liberou documentos ao Fórum[10] sobre a implementação do Cédula da Terra. Esse material registrava inúmeras irregularidades e indícios de corrupção, principalmente no que se refere aos seguintes aspectos: a) compra de terras passíveis de desapropriação (áreas extensas com baixa ou nenhuma produção agrícola e áreas sem qualquer benfeitoria); b) aumento do preço da terra em alguns locais e compra de áreas pelo Cédula acima do preço pago pelo Incra via desapropriação; c) má qualidade das terras adquiridas (baixa fertilidade, falta de

---

demandas por mais transparência e participação foram acolhidas pelo Banco, que agiu contra a postura assumida pelos governos estaduais. Já no caso do Pró-Rural e do Funparaná, em que críticas semelhantes foram feitas, o Banco ignorou os reclames. Com relação ao Cédula da Terra, o Banco fez mais do que simplesmente ignorar: agiu sistematicamente em favor do governo Cardoso.

[10] Na medida em que o governo brasileiro não publicizava informações sobre a implementação do Cédula da Terra, o Fórum acionou a senadora Heloísa Helena (na época, no PT-AL) e o deputado Valdir Ganzer (PT-PA), que assinaram requerimento oficial de informações ao MEPF em 2 de março de 1999. No dia 6 de maio, numerosa documentação foi entregue aos parlamentares e imediatamente repassada ao Fórum. Versava sobre o processo de compra e venda dos imóveis rurais, permitindo conhecer melhor como o projeto estava sendo implementado. Essa documentação não foi apresentada pelo governo federal ao Painel de Inspeção, nem foi considerada na resposta do Banco Mundial (FÓRUM, 1999).

água etc.); d) existência de muitos laudos técnicos (que deveriam orientar a negociação em torno do preço da propriedade) assinados após a data da compra da terra ou simplesmente em branco (laudos "fantasmas"), sinalizando, no mínimo, total descumprimento das normas operacionais do projeto; e) venda de vários imóveis pertencentes a um mesmo proprietário (normalmente empresa ou banco) (Sauer & Wolff, 2001).

Com base nessa documentação, mais substantiva, o Fórum solicitou nova investigação ao Painel de Inspeção em agosto de 1999. Quatro meses depois, veio a resposta negativa do Painel. Porém, dessa vez, sem considerar o mérito dos argumentos apresentados (sustentados pela documentação obtida), mas apenas o critério "procedimental": o Fórum não teria cumprido todos os procedimentos para tornar elegível o pedido, uma vez que não teria esgotado todos os canais de diálogo com o governo brasileiro (Painel de Inspeção, 1999).

Os embates em torno do Painel de Inspeção tiveram muitos desdobramentos. O mais imediato foi a orientação dada pelos gestores do Cédula de que terras passíveis de desapropriação não poderiam mais ser compradas – embora isso fosse visto como possível empecilho ao desenvolvimento do projeto[11] e, na prática, "exceções" fossem admitidas. Deve-se ficar claro que essa medida só foi tomada porque existiu a pressão política do Fórum sobre o Painel de Inspeção, como reconheceria anos depois o próprio Banco Mundial (2003, p. 11).

Ocorreram outros dois desdobramentos políticos da maior importância, cuja ressonância ecoa até os diais atuais. O primeiro foi ter projetado internacionalmente o caso brasileiro como um

---

[11] É o que afirmam Teófilo e Garcia: "A limitação do uso desse instrumento [Cédula da Terra] apenas às terras não desapropriáveis pode ser um fator limitante no futuro, caso este, em dadas circunstâncias e regiões definidas, possa vir a ser a melhor solução" (2002, p. 29).

marco de referência crítica para todo espectro de forças políticas contrário às políticas do Banco Mundial, tanto aquelas voltadas para o setor agrário como a própria agenda mais ampla de reformas liberalizantes. A constituição dessa referência, por sua vez, contribuiu para uma maior articulação entre movimentos e organizações sociais de todo o mundo.

A partir de então, diversos encontros em nível internacional foram realizados com o objetivo de intercambiar experiências, fortalecer a articulação e a unidade política entre agentes sociais tão diversos (movimentos sociais, organizações não governamentais, entidades religiosas, associações e cooperativas de agricultores etc.) e unificar o discurso e a prática contrários às ações do Banco Mundial (Via Campesina & Fian, 2000; Fian, 2002; Fian *et al.*, 2001; Fian & Via Campesina, 2002; Campanha Global pela Reforma Agrária, 2000 e 2004; Barros, Sauer & Schwartzman, 2003).

O segundo desdobramento foi ter bloqueado por quase dois anos o empréstimo que o Banco Mundial faria ao governo federal para financiar o Banco da Terra em todo o país. Em outras palavras, foi a pressão internacional sobre o Painel de Inspeção que tencionou a negociação do novo empréstimo do Banco Mundial ao governo brasileiro, a qual encontrava-se em estágio avançado em dezembro de 1998 (Banco Mundial, 1999, p. 3). Criou-se uma situação de impasse, na medida em que a implantação em larga escala do MRAM no Brasil não encontrava o necessário respaldo político. Afora o setor patronal – sempre ativamente a favor –, havia apoio político apenas em nível local, por parte de alguns sindicatos de trabalhadores rurais no Nordeste, do braço agrário da Força Sindical em São Paulo e, mais importante, das federações sindicais nos Estados do Sul, cuja bandeira central nunca foi a luta por terra, mas sim a disputa por políticas agrícolas mais favoráveis aos pequenos agricultores. Existia, portanto, uma adesão concreta de entidades sindicais, em parte reflexo da adesão social a tais programas. Porém, o fato era que as principais organizações nacionais de representação de trabalhadores rurais – a Contag e o MST – posicionavam-se em bloco contra o novo modelo através do Fórum Nacional pela Reforma Agrária e Justiça no Campo. Enquanto houvesse unidade política das entidades que compunham o Fórum nessa questão específica, não haveria legitimidade suficiente para a expansão dos programas orientados pelo MRAM.

3. DISPERSÕES DE OFENSIVA E CONTESTAÇÃO: A CRIAÇÃO DO CRÉDITO FUNDIÁRIO DE COMBATE À POBREZA RURAL

Para o Banco Mundial e o governo Cardoso, a saída para esse impasse político dependia da legitimação dada por alguma entidade de peso no cenário nacional. Isto aconteceu quando a direção da Contag decidiu negociar a criação de um novo programa – o Crédito Fundiário de Combate à Pobreza Rural (CFCP), semelhante aos anteriores, porém com algumas modificações –, permitindo que o empréstimo, até então não aprovado em Washington, fosse consumado. Manoel dos Santos, presidente da Contag desde 1998, explica esse posicionamento:

> O Banco negou o pedido de Painel de Inspeção, mas procurou discutir com as entidades daqui que tinham entrado como (...) signatárias principais: a Contag, o MST e a CPT. A CPT e o MST se negaram a discutir com o Banco, já que ele tinha negado o pedido de inspeção para rever a sua participação e apoio ao programa Banco da Terra (...). Nós, da Contag, fizemos uma discussão interna e achamos que precisávamos discutir com o Banco [Mundial], porque o Banco queria saber por que o movimento social era tão contra o programa Banco da Terra. E nós fizemos várias reuniões com o Banco, apresentando uma proposta alternativa, que seria exatamente a do Crédito Fundiário, porque nós achávamos que o governo precisava ter um programa complementar, sem tirar o foco do enfrentamento ao latifúndio [via] desapropriação (...). E o Banco, então, topou não mais apoiar o programa Banco da Terra e construir uma proposta de Crédito Fundiário, com a participação dos movimentos sociais [leia-se, Contag] (entrevista ao autor).

Num contexto marcado por uma ação organizada de desqualificação moral e repressão política aos movimentos sociais, bem como pelo cumprimento rigoroso do ajuste fiscal – que provocava o corte de recursos para a política de reforma agrária e, portanto, a diminuição de eventuais "conquistas" para a base social dos movimentos –, a negociação direta com o Banco Mundial se mostrou um canal de negociação oportuno com o governo brasileiro. Essa é a avaliação do presidente da Contag:

> Nós começamos a entender a importância de a gente poder discutir diretamente com o Banco Mundial, porque havia muitas coisas que podiam mudar na política do Banco desde que a gente passasse por cima do Estado e começasse a discutir diretamente com ele. O que nós hoje identificamos? É que, primeiro, o Banco Mundial não é um aliado de projetos dos movimentos sociais no Brasil, mas se o movimento social souber atuar, colocando suas condições, fazendo críticas aos programas do Banco (...), [ele] hoje tem uma política mais aberta para ouvir do que no passado (...). Naquele momento, (...) nós usamos o Banco [Mundial] para abrir o espaço de discussão com o governo para a construção da proposta [o CFCP], e o governo admitiu fazer um programa experimental, como a Contag estava propondo (entrevista ao autor).

Em outras palavras, a oportunidade de acessar uma fonte externa de financiamento para realizar projetos voltados a segmentos da base social da Contag, num período adverso aos movimentos sociais em geral, foi um dos fatores que levou a entidade a propor o CFCP. Novamente, Manoel dos Santos explica esse posicionamento:

> O Banco é, hoje, o administrador das finanças do mundo. E nós precisamos, onde tem recurso que é do povo, nós precisamos estar lá, dizendo o que está errado, (...) e procurar trazer parte desse recurso também para ajudar no processo de mobilização e de afirmação da nossa gente (...). Quando a gente fica distante, não quer discutir com o Banco, porque ele é o administrador do capital do mundo, esse recurso é utilizado muito mais contra o nosso povo (...). [Por outro lado], o fato de a gente só ficar batendo não significa que [o uso d]esses

> recursos vai melhorar (...). O Banco Mundial passou a se interessar em ouvir a Contag não porque seja aliado nosso. Acontece que o Banco começou a compreender que o que estamos querendo, nesse processo de discussão, é um melhor zelo do próprio dinheiro do Banco nas aplicações que são feitas aqui (entrevista ao autor).

O depoimento acima citado de Francisco Urbano em audiência pública no Senado em setembro de 1997 mostra que as críticas da Contag ao Cédula – depois estendidas em parte ao Banco da Terra – giravam desde o início em torno de dois pontos: primeiro, a forma como vinham sendo implementados mostrava que não se tratava de uma experiência complementar, mas sim substitutiva à política oficial de reforma agrária, baseada no instrumento da desapropriação; segundo, tratava-se de um projeto cuja concepção e gestão se faziam sem a participação da Contag, numa relação fechada entre governo federal e Banco Mundial.

Ocorre que há anos existia uma demanda da Contag – porém, sempre numa posição bastante secundária em sua pauta política – por uma linha de crédito fundiário voltada para segmentos empobrecidos de agricultores não proprietários (parceiros e pequenos arrendatários), com terra insuficiente (minifundiários) ou filhos de pequenos agricultores cuja reprodução familiar dependesse da obtenção de terra, ou, ainda, para casos excepcionais em que houvesse demanda por terra e não existissem propriedades passíveis de desapropriação pelos critérios legais vigentes. De acordo com essa reivindicação, poderiam ser objeto de compra apenas áreas que não fossem passíveis de desapropriação, numa lógica de reordenamento fundiário complementar à política mais ampla de reforma agrária.

Por outro lado, é preciso considerar também a existência, forjada ao longo de quase três décadas, de uma certa "cultura sindical" de reivindicação e negociação em torno da participação na definição e gestão de projetos específicos desenvolvidos na região Nordeste (Navarro, 1998, p. 5), grande parte dos quais com financiamento do Banco Mundial (Polonordeste, Papp, PCPRs). Em que pesem os conflitos com o Estado e o Banco Mundial em torno daquele conjunto diversificado de projetos (Soares, 2001; Leroy & Soares, 1998; Garrison, 2000), não parece equivocada a avaliação de que essa "tradição sindical" ganhou novo alento em 1998 dentro da Contag com a eleição de uma nova diretoria (Navarro, 1998, p. 5).

A rigor, embora tenha assinado as duas solicitações ao Painel de Inspeção, a Contag nunca se recusou a dialogar com o Banco Mundial possíveis mudanças no Cédula da Terra, o que revela a disposição de setores da entidade em participar do projeto desde o início. Pelo menos desde agosto de 1999, ela já mantinha contatos mais firmes nessa direção (Banco Mundial, 2000a, p. 24).

O impasse provocado pela resistência do Fórum pôs em cheque a sequência de uma experiência propagandeada como a mais exitosa em nível internacional. Para os setores do Banco Mundial à frente do MRAM, possivelmente aquele tenha sido um momento decisivo.

Ganhou força no interior da Contag a visão de que a antiga reivindicação de um programa de crédito fundiário complementar à política de reforma agrária poderia ser contemplada pela criação de um novo programa, a partir da oportunidade aberta por um possível empréstimo do Banco Mundial. Associada a essa visão, outra tese ajudaria a vencer o debate interno: a necessidade do "pragmatismo sindical", supostamente derivado da própria natureza institucional da Contag. Eugênio Peixoto, na época assessor de relações internacionais da entidade, assim explica aquela tomada de posição:

> A Contag fazia parte do Fórum e era contra o Cédula e o Banco da Terra, mas ela historicamente defendia uma política de crédito fundiário. Então, a partir do instante em que o Banco [Mundial] fez uma oferta ao Fórum – que não foi respondida (...), para abrir um processo de negociação –, para a Contag era interessante, porque ela sempre defendeu uma política de crédito fundiário (...). A Contag não é um movimento religioso nem uma organização política, é sindicato. E sindicato tem que ter proposta para o conjunto da base. E existe um

> segmento da base da Contag que sempre lutou por crédito fundiário – inclusive, era deliberação do Congresso brigar por uma política de crédito fundiário. Então, a partir do instante em que surge uma oportunidade de negociar uma proposta que vai atender aos interesses da base, é obrigação do sindicato negociar. (...) Muito simples, é o pragmatismo da luta sindical (entrevista ao autor).

A decisão de negociar o CFCP, passando por cima da posição majoritária do Fórum, foi objeto de disputas políticas no interior da Contag. Sérgio Sauer, um observador externo à Confederação, lembra que "tanto setores da diretoria da Contag como algumas federações se opuseram fortemente. Durante um bom tempo, a federação de Minas Gerais, a secretaria agrária da federação de Pernambuco, a federação do Ceará e a federação de Goiás – ambas em parte –, se opuseram" (entrevista ao autor).

A Contag continuou a classificar o Cédula e o Banco da Terra como programas de "reforma agrária de mercado", mas passou a diferenciá-los do novo CFCP, considerado apenas como um programa de "crédito fundiário" complementar à reforma agrária. Segundo essa tomada de posição, a matriz do CFCP não seria o modelo de reforma agrária de mercado do Banco Mundial, mas sim uma demanda antiga da entidade, por isso mesmo legítima socialmente.

Aceitar ou não essa interpretação supõe, sem dúvida, assumir uma determinada posição política. Porém, não se resume a isso, pois existem evidências empíricas que mostram a conexão do CFCP ao modelo criado e exportado pelo Banco Mundial a diversos países. A primeira é que o Banco reconhece explicitamente que o CFCP veio para suceder os projetos-piloto orientados pelo MRAM, tanto que assume, em linhas gerais, a mesma estrutura de funcionamento dos anteriores:

> O projeto [CFCP] foi precedido por dois altamente bem-sucedidos pilotos financiados pelo Banco (...). O primeiro piloto foi implementado como um componente do Projeto de Alívio à Pobreza Rural do Ceará

> [Projeto São José], e o segundo foi o (...) Cédula da Terra, atualmente em implementação (Banco Mundial, 2000a, p. 2).

Pode-se notar que a citação acima apagou a referência ao Banco da Terra. Este procedimento passou a ser a regra do discurso do Banco Mundial e do governo brasileiro após a negociação política que deu origem ao CFCP, haja vista que o Banco Mundial acabou não financiando o Banco da Terra devido à oposição dos movimentos sociais. Porém, isso não altera em nada tanto a sua contribuição político-ideológica para a criação do Banco da Terra como também a vinculação orgânica deste com o MRAM, conforme já foi anteriormente demonstrado.

Outro elemento que comprova a filiação do CFCP ao MRAM é dado, novamente, pela enorme pressa do Banco Mundial em expandir a experiência para outros Estados, embora o Cédula, na época, tivesse sua conclusão prevista apenas para junho de 2001 (o que, na prática, só ocorreu em dezembro de 2002) e estivesse ainda em período de avaliação. O documento que aprovou a criação do CFCP explica por que o Banco preferiu expandir para mais nove Estados a experiência iniciada pelo Cédula, em vez de esperar e desenvolvê-lo mais detidamente:

> O piloto [o Cédula da Terra] está prestes a ser concluído (...), e, como evidência da demanda potencial pelo projeto, um grande número de famílias já está na lista de espera para comprar terras (...). Vários estudos avaliativos foram feitos. Eles fornecem uma forte base para a próxima fase do apoio do Banco e confirmam o sucesso geral do projeto-piloto em termos da sua implementação efetiva e da provável viabilidade da grande maioria dos subprojetos (...). Os Estados nordestinos restantes e outros Estados no Sul e Sudeste estão requisitando com urgência a sua inclusão em um programa comunitário expandido de acesso à terra (Banco Mundial, 2000a, p. 9).

Outro elemento que mostra a vinculação do CFCP ao MRAM é o fato de que, tal como nos projetos anteriores, o Banco Mundial procurou legitimar o CFCP a partir da crítica ao chamado "modelo tradicional" de reforma agrária – inclusive rejeitando qualquer possibilidade de aportar recursos para a melhoria do projeto –, tal como fizera quando da aprovação do Cédula da Terra (Banco Mundial, 2000a, p. 4 e 8).

Outro elemento que fortalece o argumento acerca da filiação do CFCP ao MRAM – e não a uma política de crédito fundiário nos moldes do que vinha sendo reivindicado "classicamente" pela Contag – consiste na percepção de que o CFCP seguiu a mesma lógica expansionista do MRAM, não se restringindo a áreas específicas delimitadas de maneira prévia, onde houvesse de fato concentração de minifúndios ou imóveis não passíveis de desapropriação. Simplesmente se criou um programa de financiamento para compra de terras em 14 Estados da federação sem qualquer estudo prévio e tampouco sem o aparato institucional adequado para se delimitar quais áreas poderiam ser objeto de um programa que fosse realmente complementar à política de reforma agrária.

Por fim, há dois elementos políticos que não podem ser desconsiderados. Em primeiro lugar, a fonte de financiamento do CFCP era o Banco Mundial, a mesma instituição que vinha, até então, tentando implementar o MRAM no Brasil em escala acelerada, em detrimento da posição de todas as entidades nacionais de representação de trabalhadores rurais, inclusive da Contag. Em segundo lugar, o CFCP foi criado pelo governo Cardoso, o mesmo que promovia a criminalização policial, judicial, política e simbólica dos movimentos sociais, bem como tentava implementar o MRAM como substituto da reforma agrária. Como, naquela conjuntura de intensa disputa político-ideológica, esperar que esses dois "parceiros" fossem repentinamente implementar uma política complementar de crédito fundiário?

A adesão da Contag, portanto, permitiu ao Banco Mundial dar sequência aos programas inspirados no MRAM no Brasil, porém em novo patamar, na medida em que passou a existir a legitimação por uma organização nacional. A posição "exemplar" do Brasil seria salvaguardada, como se pode depreender da avaliação de Eugênio Peixoto:

> Para o Banco Mundial, o *case* Brasil passou a ser uma referência forte, exatamente pela abertura à possibilidade de participação da sociedade. Evidentemente, não foi nenhuma associação de moradores, foi a Contag, uma entidade forte, com peso, com história, que tem tradição, que tem peso político na sociedade brasileira (entrevista ao autor).

No embate com movimentos e organizações sociais, a adesão da Contag passou a ser usada pelo Banco Mundial como instrumento de legitimação dos programas orientados pelo MRAM. Como ressalta Sérgio Sauer:

> A decisão da Contag de apoiar o Crédito Fundiário (...) tem impactos negativos bastante fortes (...), porque criou um argumento importante para o Banco Mundial em nível internacional. Ainda hoje, quando as entidades europeias e asiáticas questionam o Banco em relação a esse projeto, um dos argumentos é: 'nós temos no Brasil o apoio da sociedade civil, tanto é que uma das entidades históricas – a maior entidade sindical do país – apoia o programa' (entrevista ao autor).

Politicamente, foram duas as modificações principais operadas no CFCP: a proibição de compra de áreas passíveis de desapropriação (admitindo-se "exceções") e a introdução de mecanismos de participação e controle social. Na avaliação dos representantes da Contag, foram esses os dois pontos mais difíceis na negociação com o governo brasileiro e o Banco Mundial, em que pesem a retórica sobre o caráter pretensamente complementar dos programas e o discurso pró-participação, principalmente por parte do Banco Mundial. Abordando o primeiro ponto, afirma Eugênio Peixoto:

> O mais difícil foi conseguir estabelecer que áreas passíveis de desapropriação não podiam ser negociadas (...). O Banco Mundial e o governo [insistiam nesse ponto]. A conversa nunca foi bipartite, sempre foi tripartite. Então esse foi o ponto mais difícil, e esse, para a Contag,

era o ponto mais emblemático: explicitar o caráter complementar, e não concorrencial (entrevista ao autor).

O presidente da Contag complementa ainda, referindo-se ao segundo ponto:

> Na discussão com o Banco Mundial, o ponto mais difícil foi a gente fazer com que o manual de operações do Crédito Fundiário fosse todo discutido com a participação dos movimentos sociais. (...) Esse foi um ponto difícil, porque o Banco Mundial não tinha essa prática (entrevista ao autor).

O Banco da Terra só começou a funcionar realmente no início de 2000, e o CFCP, negociado em novembro de 2000, foi aprovado em 2001 e só começou a operar em 2002. Assim, durante o biênio 2001-2002, houve uma situação de duplicidade de programas muito similares.

Porém, ocorre que o Banco da Terra não era apenas um programa, mas sim um fundo criado pelo Congresso Nacional que podia captar recursos financeiros de diversas fontes e, enquanto fundo, era o instrumento através do qual se daria a contrapartida do governo brasileiro ao empréstimo do Banco Mundial para a criação do CFCP. Porém, em termos políticos, enquanto o CFCP era apoiado pela Contag à revelia das demais entidades aglutinadas no Fórum, o Banco da Terra era sustentado por um setor do governo interessado em expandi-lo em detrimento dos demais programas, sendo rejeitado por todas as entidades que compunham o Fórum, inclusive a Contag. Por trás desse verdadeiro emaranhado, começou então a haver uma disputa no interior do governo Cardoso em torno da execução de ambos os programas. O presidente da Contag recorda essa questão:

> O governo estava com uma política de fortalecimento do Banco da Terra, procurando fortalecer uma política de reforma agrária de mercado e não fortalecer uma política complementar (...). No caso do Crédito Fundiário, mesmo depois de negociado, houve toda uma disputa interna, porque a estrutura montada para a administração e a execução do Banco da Terra queria pegar o Crédito Fundiário como

> um programa também deles. E a primeira briga nossa foi para criar um outro segmento, dentro do governo, para trabalhar o Crédito Fundiário (...). Tinha um gestor (...) [para] o Crédito Fundiário e um outro que trabalhava o Banco da Terra dentro da mesma Secretaria. E aí foi um momento muito difícil, porque o governo tinha como objetivo fortalecer o Banco da Terra, [enquanto] nós tínhamos como objetivo fortalecer o Crédito Fundiário. E isso deu (...) confusão, porque muitas pessoas achavam: 'Crédito Fundiário, Banco da Terra, é tudo a mesma coisa!' (entrevista ao autor).

Essa disputa persistiu ao longo do biênio 2001-2002 num sentido favorável ao Banco da Terra e desfavorável ao CFCP, o que pode ser facilmente comprovado pelos resultados de um e outro (cf. Pereira, 2004).

Do ponto de vista da luta promovida pelo Fórum contra a implantação do MRAM no Brasil, a criação do programa CFCP representou a interrupção de um processo ascendente de mobilização desenvolvido em bloco até aquele momento. A luta contra o Cédula e o Banco da Terra foi enfraquecida e acabou saindo da pauta central do Fórum, na medida em que a Contag, uma entidade de grande peso político, negociou a criação de um programa que, objetivamente, dá sequência à implantação do MRAM no Brasil, embora não seja esta a avaliação dos dirigentes da entidade.

A bandeira que deu unidade de ação a todas as entidades do Fórum durante o biênio 1998-1999 – por condensar a polarização política mais forte entre o governo Cardoso e os movimentos sociais e sindical – deixou de existir. A divisão política em relação a essa questão foi bastante rígida, tanto assim que, após alguns embates internos, o Fórum deliberou por secundarizar essa questão como forma de preservação de sua própria existência enquanto espaço de aglutinação de forças políticas diferenciadas.

Porém, apesar de significativo, deve-se ressaltar que esse episódio não impediu que, posteriormente, diversas ações importantes pró-reforma agrária fossem desenvolvidas em conjunto por todas as entidades do Fórum, embora até hoje permaneça o racha em relação a essa questão específica. Portanto, o que houve foi uma decisão coletiva das entidades que participam do Fórum em secundarizar a questão, que permanece latente até os dias atuais.

A criação do CFCP não suavizou o embate entre o governo Cardoso e os movimentos sociais do campo, especialmente com o MST. No triênio 2000-2002, além da manutenção do grave quadro de impunidade em relação aos crimes praticados contra trabalhadores rurais e do prosseguimento das medidas repressivas contra as ocupações de terra, duas outras medidas importantes foram tomadas pelo governo federal no ano de 2001. A primeira foi a criação da inusitada campanha de "reforma agrária pelos correios", que consistia em cadastrar a solicitação de trabalhadores nas agências dos correios de todo o país. Com enorme propaganda nos principais meios de comunicação de massa, o tom da campanha dirigiu-se abertamente para a desqualificação das ocupações de terra. O número de pessoas cadastradas chegou a 839.715 (Sampaio *et al.*, 2003, p. 28), mostrando o apelo que tal campanha teve.[12]

A segunda medida foi a incorporação, em fevereiro de 2001 (Banco da Terra, 2001), da Confederação Nacional da Agricultura (CNA) e da Força Sindical como "representantes da sociedade civil e dos beneficiários" no conselho curador do Banco da Terra. Coerente com os seus desígnios, o governo Cardoso incorporou ninguém menos que o setor patronal e a direita sindical para gerir o principal instrumento construído para interiorizar o MRAM no

[12] O MST criticou fortemente essa campanha, denunciando-a como mais uma manipulação do governo Cardoso para esvaziar a capacidade de mobilização dos movimentos sociais. Porém, em alguns Estados (São Paulo, por exemplo), o MST aproveitou a campanha para "organizar a demanda", discutindo com os trabalhadores rurais aquela situação e estimulando o seu cadastramento, com o objetivo de explicitar uma demanda por terra que poderia depois ser utilizada como instrumento de cobrança ao próprio governo federal. Se o MST tivesse adotado postura semelhante em nível nacional, o número de inscritos provavelmente teria sido muito maior.

Brasil e fazer o enfrentamento político-ideológico com os movimentos sociais do campo, em especial com o MST.

4. RESUMINDO

O objetivo deste texto foi esboçar um quadro abrangente dos embates em torno da implantação dos programas orientados pelo modelo de reforma agrária de mercado (MRAM) do Banco Mundial no Brasil. Essa disputa condensou as principais contradições político-ideológicas entre o governo Cardoso e as organizações sociais aglutinadas no Fórum Nacional pela Reforma Agrária e Justiça no Campo. Da discussão apresentada, pode-se destacar os seguintes aspectos:

a) A orientação do governo Cardoso ao longo dos dois mandatos em relação à reforma agrária foi de reduzi-la a uma política social compensatória, de modo que, tendo como condição esse *rebaixamento prévio*, ganharia terreno a experiência com os programas inspirados no modelo de reforma agrária de mercado do Banco Mundial.

b) Os programas orientados pelo MRAM foram introduzidos no Brasil como parte das políticas compensatórias às políticas de ajuste estrutural, as quais ganharam impulso e sistemática com o Plano Real e as reformas liberalizantes implementadas pelo governo Cardoso.

c) As ações do governo Cardoso no sentido de implantar o MRAM no Brasil jamais prescindiram da repressão às ocupações de terra e da desqualificação moral dos movimentos sociais, de modo que é correto afirmar que a política pró-mercado de terras teve como pressuposto a coerção estatal e paraestatal.

d) A adesão social ao Cédula da Terra não pode ser analisada fora do contexto socioeconômico e político em que foi criado, marcado por um período de seca e perdas agrícolas, ausência de perspectivas de trabalho, empobrecimento da população rural, enorme propaganda oficial (sobretudo em nível local, articulada por políticos e agentes do Estado), inexistência de uma política efetiva de reforma agrária e repressão à alternativa de acesso à terra que vinha ganhando legitimidade crescente: a ocupação coletiva organizada pelos movimentos sociais, especialmente pelo MST. Por outro lado, tal adesão revela o apelo nada desprezível que o acesso negociado e mercantil à terra tem – ou pode vir a ter, em maior ou menor grau, conforme o contexto social e político – entre parcelas significativas do campesinato brasileiro.

e) A criação do Banco da Terra internalizou os princípios básicos do MRAM ao escopo de instrumentos permanentes de política agrária no Brasil, permitindo que outras experiências orientadas por aquele modelo tivessem condições institucionais e financeiras mais sólidas de realização.

f) Chama atenção o empenho do governo Cardoso na implementação do MRAM, tanto em termos de velocidade – as principais iniciativas concentraram-se no ano e meio entre agosto de 1996 e fevereiro de 1998 – como de escala – de uma pequena experiência no Ceará até a criação do Banco da Terra pelo Congresso Nacional.

g) Desde o início, o Banco Mundial mostrou grande interesse em nacionalizar o MRAM, tanto que se comprometeu a financiar o Banco da Terra quando o projeto-piloto Cédula da Terra mal havia começado a ser implementado. Sem qualquer avaliação sobre o desempenho do Cédula, o governo brasileiro – com a promessa de recursos e o apoio político ostensivo dado pelo Banco Mundial – trabalhou para a criação do Banco da Terra.

h) O conjunto de ações políticas desencadeado pelo Fórum Nacional pela Reforma Agrária e Justiça no Campo, em nível nacional e, sobretudo, internacional, foi decisivo para bloquear, durante quase dois anos, o empréstimo do Banco Mundial que permitiria ao governo brasileiro contar com uma fonte externa de financiamento para o Banco da Terra.

i) Na perspectiva do Banco Mundial, o impasse provocado pela ausência de respaldo político suficiente para a implantação do MRAM no Brasil foi desfeito pela negociação com a Contag, a qual deu origem ao CFCP, dando sequência à experiência dos programas anteriores. Para a Contag, o CFCP representou a possibilidade de viabilizar uma demanda mais antiga da entidade, embora secundária e trazida à tona num momento político bastante adverso aos movimentos sociais. Segundo o discurso da entidade, o Cédula da Terra e o Banco da Terra integrariam a "reforma agrária de mercado", ao passo que o CFCP seria uma resposta à sua reivindicação por uma linha de crédito fundiário complementar à reforma agrária.

j) A criação do CFCP enfraqueceu a luta do Fórum contra a implantação dos programas orientados pelo MRAM do Banco Mundial na medida em que a Contag deixou de apoiar a luta contra o programa que dá sequência ao MRAM no Brasil, o CFCP.

k) O CFCP sofreu resistências no interior do governo Cardoso, mesmo tendo sido negociado de maneira tripartite (Banco Mundial, Contag e governo federal) e sido objeto de divisão política do Fórum. Tais resistências vieram do setor do governo federal interessado em expandir o Banco da Terra em detrimento dos demais programas existentes. A disputa entre o Banco da Terra e o CFCP foi favorável ao primeiro e desfavorável ao segundo. Porém, embora fossem sustentados por forças políticas distintas e guardassem especificidades, ambos seguiam os princípios centrais do modelo de reforma agrária de mercado do Banco Mundial. Foi a dinâmica da luta política – e não uma mudança de pressupostos e diretrizes – que forçou o Banco Mundial a não mais apoiar o Banco da Terra, e sim a criação do CFCP.

Os embates em torno da implementação do MRAM expressam uma nova fase da luta política no campo brasileiro. Apreender a sua dinâmica implica ter em conta novas formas de articulação e ação dos principais agentes sociais que gravitam no meio rural, bem como a sua internacionalização, verso e reverso do processo de internacionalização da própria problemática agrária brasileira e do rol de políticas públicas a ela dirigida.

REFERÊNCIAS BIBLIOGRÁFICAS

ALENTEJANO, Paulo Roberto R. "O que há de novo no rural brasileiro?" *Terra Livre,* n. 15, São Paulo, 2000.

BANCO DA TERRA. *Resolução n. 82.* Brasília, Conselho Curador, 13 fev. 2001.

BANCO MUNDIAL. "Implementation completion report (CPL – 41.470)". *Report n. 25.973*, 2003.

______. *Rural poverty alleviation in Brazil: toward an integrated strategy.* Washington D.C., 2003a.

______. *Country assistance strategy – Brazil (2000-2003).* Documento anexo a BARROS, Flávia (org.) *As estratégias dos bancos multilaterais para o Brasil.* Brasília: Rede Brasil, 2001.

______. "Project appraisal document to Brazil for Land-Based Poverty Alleviation Project I". *Report n. 19.585-BR*, nov. 2000a.

______. *Projeto de reforma agrária e alívio da pobreza rural no Brasil.* Projeto n. BRPE 50.772, 1999.

______. "Proyecto Fondo de Tierra – Guatemala". *Reporte n. PID 6.829*, jul. 1998.

______. "Project appraisal to Guatemala for a Land Fund Project". *Report n. 18.555-GU*, dez. 1998a.

______. *Country assistance strategy – Brazil (1997-1999).* 1997. Documento anexo a VIANA, Aurélio (org.). *As estratégias dos bancos multilaterais para o Brasil.* Brasília: Rede Brasil, 1998.

______. "Land reform and poverty alleviation pilot project". *Report n. PIC 4.974*, 1997a.

______. "Project appraisal document to Brazil for Land reform and poverty alleviation pilot project". *Report n. 16.342-BR*, abr. 1997b.

______. "Staff Appraisal Report – Rural poverty alleviation project – Ceara". *Report n. 14.395-BR*, 1995.

______. "Brazil: a poverty assessment". *Report n. 14.323-BR*, 2 v., 1995a.

BARROS, Flavia, SAUER, Sérgio & SCHWARTZMAN, Stephan (orgs.). *Os impactos negativos da política de reforma agrária de mercado do Banco Mundial.* Brasília: Rede Brasil/MST/Via Campesina/Fian/CPT/Environmental Defense, 2003.

BORÓN, Atílio. *Estado, capitalismo e democracia na América Latina.* São Paulo: Paz e Terra, 1994.

BORRAS, Saturnino. *Questioning market-led agrarian reform.* The Hague, Working Draft, jan. 2001.

BRANDÃO, Wilson. "A reforma agrária solidária no Ceará", *in* LEITE, Pedro Sisnando (org.). *Reforma agrária e desenvolvimento sustentável.* Brasília: MDA/CNDRS/Nead, Paralelo 15, 2000.

BRUNO, Regina. *O ovo da serpente: monopólio da terra e violência na Nova República.* Tese (doutorado) – Departamento de Sociologia da Unicamp, Campinas, 2002.

BUAINAIN, Antônio Márcio *et al. Relatório preliminar de avaliação do Projeto Cédula da Terra.* Brasília: Unicamp/Nead/MEPF, jun. 1999.

______; SILVEIRA, José Maria da & TEÓFILO, Edson. "O programa Cédula da Terra no contexto das novas políticas de reforma agrária, desenvolvimento e participação: uma discussão das transformações necessárias e possíveis", *in:* LEITE, Pedro Sisnando (org.). *Reforma agrária e desenvolvimento sustentável.* Brasília: MDA/Nead, 2000.

CÂMARA DOS DEPUTADOS. *Notas taquigráficas da sessão ordinária 012.6.50.E de 21 jan. 1998.*

CAMPANHA GLOBAL PELA REFORMA AGRÁRIA. *Comentario sobre las políticas de tierra y desarrollo rural del Banco Mundial.* 2004. Disponível em: <www.cadtm.org>.

______. *A terra é muito mais que uma mercadoria. Petição dirigida ao Banco Mundial.* Dez. 2000.

CARVALHO, Horácio Martins de. *Banco da Terra: o banco dos donos da terra.* Curitiba, mimeo, 1999.

CARVALHO FILHO, José Juliano de. "Política agrária do governo FHC: desenvolvimento rural e a *Nova Reforma Agrária*", *in:* LEITE, Sérgio (org.). *Políticas públicas e agricultura no Brasil.* Porto Alegre: EDUFRGS, 2001.

DEININGER, Klaus & BINSWANGER, Hans. *The evolution of the World Bank's land policy: principles, experience and future challenges.* Washington D.C.: The World Bank Research Observer, v. 14, n. 2, ago. 1999.

FIAN. *La política de tierras del Banco Mundial.* 2000. Disponível em: <www.foodfirst.org>.

______ *et al.* "Declaración de Bonn sobre accesso a la tierra". Resolução final do seminário "Acceso a la tierra: reformas agrarias inovadoras para la sustentabilidad y la reducción de la pobreza", 23 mar. 2001.

______ & VIA CAMPESINA. *A reforma agrária no Brasil.* Heidelberg/Tegucigalpa, 4 nov. 2004.

______. *Carta abierta al Banco Mundial.* Heidelberg/Tegucigalpa, 16 abr. 2002.

FIORI, José Luis. "Para um diagnóstico da modernização brasileira", *in:* FIORI, José Luis e MEDEIROS, Carlos (orgs.). *Polarização mundial e crescimento.* Petrópolis: Vozes, 2001.

FÓRUM NACIONAL PELA REFORMA AGRÁRIA E JUSTIÇA NO CAMPO. *Segunda solicitação ao Painel de Inspeção.* Brasília, 27 ago. 1999.

______. *Solicitação ao Painel de Inspeção.* Brasília, 10 out. 1998.

______. *Complementação ao Pedido de Inspeção.* Brasília, 21 dez. 1998a.

FOX, Jonathan. "O Painel de Inspeção do Banco Mundial: lições dos primeiros cinco anos", *in:* BARROS, Flávia (org.). *Banco Mundial, participação, transparência e responsabilização: a experiência brasileira com o Painel de Inspeção.* Brasília: Rede Brasil sobre Instituições Financeiras Multilaterais, jan. 2001.

GARRISON, John. *Do confronto à colaboração: relações entre a sociedade civil, o governo e o Banco Mundial no Brasil.* Brasília, Banco Mundial, jun. 2002.

GOMES DA SILVA, José. *Caindo por terra: crises da reforma agrária na Nova República.* São Paulo: Busca Vida, 1987.

HIDALGO, Zugleimia del Carmen. "Reforma agrária solidária", *in:* FUJIWARA, Luís Mário *et al.* (orgs.). *Programa Gestão Pública e Cidadania.* São Paulo: Eaesp/FGV, 1998.

LEROY, Jean-Pierre & SOARES, Maria Clara Couto (orgs.). *Bancos multilaterais e desenvolvimento participativo no Brasil: dilemas e desafios.* Rio de Janeiro: Fase/Ibase, 1998.

MEDEIROS, Leonilde Sérvolo de. *Movimentos sociais, disputas políticas e reforma agrária de mercado no Brasil.* Rio de Janeiro: CPDA/UFRRJ e Unrisd, 2002.

______. *Reforma agrária: instâncias, conflitos e atores. O papel dos trabalhadores rurais.* Rio de Janeiro: CPDA-UFRRJ, 1999.

______ & LEITE, Sérgio Pereira. "Marchas e contramarchas na política agrária no governo Fernando Henrique Cardoso (1995-2002)", *in:* Inesc (org.). *A era FHC e o governo Lula: transição?* Brasília, Inesc, 2004.

MEPF. *Agricultura familiar, reforma agrária e desenvolvimento local para um novo mundo rural.* Brasília, 1999.

______. *A nova reforma agrária.* Brasília, jul. 1999a.

______. *Banco da Terra.* Brasília, 1999b.

______. *Mudanças legais que melhoraram e apressaram as ações da reforma agrária.* Brasília, 1998.

______. *Diretrizes do processo de descentralização da reforma agrária.* Brasília, 1997.

NAVARRO, Zander. *O projeto-piloto Cédula da Terra: comentários sobre as condições sociais e político-institucionais de seu desenvolvimento recente.* 1998. Disponível em: <www.nead.gov.br>.

PAINEL DE INSPEÇÃO. *Report and recommendation on second request for Inspection – Brazil: Land Reform and Poverty Alleviation Pilot Project.* Washington D.C., dez. 1999.

______. *Report and recommendation on request for Inspection – Brazil: Land Reform and Poverty Alleviation Pilot Project.* Washington D.C., mai. 1999a.

PEREIRA, João Márcio Mendes. *O modelo de reforma agrária de mercado do Banco Mundial em questão: o debate internacional e o caso brasileiro. Teoria, luta política e balanço de resultados.* Dissertação (mestrado) – CPDA-UFRRJ, Rio de Janeiro, 2004. Disponível em: <www2.liphis.com> e <www.fmra.org>.

ROCHA, Sônia. *A pobreza no Brasil. Afinal, de que se trata?* Rio de Janeiro: Editora da FGV, 2003.

SAMPAIO, Plinio Arruda *et al. Proposta de Plano Nacional de Reforma Agrária.* Brasília, out. 2003, mimeo.

SAUER, Sérgio. *Síntese do relatório de avaliação preliminar do programa Cédula da Terra.* Brasília, 1999, mimeo.

______ & WOLFF, Luciano. "O Painel de Inspeção e o caso do Cédula da Terra", *in:* BARROS, Flávia (org.) *Banco Mundial, participação, transparência e responsabilização: a experiência brasileira com o Painel de Inspeção.* Brasília: Rede Brasil sobre Instituições Financeiras Multilaterais, jan. 2001.

SENADO FEDERAL. *Notas taquigráficas da audiência pública na Comissão de Assuntos Econômicos em 4 set. 1997.*

SOARES, Maria Clara Couto (coord.). *Estudo sobre fundos sociais e ambientais financiados ou administrados pelo Banco Mundial no Brasil.* Rio de Janeiro, Banco Mundial, ago. 2001.

TEIXEIRA, Gerson. *Crédito Fundiário de Combate à Pobreza: trocando seis por meia dúzia.* Brasília, Núcleo Agrário/Secretaria Agrária Nacional do Partido dos Trabalhadores, 2000.

______. *Um novo modelo de desenvolvimento rural sob a perspectiva do governo FHC.* Brasília, Núcleo Agrário/Secretaria Agrária Nacional do PT/Liderança da Bancada Federal, 1999.

______. *O Censo Agropecuário de 1996: uma radiografia dos resultados de 11 anos de neoliberalismo no campo brasileiro.* Brasília, 1999a, mimeo.

______ & HACKBART, Rolf. *A nova (anti) reforma agrária de FHC.* Brasília, Secretaria Agrária Nacional do PT, 1999.

TEÓFILO, Edson. "Brasil: nuevos paradigmas de la reforma agraria", *in:* TEJO, Pedro (org.). *Mercados de tierras agrícolas en América Latina y el Caribe: una realidad incompleta.* Santiago do Chile, Nações Unidas/Cepal/GTZ, v. 1, 2003.

______ *et al.* "Políticas y instrumentos para promover el mercado de terras: enseñanzas de la experiencia brasileña", *in:* ECHEVERRÍA, Ruben (org.). *Desarrollo territorial rural en América Latina y el Caribe: manejo sostenible de recursos naturales, acceso a tierras y finanzas rurales.* Banco Interamericano de Desenvolvimento, 2003.

______ & GARCIA, Danilo Prado. "Políticas de terra, pobreza e desenvolvimento rural: o caso do Brasil". Texto apresentado no "Taller regional sobre asuntos de tierras en Latinoamérica y el Caribe", Pachuca, Hidalgo, mai. 2002.

VAN ZYL, Johan *et al. Decentralized rural development and enhanced community participation: a case study from Northeast Brazil.* World Bank, Policy Research Working Paper n. 1.498, ago. 1995.

VIA CAMPESINA & FIAN. *Encuentro internacional de campesinos e campesinas sin tierra.* San Pedro Hula, 24-28 jul. 2000.

VIGNA, Edélcio & SAUER, Sérgio. "Os financiamentos dos programas agrários e agrícolas do Bird e do BID para o Brasil", *in:* BARROS, Flávia (org.). *A estratégia dos bancos multilaterais para o Brasil: análise crítica e documentos inéditos.* Brasília: Rede Brasil, 2001.

Entrevistas realizadas pelo autor

Eugênio Peixoto – ex-assessor de relações internacionais da Contag e atual secretário nacional de Reordenamento Agrário (em 20 nov. 2003 e 28 nov. 2003).

Gilmar Mauro – membro da coordenação nacional do MST (em 13 nov. 2003).

Manoel José dos Santos – presidente da Contag (em 1º dez. 2003).

Raul Jungmann – ex-ministro do Desenvolvimento Agrário e atualmente deputado federal (PPS-PE) (em 27 nov. 2003).

Sérgio Sauer – assessor da senadora Heloísa Helena (Psol-AL) (em 29 nov. 2003).

POR UMA REFORMA AGRÁRIA NÃO ESSENCIALMENTE AGRÍCOLA*

JOSÉ GRAZIANO DA SILVA**

A reforma agrária é ainda necessária no Brasil dos anos de 1990? Para quê? Na tentativa de fornecer uma resposta afirmativa a duas questões tão polêmicas que me foram propostas pelos editores, vou primeiro resgatar rapidamente a origem do debate sobre o tema para depois propor os elementos básicos do que considero um novo programa agrário para o país nesse final de século.

Ao contrário do senso comum hoje predominante, a questão agrária brasileira, para os seus autores considerados os clássicos dos anos 1960 – Alberto Passos Guimarães, Caio Prado Jr. e Celso Furtado – não era uma questão fundiária *strictu sensu* e muito menos um problema relativo à sua distribuição. Na verdade, apenas para Guimarães (em *Quatro séculos de latifúndio*, 1963)

---

* Uma versão resumida do presente texto foi publicado na *Revista Agroanalysis*, Rio de Janeiro, v. 16, n. 3, mar. 1996.

** Foi professor titular de Economia Agrícola do Instituto de Economia da Unicamp. Ex-ministro extraordinário de Segurança Alimentar e Combate à Fome e coordenador do programa Fome Zero. Em 2006, tornou-se representante regional da Organização das Nações Unidas para Agricultura e Alimentação (FAO) para América Latina e Caribe. Em 2011, foi eleito diretor-geral da FAO.

a concentração da terra e o poder político dos seus proprietários (tidos como feudais) aparecem como o problema central. Fiel à ideologia da Internacional Comunista da época, ele considerava a concentração das terras – e a distribuição da renda daí resultante – o empecilho maior para um desenvolvimento capitalista mais democrático, uma vez que impedia a criação de um amplo mercado interno de massas para a indústria nascente no país. E era para quebrar essa associação perversa entre a concentração das terras em poucas mãos e o poder político de seus proprietários que propunha uma ampla reforma agrária redistributivista. O principal crítico dessa tese foi Caio Prado Jr. (*A revolução brasileira*, 1966), que desmontou a argumentação do "caráter feudal" do latifúndio brasileiro, mostrando que as relações de produção predominantes em nossa agropecuária haviam sido capitalistas desde a colônia. Prado Jr. argumentava que, para democratizar as relações de produção no campo, era fundamental que o Estado viesse em socorro dos trabalhadores rurais, até então inteiramente desorganizados, através de uma legislação que garantisse os mesmos direitos já conquistados pelos assalariados urbanos.

As propostas de políticas públicas que resultaram desses debates foram materializadas no Estatuto do Trabalhador Rural (1963) e no Estatuto da Terra (1964). Apesar das profundas divergências de concepção que podem separar as análises sobre a necessidade e a perversidade dos resultados alcançados, é preciso reconhecer a importância decisiva desses dois grandes instrumentos legais no que diz respeito à extensão da legislação trabalhista ao meio rural e à consolidação da empresa rural como a unidade de produção básica da agricultura brasileira moderna. E, se o sucesso é apenas relativo em função do que é preciso ainda ser alcançado, é inegável que o pouco (ou muito, dependendo da ótica de julgamento) conseguido na sua implementação não teria sido possível sem a forte e decisiva presença do Estado brasileiro.

Mas há outra vertente do debate dos anos 1960 que ficou "esquecida"[1] pelos nossos formuladores de políticas para o agro: é a visão de Ignácio Rangel, que entendia *A questão agrária brasileira* (título de seu livro de 1962) basicamente como o problema do excedente populacional decorrente da rapidez da modernização da nossa agricultura. Para ele, o crescimento da produtividade do trabalho no interior dos "complexos rurais" (não necessariamente dos rendimentos físicos por unidade de área, que só ocorreria depois de ocupadas as suas "fronteiras internas") liberava força de trabalho muito rapidamente. Gerava-se assim uma capacidade ociosa, no campo, de terras que não mais eram necessárias à produção; e, nas cidades, de mão de obra que já não encontrava ocupação produtiva nos novos setores que estavam sendo criados pela industrialização substitutiva e importações. A proposta óbvia de política que daí deveria seguir-se era a de juntar esses dois recursos ociosos: terra e mão de obra. Mas o que impedia isso de acontecer era o alto preço da terra: num país sem mercado financeiro, a terra – rural e urbana – havia se constituído na forma tradicional de poupança das classes dominantes. Além de ser uma excelente reserva de valor, a expectativa de sua valorização subsequente (que Rangel chamava de "quarta renda", para diferenciá-la das três formas marxistas clássicas) havia se constituído num dos mecanismos de realimentação da inflação crônica que se instalara no país no pós-guerra.

Para Rangel, não havia no início dos anos 1960 condições políticas para se implementar uma proposta com vistas à desapropriação das terras ociosas e o seu pagamento, em longo prazo, em títulos da dívida pública, dada a aliança estabelecida entre os latifundiários e a burguesia industrial nascente para levar avante

[1] Digo "esquecida" porque na verdade todas as políticas de modernização da nossa agricultura eram respaldadas pela visão neoclássica de que era preciso acelerar a transferência de população dos campos (onde sua produtividade era muito baixa) para as cidades.

o desenvolvimento capitalista do país. Por isso ele propunha que se atacassem primeiro os problemas "impropriamente agrários", ou seja, os problemas estritamente agrícolas, relativos à produção e seus preços, especialmente a questão dos canais de intermediação, responsáveis então por boa parte da carestia reinante. No que tange às questões agrárias, prescrevia a abertura de novas áreas de colonização nas regiões da fronteira pré-amazônica (que na época resumia-se às terras úmidas do Maranhão) para desviar parte do êxodo daquela população excedente que começava a se amontoar nas cidades do centro-sul; e a abertura de estradas em direção ao planalto Central para aumentar a oferta de terras, acelerando assim a queda de seus preços, que deveria se seguir à constituição de um mercado de capitais e ao controle da inflação. Mais tarde, já nos anos 1970, convencido de que o preço das terras não cairia tão cedo, em função da inflação crônica que tomara conta da economia e da forma como se estavam resolvendo as nossas questões agrícolas (processo que ficou conhecido como "a modernização conservadora"), agravando ainda mais a questão agrária, Rangel passou a defender uma reforma agrária que utilizasse pouca terra, a fim de não acirrar muito os ânimos dos latifundiários e de seus representantes políticos no Congresso. O lote deveria ser suficiente apenas para recompor nas periferias urbanas do centro-sul do país o núcleo familiar daqueles que para Rangel eram o símbolo da população excedente expulsa do campo: os boias-frias.

Em minha opinião, o momento em que vivemos nesse final de século confere muita atualidade às propostas de Rangel. Primeiro porque, novamente, o projeto de modernização do país, proposto por uma coalizão de interesses conservadores, excluiu de sua agenda a alternativa de uma ampla reforma agrária redistributiva. E o "plano de estabilização econômica" que nos foi imposto pela coalizão de forças vitoriosa nas eleições presidenciais de 1994 vem combinando até agora uma política externa de rápida abertura econômica com base numa taxa de câmbio fortemente valorizada com políticas internas recessivas, capitaneadas por juros altos, restrição ao crédito e congelamento por um ano do salário mínimo. O resultado desse conjunto de políticas para a agricultura não poderia ter sido pior depois de uma safra recorde: preços agrícolas em queda; endividamento crescente de praticamente todos os segmentos produtivos relevantes do setor agropecuário; e uma depreciação patrimonial resultante de uma acentuada queda dos preços das terras e de outras formas de reserva de valor, como o gado e outros estoques de *commodities* tradicionais. A permanecer esse cenário, o agravamento da crise agrária – nos termos colocados por Rangel – nos próximos anos, envolvendo especialmente as regiões periféricas do Sudeste, Norte e Nordeste, parece inevitável.

Mas, além dessas razões, digamos, "conjunturais", que decorrem da forma como o país está buscando sua inserção na nova divisão internacional que se esboça, há um outro conjunto de fatores que recolocam a reforma agrária no rol das opções de políticas públicas nesse final de século: é preciso criar novas formas de ocupação para uma parte significativa da população brasileira que não tem qualquer qualificação profissional que a habilite a procurar outra forma de inserção produtiva no novo mundo do trabalho. A equação fordista "mais investimentos = maior produção = maior nível de emprego" já é coisa do passado mesmo para o Brasil, um país com 160 milhões de pessoas e com um terço ou mais da sua população urbana com níveis de renda considerados insuficientes para permitir uma vida digna e que possui ainda 25% da população no meio rural.[2] Mas o nosso mundo rural já não é mais só agricultura e pecuária, à semelhança do que ocorre em outras partes do mundo desenvolvido, em especial na Europa. Segundo a Pnad de 1990,

---

[2] SILVA, José Graziano da. "Condicionantes para um novo modelo agrário e agrícola", *in: Crise Brasileira: anos oitenta e Governo Collor*. São Paulo: Instituto Cajamar/CUT, 1993, p.177-218.

de cada três pessoas que residiam no meio rural brasileiro, duas estavam ocupadas em atividades agropecuárias e uma em outras atividades, com destaque para a prestação de serviços não agrícolas, indústria de transformação, comércio e construção civil, evidenciando o que chamei, nos anos 1980, de urbanização do meio rural brasileiro.[3] Vale a pena destacar ainda que, de acordo com as Pnads de 1981 e 1990, a taxa de crescimento das pessoas residentes no meio rural ocupadas em atividades agropecuárias cresceu a 0,7% a.a., enquanto que a das pessoas residentes no meio rural ocupadas em atividades não agrícolas cresceu 5,9% a.a. E o impacto das novas tecnologias baseadas na microeletrônica e na informática sobre a nossa agricultura deverá ser ainda mais excludente que a "revolução verde" dos anos 1960, uma vez que deverá atingir com igual intensidade também os produtos tropicais, tradicionais geradores de emprego agrícola – como cana-de-açúcar, café, cacau, banana etc.[4]

Por isso tudo, no final do século XX a nossa reforma agrária não precisa ter mais um caráter estritamente agrícola, dado que os problemas fundamentais da produção e dos preços podem ser resolvidos pelos nossos complexos agroindustriais. É preciso hoje uma reforma agrária para ajudar a equacionar a questão do excedente populacional até que se complete a nossa "transição demográfica", recém-iniciada. E uma reforma agrária que permitisse a combinação de atividades agrícolas e não agrícolas teria a grande vantagem de necessitar de menos terra, o que poderia baratear significativamente o custo por família assentada, sendo este um forte limitante para a massividade requerida pelo processo distributivo, especialmente nos Estados do Sul e Sudeste. Por que não um assentamento que, além de arroz e feijão, produza também casas populares? Ou um "pesque

---

3 *Id.* "A industrialização e a urbanização da agricultura brasileira", *in: Brasil em artigos.* São Paulo: Seade/bolso, 1995, p. 197-222.

4 *Id.* "Evolução do emprego rural na década de 80", *in: O mundo do trabalho: crise e mudança no final do século.* São Paulo: Página Aberta, 1994, p. 619-640.

e pague" que desse uma opção de lazer barato às classes médias baixas confinadas nas grandes metrópoles? Ou guardas ecológicos que protegessem o entorno de parques e reservas florestais e servissem de guias turísticos? Ou de caseiros de "chácaras de recreio" com acesso gratuito às terras garantido por regime de comodato? Trata-se, no fundo, de buscar novas formas de ocupação para essa população sobrante, do ponto de vista estritamente agrícola e industrial, de ex-parceiros, ex-meeiros, ex-boias-frias, ex-pequenos produtores rurais que foram marginalizados pela modernização conservadora das décadas passadas. Trata-se de buscar, nas franjas do crescimento da prestação de serviços pessoais que caracteriza o mundo atual, um conjunto de novas ocupações artesanais que não exijam níveis de qualificação outro que não possam ser adquiridos através de um treinamento rápido para esse conjunto de milhões de "sem-sem", que, além de terem perdido o acesso à terra, não têm o privilégio de estar organizados num movimento como o MST.

Os que pensam que isso seria confinar a miséria em favelas rurais estão muito enganados. Na visita que tive oportunidade de fazer em agosto de 1993 ao *kibutz* Ramot Menashe, situado à beira da estrada para a aldeia de Barta, em Israel, encontrei mais de 900 pessoas ocupadas em pouco mais de 10 ha irrigados com culturas, 400 cabeças de gado de leite estabulado e uma pequena granja avícola! É que a grande maioria trabalhava em atividades não agrícolas dentro (e fora) do *kibutz*: um restaurante e motel; diferentes formas de trabalho em domicílio, como montagem de peças industriais e artesanato; e até uma escola-creche, que inicialmente se destinava somente aos filhos dos próprios membros do *kibutz*, mas depois foi aberta aos membros das comunidades vizinhas. "Os *kibutzim* que mantêm indústrias de irrigação faturam hoje mais com a venda de equipamentos do que com a agricultura. A Bertrand, por exemplo, que produz válvulas volumétricas, movimenta US$ 20 milhões por ano e responde por 70% da receita do *kibutz* Evron", escreveu Bruno Blecher, enviado especial da "Agrofolha" (edição de 1 jul. 1993) que documentou a tecnologia de irrigação localizada (gotejamento e microaspersores), que está sendo transferida com grande sucesso para o Nordeste brasileiro. E esse predomínio das atividades não agrícolas nos *kibutzim* não é tão recente assim: numa das discussões do tema, um colega de trabalho me confessou sua frustração por ter passado meses numa dessas fazendas coletivas israelenses fazendo colares de miçangas nos idos dos anos 1970.

A reorientação dos instrumentos de políticas para o meio rural que advogamos não se esgota na proposta de uma reforma agrária não essencialmente agrícola para as regiões Sul e Sudeste do país. Ela implica a retomada da concepção de um programa regionalizado de reforma agrária para o país, com a decretação das "zonas prioritárias" previstas no antigo Estatuto da Terra, de modo a se conseguir uma concentração de assentamentos agropecuários em determinadas regiões. Já tive oportunidade de dizer anteriormente que uma intervenção massiva sobre a estrutura fundiária do país tem que ser repensada hoje para algumas "regiões especiais", como no sertão do Nordeste, por exemplo, dado que as restrições fixadas pela atual Constituição impossibilitam uma ampla distribuição de terras em todo o país.[5] A zona semiárida nordestina tem vastas regiões com condições particulares que facilitam a obtenção de um razoável consenso social sobre a necessidade de uma intervenção ampla e massiva do Estado, tais como a presença de grandes latifúndios tradicionais (inclusive com o proprietário absenteísta, o que enfraquece muito o seu poder local); baixo preço das terras sem disponibilidade de água; existência de financiamentos externos para projetos de irrigação; recursos subsidiados do Fundo Constitucional do Nordeste para financiar os investimentos e o custeio; milhões

---

[5] *Id.* "Por um novo programa agrário". *Reforma Agrária*, Campinas, 23(2), p. 5-16 (mai.-ago. 1993).

de famílias de pequenos rendeiros sem-terra, com larga experiência de gestão tradicional, esperando apenas a retomada do crescimento econômico do centro-sul para migrarem etc.

Creio que, nessas regiões prioritárias, poderíamos evitar as "ilhas de reforma agrária" que caracterizam os atuais assentamentos, dispersos aqui e ali, resultados de soluções paliativas *ad hoc* e que apenas servem de vitrine do que não deve ser uma política de reforma agrária. A definição de regiões prioritárias permitiria estabelecer "zonas reformadas" com políticas públicas e regras diferenciadas do restante do país (como um serviço de extensão rural específico, crédito do Procera etc.) que garantissem o sucesso dos novos produtores rurais nos seus primeiros anos, combinados com programas especiais de previdência social que garantissem uma renda mínima às famílias rurais ou urbanas que não tivessem condição de serem beneficiadas com um lote.

O momento atual é muito favorável para se iniciar um programa regionalizado de reforma agrária no país. É preciso aproveitar a precária estabilização alcançada até aqui pelo Plano Real para implantar políticas que simultaneamente reforcem a tendência atual de baixa do preço da terra e favoreçam a criação de novos mecanismos que deem maior possibilidade de acesso à terra sem reativar os mercados de compra e venda desse ativo. Isso é fundamental: qualquer reativação dos mercados de terras no país interromperia a queda de seus preços, que poderão voltar aos patamares anteriores ao Plano Cruzado, quando não tinham ainda incorporado o risco da instabilidade financeira do final dos anos 1980 e início dos anos 1990. O imóvel rural não produtivo caminha para ser um ativo sem liquidez, na medida em que as terras agrícolas vêm perdendo sua expectativa de valorização futura e que era um dos pilares de sustentação de seu preço elevado. Por isso, deve-se descartar de imediato mecanismos de financiamento que favoreçam a liquidez dos imóveis rurais ou que impliquem a compra significativa de terras por parte do poder público, especialmente à vista e/ou em dinheiro; e, pela mesma razão, aceitar todas as outras formas possíveis de arrecadação de terras, como a retomada de áreas cedidas para os projetos agropecuários falidos das regiões Norte e Centro-Oeste; troca de terras por dívidas dos usineiros do Nordeste; revisão das doações de terras na Amazônia, conforme estabeleceu a Constituição de 1988; troca pelas dívidas do Banco do Brasil para os não atingidos pela securitização etc.

Mas a atual baixa dos preços de terras não assegura nos nossos dias que elas venham a trocar de mãos, gerando novas possibilidades de acesso por parte da população excedente. Fundamentalmente porque as terras – além de muito caras – podem hoje ser mantidas ociosas praticamente sem ônus adicional para seus proprietários. Para quebrar essa possibilidade de a terra ser mantida como reserva de valor – o outro pilar do seu preço elevado –, é preciso reduzir o atual *status* do direito de propriedade, condicionando-o explicitamente a determinados usos socialmente aceitos.[6] E aqui entra toda a discussão sobre o Imposto Territorial Rural, que, em minha opinião, deveria ser tratado como um tributo sobre a propriedade, à semelhança do IPTU, com participação decisiva das municipalidades na sua implantação.[7] É obvio que, nas prefeituras do interior do Nordeste dominadas pelos coronéis do PFL, esse imposto não seria cobrado, o que não seria muito diferente do que ocorre hoje, já que ele é cobrado mas não é pago... Em compensação, poderia vir a ser um instrumento poderoso de reordenação produtiva e

[6] Nunca é demais lembrar que a nossa Constituição atual estabelece, no mesmo artigo que trata dos direitos fundamentais, como o direito à vida, também o direito à propriedade privada.

[7] Por exemplo: a Receita Federal continuaria estabelecendo os valores mínimos das terras a serem tributadas, mas em função de uma renda presumida que se poderia obter delas; e as municipalidades poderiam estabelecer alíquotas progressivas para as propriedades em função da sua localização, condições de acesso e serviços públicos de que se beneficiam.

espacial – com implicações fundamentais para o abastecimento local e para a preservação do meio ambiente – em municípios controlados por forças políticas mais progressistas e que não dispõem hoje de praticamente nenhum instrumento de ação que possa ser controlado pelas comunidades locais. Essa é a melhor possibilidade de uma aliança com os "verdes", grupos ecológicos de corte fundamentalmente urbano – condição necessária, ainda que não suficiente –, para o apoio das cidades à causa dos sem-terra: o reconhecimento da necessidade de se interferir no reordenamento e na gestão do espaço agrário em nível local. Como até mesmo o Banco Mundial admite hoje que o imposto territorial rural não tem poder de redistribuir a propriedade da terra,[8] a falsa dicotomia ITR *versus* desapropriação poderia finalmente ser superada com a recuperação de uma importante fonte de arrecadação fiscal que poderá até mesmo ser usada para financiar parte do processo de reforma agrária de que o país tanto precisa.

A mobilidade da terra é baixa no Brasil porque também as formas de acesso precário a terceiros, como a parceria e o arrendamento, continuam sendo vistas como "socialmente indesejadas". A base teórica para tal é sem dúvida de origem ricardiana, de quando ainda vigorava a Lei dos Cereais, que proibia a importação de grãos das colônias americanas de modo a assegurar um lucro extraordinário aos proprietários fundiários rentistas na Inglaterra do século XVI. Posteriormente, até mesmo Marx consideraria a dissociação entre o proprietário das terras e aquele que a explorava como a forma "normal" de exploração na agricultura capitalista inglesa. Mais do que isso: na luta pela repartição dos lucros oriundos da atividade agropecuária, os grandes arrendatários capitalistas buscavam estipular prazos mais longos para os contratos e limitar

[8] Depoimento de Hans Binswanger, economista sênior da missão do Banco Mundial no Brasil, no Seminário Internacional sobre Reforma Agrária e Agricultura Familiar promovido pela Comissão de Agricultura e Política Rural da Câmara dos Deputados em Brasília (29 nov. 1995).

o montante da renda a ser paga aos proprietários, criando assim uma proteção para aqueles que tinham acesso precário às terras, inclusive os pequenos camponeses sem-terra. Esses "interesses comuns" de todos os produtores não proprietários de terras terminaram por propiciar normas legais que restringiram drasticamente o poder dos proprietários fundiários sobre suas próprias terras. Quero, com essa recordação, chamar a atenção de que os arrendatários e parceiros capitalistas do nosso país também podem ser bons aliados na luta contra os grandes proprietários rentistas.

No caso brasileiro, o arrendamento capitalista vem crescendo rapidamente, já podendo ser considerado como prática normal de acesso à terra de não proprietários e de pequenos proprietários aumentarem sua escala na maioria das regiões onde o seu preço é muito elevado, como a do arroz irrigado do Sul, da cana-de-açúcar em São Paulo e dos grãos no Centro-Oeste. E aí, o conflito com os proprietários para regular a renda paga (geralmente uma porcentagem ou quantidade fixa da produção média estimada e considerada legalmente como uma "falsa parceria") e as condições de retomada das terras é evidente. Nas minhas andanças pelo país em 1994, pude constatar *in loco* um forte conflito de interesses, que permaneceu até aqui ignorado, entre grandes pecuaristas e os arrendatários de arroz no Rio Grande do Sul, de soja no Paraná e dos de grãos no Centro-Oeste sobre as condições de retomada das terras para reforma de pastagens. Na situação atual, embora previsto no Estatuto da Terra, a legislação relativa ao arrendamento e à parceria não é cumprida. A grande reivindicação dos grandes arrendatários e parceiros é por uma legislação específica, que leve à institucionalização de mecanismos locais que permitam uma maior transparência das quantidades ofertadas (algo do tipo Bolsa de Arrendamento) e que contribua para aumentar a disponibilidade de terras oferecidas em arrendamento numa dada região. Isso poderia beneficiar também os pequenos e médios proprietários que necessitem de mais terra para atingir a escala hoje necessária para permanecerem na atividade agropecuária.

Quero finalmente defender a necessidade urgente de se "reabrir a fronteira" das regiões pré-Amazônica e do Centro-Oeste. Os dados apresentados por Almeida[9] demonstram que o custo direto por família assentada nos projetos de colonização dirigidos na região, nos anos 1970, foi de aproximadamente 4 mil dólares, e o custo total, de 45,9 mil dólares. O custo direto por emprego gerado foi estimado de 1,2 mil a 2 mil dólares; e o custo total, de aproximadamente 14 mil dólares, bem abaixo do custo médio de geração de empregos em projetos da Sudam (25 a 70 mil dólares) ou em empregos urbanos no Norte e Nordeste (18 a 55 mil dólares). Já a renda bruta por família assentada foi estimada em 13,5 mil dólares, e o consumo familiar anual médio, de 3,8 mil dólares, o que equivale à média de 3,4 salários mínimos anuais. Isso significa que o benefício da colonização dos anos 1970 por família assentada pode ser estimado em 67,5 mil dólares, valor superior aos 45,9 mil dólares gastos, no qual se incluiu até mesmo a infraestrutura necessária para tornar as terras acessíveis. Isso significa "uma relação custo-benefício bastante alta para a colonização dirigida na Amazônia dos anos 1970" (Almeida, 1991, p. 618), ao contrário das reportagens que se leem com frequência na grande imprensa.[10] A conclusão da autora é que

---

9 ALMEIDA, Anna Luiza Osório. "Colonização na Amazônia: reforma agrária numa 'fronteira internacional'", *in: Perspectivas da economia brasileira, 1992*. Brasília: Ipea, 1991 (cap. 31). O custo direto dos projetos de assentamento acumulado ao longo dos anos 1970 foi estimado pela autora em 433 milhões de dólares, o que representou apenas 6% do dispêndio completo de 7,5 bilhões de dólares que o governo teve de gastar na região com estradas (54%) e obras de infraestrutura complementares (38%).

10 Por exemplo, a da *Folha de S.Paulo* (13 ago. 1995): "Colonização criou geração de deserdados; projetos dos governos militares para ocupar região amazônica fracassaram na tentativa de fixar agricultores". É interessante notar que todos os entrevistados pela reportagem se encontram hoje numa situação econômica e social muito melhor do que a de origem, muito embora não sejam mais agricultores.

> a opção de colonizar em vez de promover a reforma agrária foi extremamente cara na década de 1970. (...) Feliz ou infelizmente, porém, não há mais volta. A infraestrutura foi implantada na Amazônia, e a colonização hoje em dia já não é tão mais cara do que a reforma agrária em regiões estabelecidas (Almeida, 1991, p. 617).

Anna Luiza Osório Almeida pondera ainda:

> (...) a natureza do benefício social da colonização dirigida foi muito diferente do esperado: nem o assentamento nem mesmo a própria têm fixado o colono ao lote, dada a enormidade do êxodo rural na Amazônia. O que a colonização distribuiu não foi a terra em si, pois ela logo se reconcentrou dentro da dinâmica geral concentracionista de toda a fronteira. Ao proporcionar terra, distribuiu apenas um ativo privado em rápida valorização, numa economia capitalista inflacionária e concentradora. Em outros termos, o impacto distributivo da colonização se resumiu em retardar um pouco a reconcentração e de proteger o colono, ao menos, das formas mais violentas e abusivas de expulsão. Mas não o livrou da pressão econômica e social para vender a terra recebida. O beneficiário da colonização, então, quando vende, deixa de possuir a terra em si, mas, em contrapartida, leva consigo algo para seu benefício, em termos de um ativo financeiro. Retorna então ao "capitalismo selvagem" de onde veio com alguma vantagem inicial melhor do que antes, mas com as parcas chances de sobrevivência ou ascensão social vigentes em todo o Brasil. (...) Na medida em que a colonização dirigida retarde o êxodo rural de determinada frente pioneira, ela "enxuga" parte do fluxo migratório que se destinaria a desmatar adiante. O benefício social da colonização, então, é mais amplo do que seu impacto distributivo em cada localidade, pois inclui também a redução do desmatamento em outras frentes menos alimentadas de migrantes. O impacto da distribuição da propriedade da terra, por reduzir a insegurança da posse, pode também reduzir o desmatamento na própria localidade. O benefício social da colonização, portanto, poderá incluir um componente ambiental ainda não estudado adequadamente. (...) Aceitar que tenha havido uma rentabilidade social elevada da colonização da Amazônia no passado implica reivindicar terras para colonização daqui para frente. O custo real dos assentamentos amazônicos declina à medida que se expande a infraestrutura física e social na região. (...) é hora de se fazer a reforma agrária na Amazônia! (1991, p. 619 e 620).

A alternativa de gerar empregos (agrícolas e não agrícolas) no meio rural através da redistribuição do acesso à terra não se impõe apenas pelo lado microeconômico de representar menores custos. Não há dúvida de que, hoje, até mesmo a elevada estimativa com que opera o Incra, de 40 mil dólares por família assentada[11] gerando renda mensal superior ao salário mínimo por pessoa ocupada, só perde para as aplicações financeiras. Mas não dá para abrir uma caderneta de poupança para cada "sem-sem" desse país, como propôs o ministro José Serra – o mesmo que, em 1983, quando secretário do governo Montoro, queria dar um táxi a álcool para cada família sem-terra. Afinal de contas, do mesmo modo como terminaram os fartos subsídios do Proálcool, espera-se que as atuais taxas de juros estratosféricas não continuem para sempre. Ironias à parte, o fato é que a alternativa de uma política social compensatória do tipo "passe no caixa" tem se mostrado muito cara até mesmo para os países desenvolvidos; e a de inserção em serviços pessoais urbanos requer um "aprendizado" que não está ao alcance da maioria das famílias sem-terra e, principalmente, dos "sem-sem" do nosso país; além, é claro, do custo macroeconômico da urbanização dessas famílias em termos de infraestrutura de transportes, saneamento básico, habitação etc. Restaria, portanto, a opção de continuarmos na rota do "*apharteid* social", cientes de que o "nosso mundo" terá que conviver cada vez mais com as tentativas de "integração da marginalidade" – que já não é mais marginal no sentido literal do termo – via tráfico de drogas, crime organizado, prostituição etc.

---

[11] É usual na literatura internacional a estimativa de 10 mil a 15 mil dólares por família sem se considerar o valor pago pela terra, que pode representar até dois terços do total gasto nos assentamentos de reforma agrária. Supõe-se que cada família obtenha uma renda mensal por pessoa ocupada maior que o salário mínimo, embora os dados de uma avaliação realizada recentemente pela FAO/Pnud ("Principais indicadores socioeconômicos dos assentamentos de reforma agrária", Brasília, 1993) mostre valores bastante superiores a este.

E isso também tem um custo extremamente alto, e não somente econômico, mas sobretudo social e político, para a sociedade brasileira que queremos construir no futuro.

A QUESTÃO AGRÁRIA BRASILEIRA E A LUTA PELO SOCIALISMO*

PLÍNIO DE ARRUDA SAMPAIO**

Até hoje os filósofos têm se limitado a interpretar *o mundo das mais diversas maneiras; mas o problema real é o de* modificar *o mundo.*
Karl Marx

O DIAGNÓSTICO DA DIREITA

A abundante literatura recente sobre os problemas do campo brasileiro relegou a reforma agrária a um segundo plano. Para a maioria dos autores, trata-se de uma proposta historicamente superada. O capitalismo agrário, afirmam, resolveu, sem alterações estruturais, os problemas que a reforma agrária se propunha resolver.

As premissas que sustentam essa posição são as seguintes:

---

* Este texto é base de uma palestra proferida originalmente em 2002.

** Formado em Direito pela Faculdade de Direito da Universidade de São Paulo, com mestrado em Desenvolvimento Econômico Internacional pela Universidade de Cornell, nos Estados Unidos. Foi o redator do projeto de reforma agrária de João Goulart e coordenador do Plano Nacional de Reforma Agrária do governo Lula (PNRA-II), preparado em 2003. No exílio, trabalhou para a Organização das Nações Unidas para Agricultura e Alimentação (FAO). Ex-presidente da Associação Brasileira de Reforma Agrária (Abra).

a) A globalização é irreversível, e o país que não conseguir se inserir nela está condenado ao atraso econômico e à barbárie social.

b) A liberalização da economia é um corolário da globalização e se impõe como um imperativo ao país que não queira ser excluído dela.

c) Durante o processo de inserção do Brasil na globalização – que pode durar várias décadas –, não há como impedir que parte importante da população, em razão do seu baixo nível de renda, tenha problemas com nutrição e até fome aguda.

d) Não há como alterar radicalmente, em curto e médio prazos, o atual esquema de distribuição de renda, e a tentativa de fazê-lo pode causar mais males do que benefícios.

e) A dinâmica da agricultura brasileira foi profundamente alterada nestes últimos dez anos, de modo que os problemas atuais da agricultura nada têm a ver com os do passado. Assim, o aumento da produção não virá mais do aumento da área cultivada, mas da intensificação da aplicação de capital e tecnologia.

f) A agricultura moderna não necessita de um contingente numeroso de trabalhadores, de modo que manter artificialmente no campo uma população rural maior do que a necessária só pode causar perda de eficiência econômica.

Essas premissas expressam a visão e os interesses das classes dirigentes do país, ou seja, em vez da pretendida modernidade, elas simplesmente racionalizam os interesses do atraso. É evidente, pois, que se estas forem as premissas da análise da nossa agricultura, não há mesmo nenhuma "questão agrária" em nosso país, isto é, a forma como está distribuída a propriedade e a posse da terra não constitui um obstáculo estrutural ao crescimento da produção agrícola e à melhoria da produtividade.

Não havendo "questão agrária", não há porque falar em reforma agrária, definida esta como "intervenção do Estado" para alterar, com medidas expropriatórias, o esquema de distribuição de terras herdado do passado.

A constatação de que, admitidas as premissas acima, o capitalismo agrário brasileiro dá conta do recado, sem necessidade de reforma agrária, é uma conclusão dos autores que se dedicaram a analisar a evolução da agricultura brasileira nos anos 1970 e 1980.[1] Essa análise, realizada sob forte influência ideológica, consistiu em contrapor o desempenho da agricultura nos anos 1970 e 1980 ao diagnóstico cepalino da agricultura brasileira, elaborado no fim dos anos 1950 e começo dos 1960. Descrevia-se então o setor agrícola como um setor atrasado, impermeável à introdução da tecnologia mais produtiva e incapaz de atender à crescente demanda de alimentos e matérias-primas, constituindo, por isso, um fator estrutural de pressões inflacionárias sobre a economia. As razões do atraso, na análise cepalina, residiam tanto no plano econômico como no sociopolítico: no primeiro, correspondia à dualidade estrutural do setor agrícola e à prevalência, no setor atrasado, de relações econômicas pré-capitalistas entre os diversos segmentos da população rural; no segundo, correspondia à vigência de relações sociais e políticas arcaicas e anacrônicas. A causa de tudo isso era a enorme desigualdade da distribuição da posse e da propriedade da terra.[2]

---

[1] DELGADO, Guilherme. "Expansão e modernização do setor agropecuário no pós-guerra. Um estudo da reflexão agrária", revista *Estudos Avançados*, 15 (43), 2001.

[2] "Agrarian structure in Latin America". Resumo dos Estudos Cida. Sólon Barraclough. Lexington Books, 1973. Além do diagnóstico cepalino, havia duas outras vertentes analíticas no debate da reforma agrária nos anos 1960: a vertente do PCB, representada pela obra de Alberto Passos Guimarães, que atribuía o atraso do setor agrícola aos "resquícios feudais" persistentes no campo, tese contestada por Caio Prado Jr.; e a outra vertente tem em Inácio Rangel seu principal expoente. Rangel era um economista do BNDE, racionalizador da tese do nacional-desenvolvimentismo. Observando a transformação dos complexos rurais em complexos industriais (uma ideia tirada de Lenin), Rangel defendia a tese de que os latifúndios poderiam transformar-se em empresas agrícolas modernas (transformação via *junker*) sem necessidade de redistribuição da propriedade da terra. Esse caminho conservador foi o trilhado pelos governos militares.

A reforma agrária entrava no contexto dessa análise como uma intervenção estatal destinada a remover o obstáculo estrutural constituído pela concentração da propriedade da terra em latifúndios improdutivos, a fim de oxigenar as relações sociais no campo e abrir caminho para que as relações capitalistas dominassem integralmente o setor.

Para grande alegria dos economistas liberais, a realidade dos anos 1970 e 1980 desmentiu a tese dos reformistas agrários. Nos anos 1970, os governos militares conseguiram, sem alterar a distribuição da propriedade da terra, aumentar a produção, tecnificar a agricultura e atender à demanda.

Uma "modernização conservadora", dolorosa sem dúvida, pois não alterou substancialmente o padrão de vida da população rural, mas suficiente para fazer com que a agricultura deixasse de ser considerada um setor atrasado, anacrônico, impeditivo do desenvolvimento do país.

Até aí – ou seja, até a alegria dos conservadores com essa constatação – nada a admirar. O que é de admirar é o impacto dessa conclusão entre os analistas da esquerda, que usam, obviamente, outro instrumental teórico para lidar com a realidade.

Mas a verdade é que logo surgiram, até no campo da esquerda, teses de que a reforma agrária não se justificava mais como um "objetivo econômico", e sim como um "objetivo social". Não demorou muito para que as propostas de reforma agrária "social" fossem cedendo lugar envergonhadamente a propostas que não diferem muito das "políticas sociais compensatórias" preconizadas pelos teóricos do neoliberalismo. Nisso estamos hoje.

O DIAGNÓSTICO DOS SOCIALISTAS

Se as premissas do oficialismo e do neoclassicismo forem aceitas, não há mesmo necessidade de reforma agrária.

O capitalismo agrário brasileiro, sob o comando das agroindústrias multinacionais, dá conta do recado. O problema é que as premissas da análise dos defensores do *status quo* não retratam a verdadeira realidade do campo brasileiro, mas apenas os aspectos de uma situação conjuntural que atendem aos interesses das classes que ditos analistas defendem. Quem tenha uma posição crítica diante do *status quo* obviamente não pode aceitá-las como base para sua análise; não porque elas sejam inteiramente falsas, mas porque escondem, com meias verdades, afirmações errôneas a respeito da realidade do campo. Assim, não há dúvidas de que a globalização da economia seja irreversível, mas não é verdade que o país periférico que rejeitar uma inserção subordinada nesse processo esteja condenado à barbárie; é verdade que o esforço para desenvolver o país e inseri-lo soberanamente no mercado mundial exigirá um enorme sacrifício incompatível com um nível de consumo exagerado, mas não é verdade que isto torne impossível a eliminação da pobreza; é verdade que a nova dinâmica da agricultura criou novas formas de extração de renda de atividades cuja base é o campo e novas modalidades de emprego no meio rural, mas não é verdade que essa dinâmica crie condições para solucionar os sérios problemas de pobreza no meio rural. Essa ideia de um novo setor rural cujo dinamismo não vem só da produção agropecuária, mas de outras atividades econômicas que têm por base o espaço rural (hotel fazenda, turismo ecológico, pesca esportiva, tosa de cachorro etc.), corresponde a uma realidade europeia que não pode ser transplantada para o conjunto do Brasil. Se, em algumas poucas regiões de nível econômico muito elevado, a estatística pode registrar o crescimento desse tipo de emprego, nada autoriza a generalização desse fenômeno como capaz de dar conta do enorme problema do desemprego, da eliminação da pobreza rural e da necessidade de aumentar significativamente o nível de renda dessa população. Aliás, mesmo nessas regiões privilegiadas, o crescimento desse tipo de emprego cria um problema para as pessoas de pensamento socialista: é que todos eles são empregos no setor de serviços, empregos pouco aptos para promover o crescimento econômico e cívico da população rural, como notou até mesmo um analista nada socialista como Robert Reich.[3]

Há sempre várias leituras possíveis da realidade. O analista crítico rejeita a leitura acomodatícia para "ler" na realidade não o que ele deseja, mas os indícios concretos de possibilidades de avanço na direção de uma ordem social mais justa e equilibrada. Assim, ao ler a realidade do campo, devem se adicionar ao elenco, devidamente retificado, das premissas da análise oficial, as premissas que tal análise deliberadamente omite:

a) A dominação da produção agrícola pelo binômio *agroindústria-grandes empresas agrícolas* não produzirá estrangulamentos de oferta na economia, dado o atual perfil da distribuição da renda, mas não proporcionará trabalho e renda suficiente à população rural, aprofundando assim a dicotomia entre um setor tecnificado e altamente produtivo e outro que não consegue superar a economia de subsistência.

b) O setor da agricultura familiar, que conta hoje com cerca de 5 milhões de unidades, será progressivamente constrangido a se reverter praticamente em economia de subsistência, e os agricultores que já se encontram nessa situação simplesmente desaparecerão.

c) A combinação entre falta de emprego e falta de condições para subsistir na pequena parcela familiar provocará uma intensificação do êxodo rural, com consequências graves tanto no campo como na cidade. No campo, onde os índices de pobreza e desigualdade social só têm aumentado nos últimos anos, assistiremos à formação de enormes espaços de agricultura decadente e população rarefeita ensejando o incremento da violência, que já está presente no meio rural; na cidade, haverá afluência de quantidades enormes de migrantes rurais miseráveis, e sem qualificação alguma para o trabalho urbano, a engrossar a já imensa quantidade de marginalizados.

---

3 REICH, Robert. *The work of nations*. Nova York: Vintage Press, 1992.

d) A predominância das agroindústrias multinacionais na agricultura do país representará o aumento da dependência econômica do Brasil e a progressiva vulnerabilidade em relação ao abastecimento alimentar da população, especialmente dos setores de baixa renda, além da crescente sangria de recursos, dada a remessa de lucros, *royalties* e outros pagamentos ao exterior.

e) Não será possível fazer do Brasil uma Nação independente enquanto houver populações prejudicadas, excluídas ou vivendo de forma degradante.

Tendo em mãos esse quadro realista das tendências de evolução da nossa agricultura, podem-se fixar objetivos de intervenção do Estado democrático brasileiro no meio rural a fim de garantir o desenvolvimento equilibrado e socialmente justo não só da produção agrícola, mas da própria economia em seu conjunto. São eles:

a) Assegurar uma dieta alimentar adequada aos 160 milhões de habitantes do país;

b) gerar empregos produtivos na agricultura, de modo a absorver toda a força de trabalho;

c) garantir aos produtores rurais um nível de renda adequado, de modo a tornar a população brasileira mais homogênea;

d) garantir a soberania alimentar do país como meio de melhorar suas condições de negociação na esfera internacional;

e) criar um mercado interno de bens-salário como forma de expandir a produção industrial e de dar emprego estável a toda a força de trabalho;

f) realizar a produção necessária sem destruir o meio ambiente;

g) controlar a pesquisa e a difusão de novas tecnologias agrícolas como forma de combinar cultivos para o consumo interno com cultivos para exportação, a fim de, preservada a autossuficiência alimentar, aumentar a renda do setor agrícola e adquirir divisas externas para favorecer o crescimento econômico do país.

Se as premissas da análise forem todas as aqui mencionadas e os objetivos da intervenção do Estado no setor agrícola forem os acima referidos, pode-se afirmar categoricamente que o capitalismo agrário, tal como está organizado e funcionando hoje, não tem condições de dar conta dessas tarefas. Pode-se mesmo afirmar categoricamente que o atual modelo agrícola não dará resposta positiva a uma significativa melhora no perfil da distribuição da renda.

OS EMPECILHOS DO ATUAL MODELO

É fácil ver o porquê dessa impossibilidade:

a) Porque o esforço de produzir quantidades suficientes para alimentar adequadamente toda a população e melhorar o nível de renda dos produtores não proporciona à facção capitalista que hoje domina a nossa agricultura os lucros que ela almeja, a fim de acumular capital e manter-se competitiva no mercado internacional.

b) Porque o aumento da produção (quantidade e qualidade) na magnitude necessária requer o cultivo de maior quantidade de terra e o emprego de quantidade muito maior de mão de obra, o que não interessa às grandes empresas agrícolas porque isso aumentaria seus custos e a necessidade de administração das fazendas em proporção maior do que os retornos que tal expansão acarretaria.

c) Porque essa produção ampliada de produtos alimentares não poderá ser realizada com as técnicas atuais (os pacotes tecnológicos fornecidos pelas agroindústrias), uma vez que isto acarretaria um grau de poluição simplesmente insuportável. Contudo, uma produção mais "natural", menos produtiva, mas também menos cara e menos agressiva ao meio ambiente, subverte toda a lógica de funcionamento das empresas que dominam atualmente o setor.

d) Porque a nova dinâmica da agricultura brasileira reforça as tendências seculares de sobre-exploração da população rural, de modo que, enquanto as relações econômicas, sociais e políticas prevalecentes do campo não forem alteradas, será impossível proporcionar à imensa parcela da população rural marginalizada do mercado agrícola meios efetivos de se tornar um produtor eficiente.

Como negar, diante dessa realidade, que o campo apresenta obstáculos estruturais ao pleno desenvolvimento do país, ou seja, como negar a existência de uma "questão agrária" não resolvida em nosso país?

Na literatura clássica sobre a formação da agricultura capitalista, entende-se por "questão agrária" os obstáculos econômicos, sociais, políticos e culturais que uma dada estrutura agrária opõe ao desenvolvimento das relações necessárias para a constituição de uma sociedade nacional capaz de autodeterminar seu desenvolvimento. Tais situações podem ser assim sumariadas: o desenvolvimento das forças produtivas vê-se travado por normas, costumes, rotinas, relações de poder, práticas comerciais que decorrem das relações entre as classes proprietárias e a população do campo. Tais relações derivam basicamente da condição de acesso da população rural à terra e são extremamente rígidas. Quando uma situação desse tipo se configura, ou se muda completamente a estrutura da propriedade da terra, provocando um desequilíbrio em todo o sistema, ou a organização econômica prevalecente no meio rural não tem como aumentar a produção e a renda da população rural em magnitude suficiente para atender às necessidades do conjunto da população e eliminar o desemprego e a pobreza rural.

Basta comparar o quadro das tendências de evolução da situação do campo acima exposto com o conceito de "questão agrária" para comprovar que a dinâmica do capitalismo agrícola brasileiro constitui um obstáculo estrutural ao desenvolvimento equilibrado e harmonioso da produção agrícola. Desse modo, enquanto as relações econômicas, sociais e políticas inerentes a essa dinâmica não forem removidas, o desenvolvimento brasileiro estará travado por uma "questão agrária".

Este discurso é ininteligível para os ideólogos do *establishment*, porque eles avaliam o desempenho do setor agrícola com parâmetros que desconsideram as necessidades do conjunto da população. Mas, para socialistas, que consideram o atendimento de todos um objetivo prioritário, evidentemente há uma "questão agrária" no país.

A QUESTÃO AGRÁRIA E A REFORMA AGRÁRIA

Se há uma "questão agrária", só há um meio de resolvê-la: alterando essa estrutura mediante uma reforma agrária. Isto consiste fundamentalmente na destruição do poder das forças que hoje dominam o mundo rural e impõem uma dinâmica agrícola perversa; e em sua substituição por outras forças aptas a imprimir uma dinâmica econômica e ambientalmente mais equilibrada e socialmente mais justa. Substituir os poderes existentes no campo por novos poderes constitui a essência mesma dos processos de reforma agrária.

Dado que atualmente o poder maior no campo está em mãos das agroindústrias que controlam a provisão de insumos e o escoamento da produção, poder-se-ia questionar a necessidade de uma reforma agrária, já que esta consiste essencialmente na distribuição entre a população rural de terras concentradas em mãos de um reduzido número de grandes empresas agrícolas. Não é assim.

Não há como eliminar o domínio hegemônico dessas duas facções sobre a vida rural sem alterar substancialmente o atual perfil de distribuição da propriedade da terra. Por quê? Porque a concentração da propriedade da terra está na base do sistema de dominação cuja cúpula são as grandes agroindústrias. É essa extraordinária concentração da propriedade da terra que gera uma população destituída de qualquer possibilidade de sobrevivência sem depender dos favores dos que têm muita terra. Dessa dependência da população rural dos poucos que podem fornecer trabalho ou terra para cultivo surgiram historicamente, e se mantêm até hoje, relações econômicas, sociais e políticas perversas, que abrangem não somente a relação entre a grande empresa agrícola e o habitante rural sem-terra, mas englobam as relações entre todos os segmentos de classe do meio rural. Essas relações geraram uma inércia que bloqueia todo e qualquer esforço de melhorar o padrão de vida dessa população e de aproveitar todas as possibilidades de criação de riqueza que o desenvolvimento das forças produtivas no campo já permite.

Para desbloquear essa situação indesejável, é preciso vencer a dominação da grande empresa agrícola sobre a população do campo; para vencer essa dominação, é preciso quebrar sua espinha dorsal: a concentração da propriedade da terra. Se a maior parte da população rural tiver acesso à terra, as relações sociais perversas não terão como se sustentar, e o caminho estará aberto, após um período de adaptação, para um grande desenvolvimento da produção.[4] Daí a necessidade de uma reforma agrária, ou seja, de uma intervenção direta e planejada do Estado, com o apoio decidido da massa rural, para, em um curto período, desapropriar uma quantidade suficientemente grande de terras, de modo a quebrar o poder

---

4 Quando se fala em um novo modelo agrícola, os conservadores levantam logo o problema da falta de recursos financeiros e humanos para promover milhões de sem-terra à condição de produtores eficientes. Esse argumento é falacioso. Não há necessidade de uma quantidade de recursos além da capacidade de poupança do país para promover alterações radicais no meio rural e dar início a um rápido processo de recuperação econômica. Evidência disso é o extraordinário efeito que a extensão da previdência social ao homem do campo teve nas regiões mais pobres do país. Uma reforma agrária que efetue uma verdadeira redistribuição da terra concentrada nas grandes empresas e latifúndios, e que agregue a isso um mínimo de suporte econômico, provocará um processo de reorganização da população no espaço rural, criando milhares de microaglomerações economicamente viáveis e permitindo que as estruturas familiares saiam rapidamente da indigência, ingressem por um breve tempo na economia de subsistência e atinjam, em seguida, um movimento de geração de excedentes e, portanto, de prosperidade. Mas, para isso, é preciso rejeitar a tese conservadora de que o camponês é o "óleo queimado da história", o que nem sempre é fácil mesmo para pessoas que se pensam de esquerda.

econômico, social e político dos segmentos das classes dominantes que hegemonizam atualmente o meio rural.[5]

Mas, obviamente, hoje, a reforma agrária não pode significar apenas desconcentração fundiária, pois abrange igualmente medidas para desmontar o modelo agrícola produtivista vigente e substituí-lo por um modelo equilibrado econômica, social e ecologicamente.

Ultimamente tem surgido a tendência de confundir reforma agrária com assentamento rural. Mas o assentamento é apenas um dos elementos constitutivos de uma reforma agrária, ao lado, por exemplo, do decreto expropriatório, do cadastramento da propriedade, da seleção de beneficiários. Transformá-lo em sinônimo de reforma agrária faz parte da luta ideológica destinada a despolitizar o debate da questão agrária e retirar a reforma agrária da agenda política do país.

AS DIFICULDADES DA REFORMA AGRÁRIA

A proposta de reforma agrária costuma levantar, até no campo da esquerda (ou dos que foram esquerda até serem cooptados pelo governo), três objeções. Trata-se, dizem esses críticos, de uma proposta desnecessária: primeiro, porque o desempenho da agricultura não cria estrangulamentos econômicos; segundo, porque não encontra apoio na massa rural; e, terceiro, porque não é uma proposta socialista.

---

[5] A desapropriação de uma grande quantidade de terras constitui o essencial de uma reforma agrária, mas, obviamente, o processo não se limita a isso, pois inclui também a instalação dos beneficiários na terra (assentamento), as medidas de apoio à agricultura familiar e todo o suporte econômico requerido para que as novas unidades prosperem, o que supõe, no caso brasileiro, um enfrentamento direto com as agroindústrias monopolizadoras do comércio de insumos e de produtos. Estes aspectos não são detalhados neste texto porque ele não se propõe esboçar um programa de governo, e sim comprovar, no plano teórico, a necessidade de uma reforma agrária para que se possa retomar o processo de construção nacional.

Quanto ao primeiro ponto, já se argumentou o suficiente nesse texto, mas os outros dois merecem atenção. Para responder à segunda objeção, é preciso recorrer ao exame da contradição básica do capitalismo agrário brasileiro nos dias de hoje.

O mais perfunctório exame da realidade atual do campo brasileiro evidencia que a evolução da situação atual aponta para a configuração de dois cenários. O primeiro deles mostra que o capitalismo agrário já está enfrentando – e enfrentará com mais intensidade no futuro – uma força desagregadora, que aponta para a barbárie. Essa força, alimentada pelo desespero de populações completamente marginalizadas pelo modelo agrícola vigente, já deu vários sinais de existência. São os saques de armazéns e caminhões de alimentos e são os bandos de criminosos organizados, ligados ao narcotráfico, que já foram identificados em varias regiões, especialmente nas zonas de fronteira e no Nordeste do país. A tendência é que o crime organizado substitua a dominação do tradicional chefete político sobre as populações locais. Quarenta anos atrás, um prognóstico assim, na Colômbia, provocaria o mesmo desdém com que este é recebido nos meios acadêmicos e entre muitos "especialistas" em problemas do desenvolvimento agrícola em nosso país.

A outra força que desponta é o movimento reduzido, mas extremamente combativo dos trabalhadores rurais sem-terra, ao lado do movimento, também reduzido mas igualmente combativo, dos pequenos agricultores familiares. Ambos não têm traços corporativistas. Ao contrário, apresentam uma proposta de organização do campo inserida em uma proposta de sociedade – sendo que esta se tornou referência para toda a crítica radical ao processo de modernização conservadora das elites.

Esses grupos – constituídos, em sua maioria, por membros expulsos do setor agrário familiar – conseguem mobilizar contingentes pequenos, porém radicalizados, da população marginal do campo para realizar ações contestatórias no limite da legalidade

– ações de grande repercussão nos setores de classe média das cidades. Conseguem ainda mobilizar desempregados urbanos para engrossar as fileiras dos que enfrentam diretamente as forças hoje dominantes no campo.

Não há por que deixar de ver nesse fato um potencial dialético, ou seja, a capacidade de desdobramentos futuros significativos para a transformação da realidade presente. Em 1964, Caio Prado Jr. viu nos sindicatos de trabalhadores rurais assalariados a força que o capitalismo agrário havia criado e que iria confrontá-lo para continuar o processo de construção da Nação. Consequentemente, postulou a centralidade da luta pela aplicação da legislação trabalhista no interior da estratégia de avanço da revolução brasileira, em detrimento da palavra de ordem de conquista da terra levantada pelas esquerdas nos anos 1950 e 1960. Sua previsão acerca de um dos possíveis desdobramentos da conjuntura de 1965 não foi confirmada nestes quase 40 anos de história. O poder que se consolidou no campo, representado pelas agroindústrias e pelas grandes empresas agrícolas, teve condições, com a ajuda do Estado brasileiro, de impedir o crescimento do poder sindical e, de certo modo, até de cooptá-lo, transformando-o em algo funcional para o equilíbrio de seu modelo de dominação.

Hoje, pode-se prever que, nas condições objetivas do Brasil de 2001, a contradição básica no campo brasileiro é a que opõe essa mesma força (agroindústria e grande empresa agrícola) à população rural sem-terra ou com pouca terra.[6] Estes segmentos do campo não veem outra saída para a situação de miséria em que se encontram

6 Agroindústria e grande empresa agrícola, as forças dominantes no agrobrasileiro, não formam uma unidade. O neoliberalismo, aliás, fez surgir contradições entre elas. Isto não invalida a afirmação de que a contradição básica do campo brasileiro seja a que opõe os sem-terra e os agricultores familiares a ambas. É que as estratégias de reprodução do capital, tanto das agroindústrias como das grandes empresas agrícolas, impedem o desenvolvimento dos sem-terra e da agricultura familiar.

senão reivindicando um novo modelo agrícola, baseado em uma ampla distribuição da terra entre a população rural.

O fato de que esses movimentos atingem atualmente uma parcela reduzida da população rural não contradiz a possibilidade de que venham a converter-se no polo contestador do capitalismo agrário brasileiro. Nestes tempos de decadência teórica, tem-se entendido a contradição em termos de pesquisa de opinião pública. É óbvio que, se o Ibope for contratado para saber o que desejam os milhões de trabalhadores rurais, a imensa maioria não reclamará terra, mas emprego, salário, segurança, atenção à saúde – razão, aliás, pela qual o governo e os jornais conservadores dão grande destaque a essas pesquisas. Isto não é de admirar. O que causa admiração é que socialistas se impressionem com essas manobras da luta ideológica que a direita empreende para confundir e dividir o povo. A correspondência entre a proposta socialista e as aspirações do povo não decorrem da comprovação estatística, mas da interpretação racional e lógica da realidade. Cabe aqui a citação de um trecho extremamente esclarecedor de Caio Prado Jr.

> A revolução brasileira se constitui do complexo de transformações em curso ou potenciais, que dizem respeito à estrutura econômica, social e política do país e que, contidas e reprimidas pela inércia natural a toda situação estabelecida, se desenrolam de maneira excessivamente lenta e não logram chegar a termo. Nem por isso deixam de estar presentes, e se revelam e fazem sentir através de perturbações que agitam a vida do país: desequilíbrios econômicos, desajustamentos e tensões sociais, conflitos políticos de maior ou menor gravidade e repercussão. Cabe precisamente à ação política revolucionária estimular e ativar aquelas transformações implícitas no processo histórico em curso e de que tais perturbações constituem o sintoma aparente e mais diretamente sensível. É a programação das medidas necessárias ou favoráveis a esse fim que forma a teoria revolucionária.[7]

---

7 PRADO JR., Caio. *A revolução brasileira*, 7ª edição. São Paulo: Brasiliense, 1987, p. 132.

Uma terceira objeção que se ouve em relação à proposta de reforma agrária aqui aludida diz respeito à sua natureza. Segundo esses críticos, não se pode denominar essa reforma agrária de socialista, uma vez que se admite a entrega da terra desapropriada aos sem-terra na forma de propriedade privada familiar ou cooperativa; não se prevê a extinção total das médias e até grandes propriedades; e se reconhece o mercado capitalista. Ora, a reforma agrária socialista clássica não admite nada disso. Esta objeção não se sustenta. A luta pelo socialismo "não exclui a concentração em objetivos que imediatamente e de forma direta não se relacionam com a revolução socialista". O que importa, em termos de avanço na direção do socialismo, é que estes objetivos "representem soluções reais a serem dadas às contradições e promovam o progresso e o desenvolvimento histórico, e não o seu estancamento por tentativas de conciliação e harmonização dos contrários, o que representa a saída conservadora, senão reacionária, para os problemas sociais".[8] O que importa ver, portanto, na reforma agrária, é o que essa consigna projeta em termos de desdobramentos futuros.

PROPAGANDA DA REFORMA AGRÁRIA

Infelizmente, a centralidade da reforma agrária não tem sido a tônica da estratégia dos partidos socialistas nesta conjuntura da vida nacional. Não que esses partidos deixem de colocar a reforma agrária em seus programas de governo e plataformas eleitorais. Todos o fazem. Mas não se vislumbra uma correspondência efetiva entre essa menção programática e a vida cotidiana desses partidos. Basta comparar a menção à proposta da reforma agrária que é feita no discurso partidário e a grande ênfase que é posta em propostas sem dúvida igualitárias, mas sem potencial estruturalmente transformador, como o orçamento participativo, a bolsa escola, a renda

---

[8] *Ibid.*, p. 20.

mínima. Aliás, o discurso das principais lideranças desses partidos, quando abordam os problemas do campo, mais parece o desgastado discurso produtivista dos ministros de agricultura do que a proposição de uma transformação revolucionária da sociedade brasileira. O que precisa ficar claro, para os socialistas, é que a reforma agrária constitui o eixo central da transformação social do país, tanto do ponto de vista do seu efeito na economia como do ponto de vista da arregimentação de forças para derrubar a dominação burguesa.

> Como esperar transformações profundas em um país onde eram mantidos os fundamentos tradicionais da situação que se pretendia ultrapassar? Enquanto perdurassem intactos e, apesar de tudo, poderosos os padrões econômicos e sociais herdados da era colonial e expressos principalmente na grande lavoura servida pelo braço escravo, as transformações mais ousadas teriam de ser superficiais e artificiosas.[9]

Esta afirmação, feita por Sergio Buarque de Holanda em 1936, continua válida até hoje porque, apesar das aparências que enganam os menos avisados, a realidade rural daquela época não mudou substancialmente.

Crítica semelhante pode ser feita ao trabalho de propaganda da reforma agrária. Se o discurso socialista não der ênfase à reforma agrária e não explicá-la claramente, sem temor da reação dos setores conservadores, evidentemente a massa da população rural jamais incorporará a reforma agrária entre suas aspirações. Enquanto esse trabalho de convencimento não for feito, ela continuará esperando do chefe político local – e agora do narcotraficante, como já acontece nos morros do Rio e em periferias de São Paulo – emprego, salário, atenção à saúde.

Em um auditório socialista, parece desnecessário citar Lenin para obter assentimento à tese de que as ideias de transformação social não surgem espontaneamente no meio rural. Precisam ser

---

[9] HOLANDA, Sérgio Buarque de. *Raízes do Brasil*, 2ª edição. Rio de Janeiro: José Olympio, 1947, p. 99.

introduzidas por grupos politizados. Hoje, contudo, no campo brasileiro, apenas um grupo social – o MST – faz, de fato, propaganda da reforma agrária. As demais forças populares dão apoio formal e cauteloso a esse esforço, mas, de fato, não se jogam inteiramente nele. Ora, como o próprio MST proclama, a reforma agrária é "uma luta de todos". Essa luta não visa apenas a elevação do padrão de vida da população rural, mas uma transformação estrutural profunda, que abra caminho para a retomada do processo de construção da Nação, hoje paralisado e em retrocesso. Deveria ser, portanto, um dos eixos centrais da estratégia e das táticas daqueles que desejam construir o socialismo no país.

SEIS COMENTÁRIOS SOBRE SEIS EQUÍVOCOS A RESPEITO DA REFORMA AGRÁRIA NO BRASIL*

SÉRGIO LEITE**

No Brasil, o tratamento dispensado ao tema da reforma agrária tem sido, invariavelmente, acompanhado de declarações calorosas a respeito – contrárias ou favoráveis – nem sempre compatíveis com a necessária elucidação dos fatos e eventos que ilustram os processos sociais, políticos e econômicos que acompanham o assunto no contexto histórico recente. Parte dessas declarações é acionada no sentido de apresentar as distorções – particularmente no âmbito da economia – que um efetivo programa de reforma agrária poderia proporcionar sobre a agricultura doméstica. A esse tipo de crítica juntam-se ainda os argumentos sobre a obsolescência e o caráter inoportuno da democratização da terra no atual estágio da sociedade brasileira.

Poderíamos especular que essas colocações se erguem e se justificam a partir de uma herança fundamentada na prática de uma

* Publicado na *Revista do NERA*, ano 8, n. 9, dez. 2006.

** Doutor em Ciência Econômica pela Universidade Estadual de Campinas (Unicamp). Professor do Curso de Pós-graduação em Desenvolvimento, Agricultura e Sociedade (CPDA) da Universidade Federal Rural do Rio de Janeiro (UFRRJ).

matriz de modernização (técnica) da agricultura em voga no final dos anos 1960 e ao longo de toda a década de 1970, cujos resultados foram objeto de ampla e qualificada crítica. Como afirma Maria da Conceição Tavares (1996):

> da perspectiva do pensamento reformista latino-americano dos anos 1950 e 1960, a reforma agrária era concebida como um processo social inserido em um movimento global de transformação da sociedade e direcionado a três objetivos estratégicos: a ruptura do poder político tradicional (democratização), a redistribuição da riqueza e da renda (justiça social) e a formação do mercado interno (industrialização). No caso brasileiro, as transformações ocorridas no campo durante as décadas de 1960 e 1970 (...) e o marco político-ideológico que se consolidou (...) conduziram a um progressivo reducionismo na concepção da reforma agrária, que foi redefinida (...) como um instrumento de 'política de terras'. A 'revolução agrícola' (...) 'desativou' o significado econômico clássico da reforma (a formação do mercado interno), contribuindo assim para a afirmação da concepção reducionista.

Tavares segue lembrando que as "transformações das bases técnicas e econômicas" não tiveram correspondência nos outros planos: "a terra e a riqueza continuaram sendo concentradas por força dos novos interesses agroindustriais, da expansão da fronteira e dos interesses agrários 'tradicionais' (...)". E, depois de lembrar que a terra "mantém (...) notável importância econômica e política", conclui: "a confluência no campo de dois processos – a modernização conservadora da produção e o agravamento dos fatores de exclusão nas áreas tradicionais e de fronteira – tende a tornar mais crítica a questão da terra".

Resumidamente, e de acordo com Leite (1998), poderíamos dizer que a modernização da agricultura brasileira, especialmente entre 1965 e 1980, consolidou-se economicamente a partir dos seguintes aspectos: a) adoção do padrão tecnológico "moderno", calcado basicamente no binômio *química mineral-mecanização*, ganhando entre nós complementos como "conservador" ou "perverso" justamente pelas consequências deflagradas a partir da sua utilização massiva; b) não obstante essa última observação, constatou-se um aumento da produção e da produtividade, ainda que a estrutura fundiária permanecesse inalterada no período, chegando mesmo a atestar uma ligeira concentração da posse da terra; c) enquanto política econômica setorial, a importância assumida pelo crédito rural, privilegiando grandes produtores localizados na região Centro-Sul e produtos exportáveis. O sistema vigeu, durante os anos 1970, a taxa de juros negativa, e, em alguns períodos, o montante de recursos destinados ao programa atingiu proporções bastante significativas do Produto Interno Bruto do setor, chegando mesmo a superá-lo num determinado ano; d) a consolidação das cadeias e dos complexos agroindustriais, imprimindo uma dinâmica à produção agropecuária que implicou a sofisticação e diferenciação do produto processado, bem como uma integração a montante com a indústria químico-farmacêutica e de bens de capital; e) a ingerência da esfera financeira nas atividades produtivas do agro, promovendo a integração de capitais agroindustriais e agrocomerciais, fortalecendo a valorização especulativa do imóvel rural e a transformação de ativos reais, como terra e gado, em ativos financeiros; f) destaque-se, ainda, o crescimento da participação da agricultura brasileira no mercado externo, fundamentado numa política cambial baseada em desvalorizações, atestando, para algumas cadeias específicas, um significativo aumento da exportação de seus principais produtos.

O reducionismo de que nos falava Tavares viu-se ainda reforçado na conjuntura das duas últimas décadas, quando uma abordagem mais complexa sobre as transformações do meio rural brasileiro deu lugar ao discurso em prol do produtivismo renovado, agora em bases – financeiras, tecnológicas e institucionais – diferentes daquelas que vigoraram ao longo do período anterior, e da forte orientação exportadora imposta à atividade agropecuária como resultado dos ajustes operados nas variáveis de políticas macroeconômicas, particularmente após 1999, repetindo desempenho semelhante verificado no primeiro quinquênio da década de 1980.

Palmeira e Leite (1998)[1] chamaram a atenção para o fato de que as transformações da agricultura não se limitaram simplesmente às modificações da base técnica dos estabelecimentos agropecuários, mas carregavam paralelamente os efeitos – nem sempre perversos, como destacam os autores – de um conjunto de outros processos sociais relativamente autônomos: a afirmação política do campesinato, o caráter da intervenção do Estado no setor rural, a migração rural-urbana, a organização e representação dos interesses de diversos atores sociais – em particular a Igreja Católica – diretamente relacionados com o tema, a emergência dos assentamentos rurais no período mais recente. Com efeito, a colocação em evidência desses processos sugere que eles se combinam em dois movimentos relativamente autônomos e contraditórios. Por um lado, a progressiva ilegitimação das formas tradicionais de dominação, associada à incapacidade do Estado – um Estado que não é apenas árbitro, mas *parte* nas lutas sociais – de gerar novas formas de legitimidade que têm levado à multiplicação dos conflitos e à ampliação do seu "âmbito". Não são mais apenas conflitos em torno da terra, da produção ou das condições de trabalho, mas também da construção de obras públicas, da assistência governamental nas situações de calamidade, do meio ambiente, da assistência médica etc. Não mais são apenas conflitos que envolvam somente camponeses e latifundiários e, muito menos, que se resolvam apenas entre eles. Por outro lado, as vantagens asseguradas pelo Estado, no bojo da política de modernização, atraíram para as atividades agropecuárias e agroindustriais, mas sobretudo para a especulação fundiária, capitais das mais diversas origens, criando-se uma coalizão de interesses em torno do negócio com a terra incrustada na própria máquina do Estado. Paradoxalmente, a modernização provocou um aumento do peso político dos proprietários de terras, *modernos e tradicionais.*

---

1 Os próximos quatro parágrafos reproduzem passagens contidas no referido texto de Palmeira e Leite (1998).

A reforma agrária é posta na ordem do dia pelo primeiro movimento. Não se trata mais de uma política entre outras, que pode ou não ser acionada pelos governantes. É uma demanda social que eles não podem ignorar. É uma questão socialmente imposta. Daí a dificuldade que têm de se livrar do tema, mesmo quando ele se torna politicamente inconveniente. Mas o peso dos interesses contrários no interior do Estado é suficientemente grande para imobilizar qualquer tentativa nesse sentido. O governo da "Nova República", por exemplo, elaborou planos de reforma agrária, arquivou-os e continuou falando de reforma agrária. A Constituinte inscreveu-a no texto da nova Carta, mas a inviabilizou ao introduzir a noção de "propriedade produtiva", isenta de desapropriação. Não se trata, simplesmente, de um problema de governo, nem de um problema que envolva apenas determinados grupos; o que está em jogo na questão da reforma agrária hoje é a oposição entre dois movimentos que envolvem confrontos de interesses diversificados e que, por assim dizer, atravessam toda a sociedade.

Nos debates que cercam a questão da reforma agrária, são recorrentes as referências aos processos destacados, inscritas nos movimentos que assinalamos nos parágrafos anteriores. As posições favoráveis à implementação de um efetivo programa agrário têm renovado o estoque de argumentos que sinalizam para o potencial transformador da democratização do campo, seja por meio da ampliação da condição de cidadania de uma vasta parcela da sociedade ainda hoje marginalizada, do aumento do emprego e da renda rural, da redinamização de diversas regiões brasileiras etc. Na direção oposta, são levantados, pelos segmentos e intelectuais contrários ao tema, diversos aspectos sobre os quais gostaríamos de tecer, ainda que rapidamente, alguns comentários. Para tanto, tendo em conta o convite que recebemos para examinar seis dessas proposições críticas, apresentamos a seguir nossa opinião a respeito delas, buscando articulá-la ao conjunto de evidências que boa parte dos estudos acadêmicos recentes tem proporcionado. Os seis pontos propostos foram:

1. O AUMENTO DA PRODUÇÃO E DO EMPREGO NO CAMPO, E PORTANTO DO COMBATE À POBREZA NO MEIO RURAL, SERÁ RESOLVIDO PELO MODELO PRODUTIVISTA DO CHAMADO AGRONEGÓCIO

As questões relacionadas ao emprego, à produção e à renda não estão necessariamente relacionadas ao combate à pobreza. Isto é, o crescimento econômico (entendido aqui como o aumento da produção e/ou da renda e, consequentemente, do emprego) não garante necessariamente o desenvolvimento (econômico, social etc.), ainda que, para que tenhamos desenvolvimento, seja necessária alguma dose de crescimento. Na realidade, tomados os dados gerais sobre a sociedade brasileira atual, não é possível concluir que se trata de um país extremamente pobre (especialmente quando comparado, nesse quesito, a outros tantos em situação bem mais vulnerável), ainda que tenhamos no interior do território nacional regiões onde a pobreza e a miséria (rural ou urbana) grassam impunes. No entanto, podemos afirmar categoricamente, com base num vasto arsenal de estatísticas sobre os mais distintos setores, que o Brasil é, sim, um país profundamente injusto. Os índices de concentração econômica (da renda, da terra, da produção etc.) são extremamente elevados. Nesse sentido, o modelo do agronegócio[2] tem aprofundado essa desigualdade

[2] O termo que guarda certa correspondência à noção de *agribusiness*, cunhado por Davis e Goldberg nos anos 1950, deixou para trás sua capacidade explicativa para expressar, simbólica e ideologicamente, um amplo conjunto de forças políticas conservadoras no meio rural. No meio acadêmico, é interessante observar que as correntes mais próximas às teses marginalistas e neoclássicas do pensamento econômico que resistiam fortemente ao tratamento intersetorial (agricultura/indústria/serviços) do temário agrícola até meados dos anos 1980 assumem rapidamente, a partir da década seguinte, a nomenclatura do *agronegócio*, deixando para trás vários dos pressupostos que informavam os modelos de concorrência pura e perfeita para aderir aos apelos políticos, econômicos e institucionais que a nova terminologia passou a carregar desde então. Essa passagem demandaria uma digressão maior sobre o assunto que, dados os limites deste texto, não poderá ser feita aqui. Deixamos, por ora, ao leitor essas notas a título de uma especulação sobre o tema.

na medida em que seu vetor de crescimento é acompanhado por um forte processo de concentração (do crédito, da terra, do espaço etc.), além de uma brutal ocupação de áreas de preservação e/ou de comunidades nativas (pequenos produtores, indígenas, extrativistas etc.) com a expansão das monoculturas (particularmente da soja).

Como é sabido, ao longo de toda a década de 1990, o país assistiu uma vigorosa expansão da chamada "fronteira" agrícola, incorporando áreas, como aquelas inscritas na região amazônica, nos Estados do Maranhão e do Piauí, ao movimento anterior de ocupação dos cerrados e do oeste baiano. É certo que tal crescimento redundou num incremento do volume de grãos colhidos anualmente, bem como no *quantum* de produtos exportados (*in natura* e processados). De certa forma, poderíamos dizer que a soja constituiu-se numa das culturas de proa desse processo, como fica evidente no gráfico a seguir:

Gráfico 1*: Índices de área plantada com soja e agregados de lavouras (1990-2003)

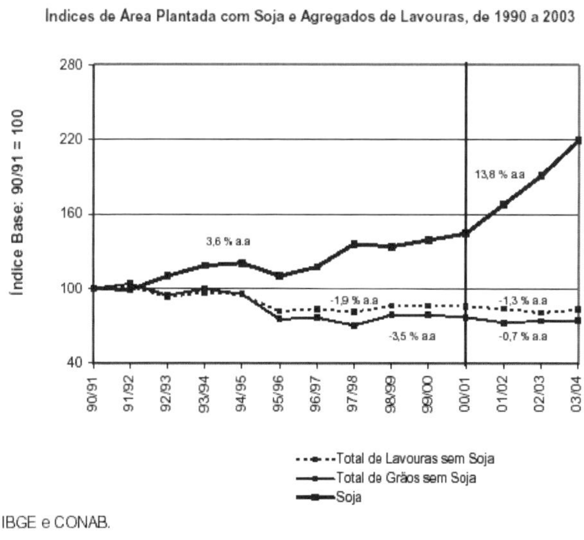

*Elaborado por BRANDÃO, REZENDE e MARQUES (2004).

Como se pode ver, entre as safras de 1990-1991 e 2000-2001, a área plantada com soja no país cresceu a 3,6% a.a., enquanto o mesmo indicador para o total de lavouras (excluindo soja) registrou taxa negativa de 1,9 a.a. Nas três últimas safras apresentadas no gráfico 1 (2000-2001 a 2003-2004), o desempenho da soja praticamente "explodiu" para 13,8% a.a., deixando para trás o conjunto das demais lavouras (-1,3% a.a.).

Ainda que o assunto seja objeto de forte polêmica, é possível observar que esta expansão tem gerado protestos de organizações ambientalistas e comunidades nativas, visto que parte da área ocupada pela soja tem sido angariada às custas do desmatamento e/ou do deslocamento forçado de pequenos agricultores ou aldeias indígenas, como pode ser constatado, por exemplo, nas chapadas piauienses (Moraes e Vilela, 2003; Safatle e Pardini, 2004).

Outra tese derivada e igualmente equivocada é atribuir ao chamado "agronegócio" a "saída" para a retomada do crescimento brasileiro. Com efeito, as contínuas taxas de crescimento do setor agropecuário, de 5% a.a nos últimos períodos, não necessariamente garantem a expansão da economia como um todo, visto que o mesmo não representa mais do que 10% do PIB (ainda que se diga que, somando-se aos demais setores adjacentes e industriais, tenhamos algo da ordem de 30% a 40% do PIB, dependendo da fonte dos dados).[3] A economia brasileira hoje é relativamente complexa (depois de mais de 70 anos de

---

[3] Dados sistematizados por José Graziano da Silva e apresentados no Seminário Nacional de Desenvolvimento Rural Sustentável (Brasília, ago. 2005) informam que também o emprego agrícola manteve-se estável por todo o período em que a produção agropecuária registrou crescimento. Ou seja, mesmo com a expansão de 5% a.a., certamente fundamentada na incorporação de novas terras e no aumento da produtividade, o setor não conseguiu incrementar, na média, a sua capacidade geradora de empregos. Em diversos casos, constatou-se justamente o contrário: o aumento da utilização de máquinas e implementos agrícolas em diversas fases do processo produtivo levou à dispensa da mão de obra em algumas cadeias.

industrialização), e um crescimento contínuo e expressivo da agricultura, especialmente aquele calcado na especialização das exportações (produtos agrícolas e agroprocessados), não é suficiente para reanimar o parque produtivo como um todo. Ou seja, a ideia de "vocação agrícola" da economia brasileira (repondo questões de um debate do início do século passado e insistentemente retomada pela mídia) é completamente despropositada na atual conjuntura. Possuímos um perfil bastante diferenciado de outras economias próximas, como a argentina e a chilena, onde o grau de especialização no setor de básicos exportáveis aumentou consideravelmente nas últimas décadas (veja-se particularmente o caso argentino, que, além de um processo de desnacionalização da sua indústria, passou também por um processo de desindustrialização).

2. A REFORMA AGRÁRIA É UMA TESE ULTRAPASSADA E OBSOLETA, INCOMPATÍVEL COM O ATUAL ESTÁGIO DO CAPITALISMO BRASILEIRO E NÃO APRESENTA NENHUM IMPACTO ECONÔMICO NA SOCIEDADE

Essa tese parece-nos igualmente equivocada, visto que, por mais "obsoleto" que seja, o tema da reforma agrária, como dissemos anteriormente, tem permanecido na agenda (política, econômica, social etc.) dos últimos 40, 50, 60 anos. Os anos 1990 parecem confirmar a capacidade de a reforma agrária ressurgir como fênix, solapando as teses (muito em voga nos anos 1980) que advogavam posições como: i) não há terras disponíveis para a reforma; ii) mesmo se houvesse, não haveria quem as demandasse; iii) a implantação dos assentamentos "deturparia" a estrutura produtiva etc. O que se tem visto de forma geral (guardadas as especificidades e diferenciações regionais e locais, não desprezíveis no caso brasileiro) nos assentamentos é um potencial efeito dinamizador de economias locais/regionais, quer na esfera econômica propriamente dita, mas também no campo político, social, demográfico, territorial etc. (Leite *et al.*, 2004).

Como demonstrado por uma série de estudos especializados, os efeitos e as mudanças locais proporcionados pela criação dessas novas unidades produtivas e de moradia vêm rebatendo em transformações de ordem econômica, política e social que atingem a população beneficiária e envolvem outros atores e instituições locais. Primeiramente, os assentamentos implicaram alguma redistribuição fundiária, tanto mais visível quanto maior o número de projetos num mesmo município. Em função do aumento populacional gerado por essa desconcentração, também tem se verificado uma alteração no desenho de municípios, com a criação de distritos e de novas prefeituras, além de modificar a paisagem, o padrão de distribuição da população rural, o traçado das estradas e o padrão produtivo.

De fato, os projetos de reforma agrária provocaram, especialmente nas regiões pontuadas por uma alta densidade de famílias beneficiárias, a dinamização econômica de vários dos municípios onde se inserem, tendo como base um processo produtivo mais diversificado, quando comparado à estrutura – anterior e presente – prevalecente nos estabelecimentos agropecuários locais, significando uma espécie de reconversão produtiva em regiões de crise da agricultura patronal (as regiões sucroalcooleiras da mata pernambucana e do norte fluminense são um bom exemplo). Para além da relevância do número de novos produtores, estimulando um aumento na oferta de produtos (em especial alimentares), os assentados potencializam o mercado de consumo comprando não só gêneros alimentícios nas feiras, no comércio local e até mesmo de cidades vizinhas, mas também insumos e implementos agrícolas, eletrodomésticos e bens de consumo em geral.

Complementarmente, a comercialização da produção dos assentados provocou não apenas a dinamização, ou até a recriação de canais tradicionais, como é o caso das feiras na região nordestina, como também a emergência de pontos de venda próprios (feiras de produtores), formas cooperativas, experiências relativamente bem-sucedidas de transformação do produto para venda através da implantação de pequenas agroindústrias, constituição de marcas para comercializar a produção e de um mercado específico para os "produtos da reforma agrária" etc. Neste último caso, as inovações não apenas atestam a origem do produto comercializado, mas principalmente têm a função de transformar a comercialização num momento de afirmação social e política da identidade de assentados e das experiências de redistribuição fundiária, como pode ser verificado, por exemplo, nos projetos existentes no oeste catarinense.

Num cenário de arrefecimento das oportunidades de trabalho como o atual, os assentamentos representam, adicionalmente, uma importante alternativa de emprego. Além de criar, em média, três ocupações por unidade familiar no próprio estabelecimento, exclusive as atividades desenvolvidas fora do lote, os projetos de reforma agrária também geram trabalho para terceiros, quando se considera a contratação de mão de obra externa pelos assentados em 36% dos lotes pesquisados num desses estudos.

Assim, em diversos casos, o caráter inovador das experiências locais de assentamento será crucial para garantir a expansão das capacidades (humanas inclusive) e ações desses novos protagonistas, movimento que poderá facilitar a definição de estratégias voltadas ao desenvolvimento – se quisermos ficar, por exemplo, com uma referência da noção de desenvolvimento proposta por Amartya Sen (2000). Nessa direção, a ideia de assentamento enquanto um mecanismo de *acesso* aos ativos fundiários, às políticas públicas específicas (como o crédito rural), aos mercados de produtos, consumo e trabalho, aos equipamentos sociais etc., constitui, ela própria, um determinado tipo de impacto. Comparadas a situação presente e pretérita das famílias assentadas, e guardadas a forte heterogeneidade entre os projetos e a precariedade da infraestrutura prevalecente em boa parte dos assentamentos, poderá ser facilmente constatada uma melhoria nas suas condições de vida. Essa metamorfose de demandantes por terra em assentados não necessariamente requer uma prévia "vocação" agrícola dos beneficiários, postura que tem corroborado iniciativas preocupadas com a identificação do "verdadeiro agricultor". Quando essas oportunidades desembocam na conformação de regiões que abrigam um número considerável de projetos e famílias (como é o caso do Pontal do Paranapanema, em São Paulo, ou do entorno do Distrito Federal, abarcando municípios do nordeste goiano e da região noroeste de Minas Gerais), configura-se, na prática, a constituição de *áreas reformadas*, contrapondo-se à lógica de desapropriações isoladas que têm caracterizado a intervenção do Estado na questão agrária. Esse aspecto em si é um efeito relevante das transformações que os assentamentos têm provocado no espaço regional, pois potencializa, em função desta concentração de beneficiários, as mudanças anteriormente apontadas.

Outro tema, caro ao século XIX, mas não menos importante, refere-se ao trabalho escravo. Ainda persistente no país, a prática de manter pessoas em condições análogas àquelas de trabalho escravo requer um controle e combate maior. Ou seja, possuímos uma agenda antiga para resolver, o que não quer dizer necessariamente "obsoleta".

3. COM A MODERNIZAÇÃO DA AGRICULTURA, ESGOTOU-SE A DISPONIBILIDADE DE TERRAS NÃO APROVEITADAS, SALVO AQUELAS SITUADAS NA AMAZÔNIA E NO CERRADO, NÃO RECOMENDADAS PARA A REFORMA AGRÁRIA

Essa questão remete a dois pontos que nos parecem centrais para uma abordagem mais criteriosa do assunto. Deve-se considerar, em primeiro lugar, o que se entende por aproveitamento das terras. Nesse sentido, temos avançado na dimensão legal desse assunto e hoje possuímos mais instrumentos para definir um imóvel que cumpre efetivamente sua função social, particularmente, por meio de índices como o Grau de Utilização das Terras (GUT) e o Grau de Eficiência na Exploração (GEE), além do respeito à legislação trabalhista e ambiental. Recentemente, as iniciativas de desapropriações com base no descumprimento das relações de trabalho e no desrespeito ao meio ambiente abriram um precedente histórico enorme para questionar o *quantum* de terras efetivamente estão disponíveis. Da mesma forma, a revisão dos índices de produtividade indica que a chamada "modernização" do campo opera, em diversas áreas e imóveis, com rendimentos bem abaixo do esperado, tomando-se como contrapartida as estatísticas mais recentes sobre o rendimento físico de culturas e criações. Justamente por conta disso, é fundamental rever a base de dados que informa o cálculo oficial dos índices de produtividade utilizados para a definição do GEE e do GUT de um determinado imóvel. Os índices atuais tomam como referência os valores encontrados nos Censos Agropecuários de 1970 e 1975.

Em segundo lugar, mesmo desconsiderando o item anterior, há dados que demonstram a existência de terras aproveitáveis não aproveitadas, tomando-se como fonte as estatísticas cadastrais do Instituto Nacional de Colonização e Reforma Agrária (Incra).[4]

[4] A proposta elaborada para o II PNRA apresenta um vasto conjunto de evidências estatísticas a respeito, ainda que o estoque de terras concentre-se nas regiões Norte (particularmente no Estado do Pará) e Centro-Oeste (Mato Grosso). Para mais detalhes, ver Sampaio (2003).

Tabela 1: Brasil – Distribuição dos imóveis rurais por estratos de área selecionados

UF	Imóveis 50 a 100 MF*		Área (em ha) 50 a 100 MF*		Imóveis mais de 100 MF*		Área (em ha) mais de 100 MF*	
	Total	Improdutivos	Total	Improdutivos	Total	Improdutivos	Total	Improdutivos
Acre	122	96	784.693	640.386	54	44	1.249.148	1.094.856
Alagoas	99	43	118.281	47.446	36	16	90.051	50.571
Amazonas	226	103	1.751.594	678.524	38	30	730.144	707.487
Amapá	30	27	119.895	107.539	7	6	56.042	44.042
Bahia	982	733	3.681.698	2.835.959	367	284	2.725.942	2.190.898
Ceará	121	87	353.391	262.228	23	10	122.168	52.883
Distrito Federal	108	54	38.650	19.771	64	41	79.779	57.541
Espírito Santo	98	36	137.643	51.866	36	5	179.563	13.667
Goiás	1.366	495	3.799.826	1.490.998	426	163	2.697.976	1.151.168
Maranhão	403	323	1.866.737	1.506.517	147	121	1.759.273	1.454.382
Minas Gerais	1.149	530	3.085.512	1.506.871	362	160	2.326.408	1.206.574
Mato Grosso do Sul	1.985	450	6.554.032	1.694.125	1.035	180	9.273.895	1.493.126
Mato Grosso	2.140	1.541	12.918.845	9.480.692	843	617	10.849.996	7.429.785
Pará	1.757	1.374	7.729.920	6.037.823	469	304	9.560.829	7.649.876
Paraíba	96	56	143.480	89.566	50	32	133.106	81.536
Pernambuco	204	97	275.665	164.640	90	25	292.178	94.531
Piauí	273	226	1.208.155	1.006.555	123	112	1.540.176	1.360.106
Paraná	891	239	1.142.861	319.761	434	124	1.478.983	499.868
Rio de Janeiro	200	76	185.269	68.864	101	28	218.376	61.403
Rio Grande do Norte	92	73	232.726	188.250	32	20	196.616	116.261
Rondônia	87	67	378.098	286.739	47	32	440.672	254.070
Roraima	25	23	153.175	138.814	6	6	79.567	79.567
Rio Grande do Sul	880	128	1.364.042	182.348	331	40	1.221.649	180.092
Santa Catarina	298	144	347.746	163.065	120	55	363.860	145.175
Sergipe	52	38	70.797	54.158	19	12	39.667	27.044
São Paulo	1.606	448	1.942.109	517.068	738	226	2.302.356	690.385
Tocantins	432	279	2.340.707	1.488.239	101	66	1.163.954	674.936
Brasil	15.722	7.786	52.725.543	31.028.812	6.099	2.759	51.172.373	28.861.830

Fonte: Estatísticas cadastrais do Incra, *apud* SAMPAIO (2003).
*MF = Módulo Fiscal.

A tabela 1 leva em consideração apenas os imóveis rurais (número de imóveis e área respectiva em hectares) que possuem mais de 50 módulos fiscais, cujo tamanho exato em hectares varia de acordo com a região considerada. Podemos verificar que praticamente metade dos imóveis encontrados no estrato de 50 a 100 MF pode ser considerada, de acordo com a legislação vigente, como improdutiva, isto é, passível de desapropriação. Quando tomamos o estrato seguinte (acima de 100 MF), veremos que 45,23% dos imóveis encontram-se sob a mesma condição, ou seja, são improdutivos. Eles possuem uma área equivalente a 28.861.830 ha, isto é, 56,40% de todos os imóveis do estrato considerado.

4. A REFORMA AGRÁRIA É UM PROGRAMA COM ELEVADO CUSTO FINANCEIRO PARA SUA REALIZAÇÃO E POUCA CAPACIDADE DE GERAÇÃO DE NOVOS POSTOS DE TRABALHO

Comparativamente, a reforma agrária tem se apresentado como uma das formas mais baratas de geração de emprego. O custo médio de uma família assentada, segundo dados do Incra de 2004, estava ao redor de R$ 32 mil, com forte variação regional. Contrapondo-se com a capacidade de dinamização social e econômica que o programa de reforma agrária proporciona, esse custo é bastante reduzido.[5]

Como já mencionamos anteriormente, estudos especializados apontaram os efeitos e as mudanças locais proporcionados pela criação de projetos de assentamentos, constituídos a partir de áreas objeto de ação dos programas de reforma agrária ou de utilização de terras públicas (aquelas fruto da iniciativa de governos estaduais e/ou municipais via desapropriação por utilidade pública ou, ainda, pertencentes aos órgãos da administração direta e indireta do Estado). A regularização da posse para famílias que

[5] Esse item está fundamentado em Leite (2004), valendo-se dos dados finais das pesquisas publicadas em Leite *et al.* (2004) e Medeiros e Leite (2004).

trabalhavam em terras sobre as quais já haviam conquistado seus direitos e/ou a instalação de beneficiários sobre áreas reformadas vem rebatendo em transformações de ordem econômica, política e social no plano local e regional, entre as quais ganha relevo a capacidade de geração de novos empregos, como procuraremos detalhar a seguir.

Num cenário de crise da agricultura tradicional e de fechamento do mercado de trabalho, especialmente para os segmentos menos qualificados da população, os assentamentos representam uma importante alternativa de emprego, favorecendo a consolidação ou mesmo a reconstituição de laços familiares antes desfeitos ou ameaçados pela necessidade de deslocamento das pessoas para buscar alternativas de sobrevivência. Por outro lado, geram novas pressões sobre a terra, na medida em que a agregação de novos membros pode intensificar o uso da terra no lote e favorecer a saída para outros lotes ou mesmo para novas ocupações. A presença dos assentamentos também gera postos de trabalho não agrícolas (construção de casas, estradas, escolas, contratação de professores, surgimento de transporte alternativo etc.) e dinamiza o comércio local nos municípios onde se inserem, fato que se acentua nos casos de elevada concentração de assentados.

A extrapolação dos dados da amostra da pesquisa, de amplitude nacional, de Leite *et al.* (2004), para os municípios e para a região (*mancha*) de estudo permite perceber que os assentamentos são importantes geradores de emprego. No conjunto dessas *manchas*, são 45.898 pessoas maiores de 14 anos que efetivamente trabalham nos assentamentos, 93,76% delas somente no projeto (no próprio lote, em outros lotes, ou em outras atividades). Do total dos que trabalham, com mais de 14 anos, 42,7% são mulheres, indicando sua ativa participação nas tarefas que envolvem as diferentes atividades do assentamento.

Tabela 2: Empregos gerados nos assentamentos

"Mancha"	Total de pessoas da amostra						Pessoal ocupado no lote(*2)			
	Total de lotes		Total de maiores de 14 anos (*1)	N. de pessoas que trabalham no lote (*3)	% sobre total de pessoas que vivem	N. médio de pessoas ocupadas por lote	Todas as idades		Maiores de 14 anos	
	Lotes (ou famílias) entrevistados	Pessoas nos assentamentos (todas as idades)					> 14 trabalham no lote (*4)	% do total de maiores de 14	% do total de pessoas que trabalham	N. médio de >14 ocupados por lote
	A	B	C	D	D/B (%)	D/A	E	E/C (%)	E/D (%)	E/A
Sul BA	87	464	309	365	79%	4,20	293	95%	80%	3,37
Sertão CE	306	1.673	1.017	1.158	69%	3,78	925	91%	80%	3,02
Entorno DF	237	1.020	741	824	81%	3,48	699	94%	85%	2,95
Sudeste PA	366	1.823	1.219	1.303	71%	3,56	1.106	91%	85%	3,02
Oeste SC	185	922	572	584	63%	3,16	503	88%	86%	2,72
Zona Canav. NE	387	2.170	1.378	1.375	63%	3,54	1.151	84%	84%	2,97
Total Global	1.568	8.072	5.236	5.609	69%	3,57	4.677	89%	83%	2,98

Fonte: Pesquisa de campo (LEITE *et al.*, 2004)
(*1) Exclui menores de 14 anos e sem informação. Inclui os "sem idade" que são responsáveis, cônjuge ou genro/nora (provavelmente > 14 anos).
(*2) Inclui pessoas que trabalham só no lote, ou no lote e fora do lote.
(*3) Inclui todas as idades.
(*4) Maiores de 14 anos que trabalham no lote (só no lote ou no lote e fora do lote).

De acordo com a tabela 2, do total da população maior de 14 anos nos projetos pesquisados, 79% trabalhava somente no lote, 11% no lote e também fora do lote, 1% somente fora do lote e 9% declarou não trabalhar. Ou seja, 90% dos assentados maiores de 14 anos trabalhavam ou ajudavam no lote, numa média de três pessoas por lote. Dos que faziam algum trabalho fora do lote (12% do total), 44% o fazia em caráter eventual, 24% em caráter temporário e 31% de modo permanente. É interessante observar ainda que, dos que trabalhavam fora do lote, mais da metade (56%) exercia atividades somente dentro do próprio assentamento, incluindo trabalhos não agrícolas gerados pela implantação do projeto (construção de estradas e infraestrutura coletiva, professora, merendeira, agente de saúde, trabalhos coletivos, beneficiamento de produtos etc.). Além de gerar empregos para a família, os lotes também geram trabalho para outros. Com base nos resultados dessa mesma pesquisa, verificou-se que, quando se considera a contratação de trabalho pelos assentados, 36% dos lotes pesquisados contrataram pessoas de fora.

Assim, cada lote criado em um determinado assentamento responde pela criação de novos três postos de trabalho, a um custo relativamente baixo. Os dados compilados na já mencionada proposta encaminhada à elaboração do Plano Nacional de Reforma Agrária, coordenada por Sampaio (2003), apontam que políticas como o Programa de Geração de Emprego e Renda (Proger) apresentaram um custo unitário de R$ 13,6 mil, R$ 25,6 mil e R$ 20,3 mil na criação de empregos nos setores industriais, de serviços e no comércio, respectivamente. O mesmo cálculo nesses setores, tendo como base o resultado do Programa de Promoção do Emprego e Melhoria da Qualidade de Vida do Trabalhador (Pro-Trabalho), apontaria uma despesa de R$ 23 mil, R$ 35,5 mil e R$ 88,3 mil, respectivamente (Passos e Costanzi, 2002). Por sua vez, a somatória dos gastos necessários à implantação de uma família assentada representaria, em média, um desembolso na ordem de R$ 8 mil a R$ 10 mil por posto de trabalho gerado, valor significativamente inferior àqueles suprarreferidos. Ou seja, o assentamento de 1 milhão de famílias, tal como propunha Sampaio (2003), teria um impacto imediato na criação de 3 milhões de ocupações rurais, representando 30% das metas anunciadas pelo então candidato à presidência.

5. OS PROJETOS DE ASSENTAMENTOS JÁ IMPLANTADOS POSSUEM BAIXA QUALIDADE, GERANDO UM PROCESSO DE FAVELIZAÇÃO NA ÁREA RURAL

Uma das características comuns aos projetos de assentamento (a partir de dados encontrados em diferentes pesquisas realizadas até 2001-2002) é a precariedade da sua infraestrutura, o que demanda complementações de políticas públicas de ordem municipal (educação, saúde etc.), regional/estadual e nacional (geral e setorial). Em alguns projetos, as condições de vida são, efetivamente, muito ruins, comprometendo a reprodução das famílias ali instaladas. No entanto, isto não nos parece refletir a situação média dos casos, que em geral têm conjugado alguma precariedade de infraestrutura com estratégias de viabilidade social e produtiva.

Vale ressaltar que, na maioria das situações, mesmo naquelas precárias, a situação das famílias no momento anterior ao da entrada no projeto era ainda pior, fazendo supor que o ingresso aos assentamentos proporcionou efetivamente um processo de "filiação" social, dotando as famílias de novas condições para a reivindicação de outros direitos e inserindo-as num circuito de acesso a políticas públicas, mercado de trabalho e mercado de produtos (venda e consumo), que antes não possuíam. Acreditamos que a qualidade das condições de infraestrutura deveria ser um item a ser sempre considerado, independentemente da quantidade de famílias a assentar ou do número de projetos a ser criado.

Tabela 3: Consumo alimentar em áreas de agricultura familiar assentada e sua comparação com as regiões metropolitanas (consumo alimentar *per capita* diário em gramas)*

Discriminação dos produtos	Brasília	Região metropolitana de Belo Horizonte	Área de agricultura familiar assentada no noroeste de MG
Arroz	128,92	74,04	230,10
Feijão	23,32	19,62	22,02
Mandioca	0,97	1,24	1.321,28**
Abóbora	4,13	3,76	21,54
Batata-doce	0,14	0,74	11,21
Batata-inglesa	12,40	15,87	3,50
Inhame	0	0	0,21
Quiabo	0,04	1,62	0,34
Tomate	6,52	6,36	0
Alface	0,24	5,78	0
Cebola	6,75	4,53	0
Banana	2,74	12,45	15,42
Melancia	1,36	3,69	54,73
Abacaxi	0	1,19	9,13
Maracujá	0	0,56	15,13
Mamão	1,81	0	0,63
Laranja	23,48	23,34	0
Maçã	2,87	5,28	0
Farinha	13,98	5,70	19,88
Fubá de Milho	2,58	7,26	0
Macarrão	5,37	3,57	0
Ovos	5,31	6,83	19,69
Leite	93,88	78,05	214,53
Queijo	1,44	2,31	15,44
Carne bovina	42,08	21,09	0
Carne de porco	3,40	9,73	17,68
Carne de frango	34,42	41,36	14,65

Fonte: Sipra, 2000; IBGE/POF, 1996, *apud* Ávila (2002). Reelaboração do autor.

(*) No caso dos assentamentos, considerou-se apenas o consumo dos alimentos produzidos localmente. Os valores para Brasília e Belo Horizonte referem-se ao consumo médio de famílias com rendimento de até dois salários mínimos mensais.

(**) Parte desta produção é destina ao fabrico da farinha de mandioca.

Na realidade, o debate sobre as condições de infraestrutura e dos equipamentos sociais não deve comprometer a própria realização do programa de reforma agrária, mas, ao contrário, deve justamente aprimorá-lo. Temas como saúde e educação são fundamentais ao processo de construção de uma nova cidadania, que emerge junto ao acesso à terra. Da mesma forma, a questão relativa à segurança alimentar é um item importante que possibilita às famílias instaladas refeições diárias com melhor valor proteico e calórico. Valendo-nos do detalhado estudo de Ávila (2002), que compilou dados específicos do universo de famílias assentadas na região Noroeste de Minas Gerais, encontramos os dados apresentados na tabela 3.

A referida tabela disponibiliza os dados encontrados pelo autor nas áreas de agricultura familiar assentada e no município de Brasília e na região metropolitana de Belo Horizonte (cf. Ávila, 2002). No primeiro caso está computado apenas o consumo médio familiar de produtos agroalimentares oriundos do cultivo e/ou da criação no próprio estabelecimento do agricultor. Ou seja, a tabela não apresenta o consumo de alimentos comprados nos mercados locais.[6]

Podemos verificar que, com exceção dos produtos hortícolas, das carnes bovina e de frango, da batata-inglesa e de algumas frutas, a produção doméstica dos agricultores familiares assentados atinge um índice médio superior (em alguns casos, bastante superior) àquele verificado pelos habitantes de Brasília e Belo Horizonte, cujas famílias percebem até dois salários mínimos mensais, faixa próxima àquela verificada nos assentamentos da região. Tal desempenho mostra como a produção do autoconsumo pode assegurar uma oferta interna de produtos alimentares com alto valor calórico e proteico, cujo acesso é praticamente diário.

6. A MAIORIA DAS FAMÍLIAS INSTALADAS NOS ASSENTAMENTOS NÃO ESTÁ VOCACIONADA PARA A AGRICULTURA, COMPROMETENDO O SUCESSO DO PROGRAMA DE REFORMA AGRÁRIA

---

6 Segundo Ávila (2002), a aquisição externa é importante para algumas rubricas como óleo, macarrão e carne bovina.

Os assentamentos, dada sua extrema diversidade regional, social, geográfica etc., são compostos por famílias oriundas de distintos segmentos sociais (extrativistas, sem-terra, trabalhadores sindicalizados, atingidos, urbanos etc.) que legitimamente podem portar vocações as mais diversas, inclusive rurais (que é um termo mais apropriado, em vez de "agrícolas"). Não estamos discutindo aqui as "vocações", mas sim o direito de trabalhadores com distintas origens reivindicarem terra. De outra forma, estamos abordando, na realidade, o preconceito existente entre setores urbanos e rurais de que trabalhadores provindos de atividades urbanas e periurbanas (vários de famílias originárias do meio rural) não possam se deslocar para o campo e dedicar-se às atividades rurais (agrícolas e não agrícolas). O que poderia ser objeto de debate são questões relativas a aptidão, habilidade, conhecimento tecnológico etc. Mas aqui não se trata de vocação (ou de saber quem são os "verdadeiros agricultores"), e sim de capacitação e assessoria (técnica, política, social, econômica etc.) às famílias que migram para o meio rural, dotando-as de condições para que possam exercer suas atividades.

Em artigo publicado em 1998, Lins concluía corretamente que a demanda por terra de populações marginalizadas não deveria discriminar os trabalhadores oriundos do meio urbano que empunhassem tal bandeira, quebrando um preconceito histórico de setores mais conservadores, ainda crédulos de uma "verdadeira vocação agrícola" inerente aos mais eficientes desse setor. Ao contrário, lembrava o autor que, na intensa migração rural-urbana ocorrida entre os anos 1930 e 1980, nunca havia sido cobrado aos trabalhadores rurais que se dirigiam aos diferentes setores urbano-industriais um atestado de eficiência ou habilidade particular para constituir um imenso exército de mão de obra funcional à industrialização brasileira. No entanto, quando se tratou de repensar as diferentes trajetórias pessoais e o processo de reconstrução do tecido social esgarçado pela incapacidade do modelo anterior em absorver, em condições dignas, a população que se viu marginalizada, barreiras enormes foram erguidas no sentido de questionar e impedir que o fluxo inverso se realizasse. Preconceitos de toda sorte, inclusive aqueles de classe, foram prontamente acionados.

Na mesma direção, parece-nos problemática a definição de um "modelo" único e exemplar daquilo que deveria se constituir a atividade rural, condenando outras estratégias – legítimas – realizadas pelas famílias para garantir sua reprodução (social e econômica). Assim, além das atividades produtivas agropecuárias propriamente ditas, outras formas de inserção, como trabalho externo ao lote, atividades de processamento e serviços no lote ou no projeto etc., são igualmente válidas.

CONSIDERAÇÕES FINAIS

A validação dos comentários acima, bem como a negação dos seis tópicos aqui alinhavados, implicam, como dissemos no início desse texto, repensar a própria matriz do processo de transformação agrária nacional, retirando-o das amarras reducionistas às quais foi submetido. É preciso, portanto, alargar os horizontes do campo de possibilidades e oportunidades sociais, inserindo a reforma agrária, como bem lembrou Celso Furtado, num dos vetores estratégicos do desenvolvimento. Tal perspectiva, diga-se de passagem, tem sido objeto da prática dos diversos movimentos sociais de trabalhadores rurais, invariavelmente objeto de reações violentas de determinados segmentos do patronato rural e daqueles que representam os interesses contrários à democratização da terra.

REFERÊNCIAS BIBLIOGRÁFICAS

ÁVILA, R. V. *Os impactos econômicos dos assentamentos de reforma agrária no noroeste de Minas Gerais*. Rio de Janeiro: Dissertação (mestrado) – CPDA/UFRRJ, 2002.

BRANDÃO, A.; REZENDE, G. C.; MARQUES, R. W. *Crescimento agrícola no período 1999/2004, explosão da área plantada com soja e meio ambiente no Brasil*. Rio de Janeiro: Ipea, 2004.

CARVALHO, M. A.; SILVA, C.; VICENTE, C. "Comércio agrícola e o desenvolvimento econômico brasileiro". IX Encontro Nacional de Economia Política, *in: Anais...* Uberlândia: SBEP, 2004.

DELGADO, G. "Questão agrária brasileira no pós-guerra e sua configuração contemporânea", *in:* RAMOS FILHO; L. O.; ALY JR., O. (eds.) *Questão agrária no Brasil: perspectiva histórica e configuração atual.* São Paulo: Incra/Embrapa, 2005.

DIAS, G. L. S.; AMARAL, C. M. "Mudanças estruturais na agricultura brasileira: 1980-1998", *in:* BAUMANN, R. (org.). *Brasil: uma década em transição.* Rio de Janeiro: Campus, 1999.

GRAZIANO DA SILVA, J. "Velhos e novos mitos do rural brasileiro: implicações para as políticas públicas", *in:* CASTRO, A. C. (org.). *Desenvolvimento em debate: painéis do desenvolvimento brasileiro – II.* Rio de Janeiro: Mauad/BNDES, 2002.

HELFAND, S. M.; REZENDE, G. C. "A agricultura brasileira nos anos 1990: o impacto das reformas de políticas", *in:* GASQUES, J. G., CONCEIÇÃO, J. C. (orgs.). *Transformações da agricultura e políticas públicas.* Brasília: Ipea, 2001.

LEITE, S. *Inserção internacional e financiamento da agricultura brasileira (1980-1996).* Tese (doutorado) – IE/Unicamp, Campinas, 1998.

______. "Agricultura familiar e reforma agrária como políticas de emprego". *Democracia Viva,* Rio de Janeiro, n. 21, p. 16-22, abr.-mai. 2004.

______; HEREDIA, B.; MEDEIROS, L.; PALMEIRA, M.; CINTRÃO, R. *Impactos dos assentamentos: um estudo sobre o meio rural brasileiro.* São Paulo: Edunesp, 2004.

LINS, M. "Uma agenda atual das políticas públicas", *in:* COSTA, L. F.; SANTOS, R. (orgs.). *Política e reforma agrária.* Rio de Janeiro: Mauad, 1998.

MEDEIROS, L.; LEITE, S. (orgs.). *Assentamentos rurais, mudança social e dinâmica regional.* Rio de Janeiro: Mauad, 2004.

MORAES, D.; VILELA, S. "Multifuncionalidade e agricultura camponesa nos cerrados piauienses: desafios para a sustentabilidade", *in:* CARNEIRO, M. J.; MALUF, R. S. (orgs.). *Para além da produção: multifuncionalidade e agricultura familiar.* Rio de Janeiro: Mauad, 2003.

PALMEIRA, M., LEITE, S. "Debates econômicos, processos sociais e lutas políticas", *in:* COSTA, L. F.; SANTOS, R. N. (orgs.). *Política e reforma agrária.* Rio de Janeiro: Mauad, 1998.

PASSOS, A. F.; COSTANZI, R. G. "Evolução e perspectivas dos programas de geração de emprego e renda". *Mercado de trabalho: conjuntura e análise.* Brasília: MTb, 2002. (Nota Técnica).

SAFATLE, A.; PARDINI, F. "Grãos na balança". *Carta Capital,* n. 306, São Paulo, 2004, p. 42-45.

SAMPAIO, P. A. (coord.). *Proposta para o II Plano Nacional de Reforma Agrária.* Brasília, 2003.

SEN, A. *Desenvolvimento como liberdade.* São Paulo: Cia. das Letras, 2000.

TAVARES, M. C. "A questão agrária e as relações de poder no país". *Folha de S.Paulo.* São Paulo, Caderno 2, 5 mai. 1996, p. 5.

VEIGA, J. E. "Do crescimento agrícola ao desenvolvimento rural", *in:* CASTRO, A.C. (org.). *Desenvolvimento em debate: painéis do desenvolvimento brasileiro – II.* Rio de Janeiro: Mauad/BNDES, 2002.

UMA RESSIGNIFICAÇÃO PARA A REFORMA AGRÁRIA NO BRASIL[*]
TEXTO I – TESES

HORÁCIO MARTINS DE CARVALHO[**]

PRÓLOGO

1. Durante o período de 23 a 26 de novembro deste ano, tive a oportunidade de participar do Encontro Nacional de Formação da Comissão Pastoral da Terra (CPT), realizado em Hidrolândia (GO). O tema central desse Encontro foi *Uma nova conceituação de reforma agrária*. Nessa oportunidade, pude usufruir e compartilhar ideias e proposições não apenas com os coordenadores e militantes da CPT, mas também com o prof. Carlos Walter Porto-Gonçalves[1] e

[*] A primeira versão deste texto foi escrita em dezembro de 2009 e publicada, em janeiro de 2010, na página eletrônica do Núcleo de Estudos, Pesquisas e Projetos de Reforma Agrária (Nera).

[**] Engenheiro agrônomo formado pela Escola Nacional de Agronomia da Universidade Rural do Brasil e especialista em Ciências Sociais pela Pontifícia Universidade Católica de São Paulo. Membro do Conselho da Associação Brasileira de Reforma Agrária (Abra).

[1] Geógrafo e doutor, professor do Programa de Pós-graduação em Geografia da Universidade Federal Fluminense, membro do Grupo de Trabalho "Hegemonias e Emancipações", da Clacso, e pesquisador do CNPq.

com o teólogo Sandro Galazzi,[2] sendo que coube a nós três, durante parte desse encontro, a tarefa de animação intelectual dos estudos.

2. Ao me preparar para essa tarefa, com a antecedência que eu supus devida, pude revisar uma considerável literatura sobre o tema da reforma agrária, inclusive realizando incursão na sua história e na atualidade das proposições dos movimentos e organizações sociais e sindicais populares do campo no Brasil. Essa iniciativa foi para mim, ao mesmo tempo, uma redescoberta e uma afirmação de algumas ideias que já me inquietavam sobre uma necessária ressignificação da reforma agrária, em particular no Brasil.

3. Durante esse Encontro Nacional de Formação da CPT, pude expor alguns aspectos das minhas inquietudes. Nos debates, contei com o aporte de várias sugestões tanto dos participantes como do prof. Porto-Gonçalves e do teólogo Galazzi, que contribuíram de maneira decisiva para a formulação, ainda que em construção, das teses que aqui coloco para reflexão e debate.

4. Ao apresentar este texto sumário como "Texto I – Teses", estou sugerindo que as ideias aqui expostas têm o caráter de tese ou de proposição para controvérsia, mas que não são acompanhadas da argumentação necessária e pertinente para fundamentá-las. Isso será realizado no "Texto II – Argumentos", o qual eu suponho que o poderei preparar para apresentá-lo lá por março vindouro.

5. Se há algo de inusitado nessa divisão dos textos, isso se deve à minha intenção de colocar imediatamente em debate as minhas ideias sobre uma ressignificação da reforma agrária no Brasil ainda neste mês de dezembro, num tempo talvez já tardio, mas ainda oportuno, para que os movimentos e organizações sociais, sindicais, feministas e ambientais no campo, entre outros, possam conhecê-las no sentido de uma contribuição para as controvérsias necessárias e

[2] Teólogo e doutor em teologia bíblica, membro da CPT Amapá.

pertinentes que deverão pautar a agenda política nacional em 2010 sobre o tema da questão agrária.

6. Como base para as minhas teses sobre uma ressignificação da reforma agrária no Brasil, o que estou supondo é que a atual e contemporânea (ao menos desde a década de 1940) significação de reforma agrária estaria esgotada ou mesmo superada pelas iniciativas de "modernização" do latifúndio e da destinação das terras devolutas e das públicas às empresas capitalistas, destinação esta iniciada, com maior empenho e sem interrupção até os dias atuais, desde meados da década de 1960, com a implantação da ditadura militar no país.

7. Sugerir ideias ou teses sem a devida fundamentação é sempre insuficiente, mas corro esse risco presumindo que nas afirmações a serem apresentadas já exista, quiçá subentendida, alguma pista sobre a natureza da sua fundamentação.

PRESSUPOSTOS

8. Os objetivos gerais das proposições estratégicas hegemônicas no Brasil sobre a reforma agrária desde a década de 1940, a partir de posições políticas de centro-esquerda, defendiam a necessidade de uma revolução burguesa no campo para eliminar ora os restos feudais, ora o latifúndio improdutivo de maneira a permitir o desenvolvimento das forças produtivas sob o padrão de produção capitalista, a valorização do trabalho pelo assalariamento e a criação de um mercado interno. Estava pressuposto explicitamente que essa seria uma etapa necessária para se alcançarem as condições dialéticas objetivas e subjetivas capitalistas necessárias para se desencadear uma revolução socialista no campo.

9. No âmbito dessa perspectiva, a reforma agrária, a partir dos pressupostos de uma revolução burguesa, constituiria, por um lado, pequenos e médios produtores rurais em condições de incorporarem as tecnologias capitalistas modernas para o campo;

e, de outro, a grande empresa capitalista, que se concretizaria pelo estabelecimento das relações sociais de assalariamento e portadora da relação *capital-trabalho* necessária para a criação de um proletariado supostamente capaz de desenvolver a consciência socialista e de se aliar ao proletariado urbano para realizar a luta de classes contra o capital.

10. Caberia ao Estado, sob a pressão popular por uma reforma agrária capitalista, instituir e efetivar políticas públicas reformistas capazes de eliminar os restos feudais e o latifúndio improdutivo, como parte do esforço social e político de se desenvolverem as relações sociais de produção capitalista no campo. E, ademais, de criar condições objetivas, através das mais diversas políticas públicas, para que esse setor reformado da economia do campo, integrado ao da cidade, se consolidasse economicamente.

11. Esse esforço conjugado, popular e do Estado, contaria com o apoio de alianças políticas entre frações das classes populares da cidade e do campo com as frações de classe mais progressistas da burguesia urbana e rural, que entreviam nessa reforma agrária um caminho, se não para uma revolução burguesa no campo, ao menos para a expansão capitalista que tornasse a produção agropecuária e florestal um ramo da indústria.

12. A partir dessa leitura, é possível sugerir que os objetivos gerais das proposições estratégicas hegemônicas para uma reforma agrária capitalista a partir da centro-esquerda política brasileira se aproximavam dos objetivos estratégicos sobre a questão agrária da burguesia para a afirmação e homogeneização do capitalismo no país.

13. Nessas proposições estratégicas, tanto a popular como a burguesa (com as exceções pontuais e ocasionais em todo o período considerado), o campesinato, na sua enorme diversidade, foi considerado a expressão do atraso tecnológico, cultural e político, portanto, com potencial antirrevolucionário. E, além dele, foram

desconsiderados, como sendo irrelevantes para as mudanças capitalistas pretendidas no campo, os extrativistas, os povos indígenas, os quilombolas e o protagonismo das mulheres.

14. Considero como uma das causas desse "preconceito político" com relação ao campesinato (em sua diversidade), aos extrativistas, aos povos indígenas, aos quilombolas e à equanimidade de gênero – no âmbito das proposições reformistas burguesas no campo a partir das organizações e movimentos sociais, sindicais e partidários de centro-esquerda –, a leitura insuficiente das condições objetivas e subjetivas da reprodução social do campesinato (e dos extrativistas, dos povos indígenas e dos quilombolas) no Brasil, devido, suponho, à adoção de conceitos ortodoxos e mecanicistas a partir da importante contribuição da vertente marxista-leninista europeia e russa sobre a expansão capitalista no campo e o papel a ser desempenhado numa transformação para o socialismo pelo campesinato e outras formas de relação produtiva e ou extrativista homem-natureza.

15. Ao se aceitar racionalmente que outros modos e/ou formas de produzir de uma formação econômica e social sob a dominação do modo capitalista de produção – em particular aqueles dos camponeses, dos extrativistas, dos povos indígenas e dos quilombolas – deveriam ser excluídos *a priori* como potenciais protagonistas de mudanças sociais na história por considerá-los "restos feudais", ou com uma história condenada pela lógica dos intelectuais e a ser superada pelas relações sociais de produção capitalista, num processo ontológico mecanicista e determinista da sucessão dinâmica dos modos de produção na história (quem sabe uma herança engelsiana), estabeleceu-se como premissa na maior parte das proposições, mesmo que implícita, um programa máximo utópico da socialização revolucionária e anticapitalista no campo em que esses modos e formas de produzir não capitalistas deixaram de ser contemplados.

16. Propunha-se, e em parte ainda se propõe, dessa maneira, com maior ou menor grau de consciência política, uma via prussiana "cabocla" de reforma agrária (antes e depois do período ditatorial 1964-1984) através da conciliação conceitual e parcialmente programática pelo alto entre setores da burguesia e das representações sociais populares, em que as massas populares no campo poderiam externar seus desejos, mas jamais definir as propostas de ação reformadoras, pois essas classes e frações de classe, ou formas de produção "arcaicas" no campo, já eram consideradas pelos intelectuais orgânicos do capital, tanto da esquerda cooptada pelos capitalistas moderados ("transformismo" em Gramsci) quanto aqueles da direita política, como "excedentes históricos" – portanto, passíveis de serem excluídos pelo estabelecimento necessário das relações capitalistas no campo.

17. Essa "condenação lógica política" do campesinato, dos extrativistas, dos povos indígenas e dos quilombolas a partir de concepções pouco afeitas à pluralidade étnica, social, econômica, política e cultural, introduziu preconceitos que contribuíram, e assim continuam, não apenas para facilitar a homogeneização capitalista no campo como também para dificultar a formulação de programas estratégicos e táticos que dessem conta das contradições sociais, étnicas e políticas – para não dizer filosóficas – para as mudanças socializantes desejáveis numa formação econômica e social tão diversificada.

18. Se às dimensões étnica, social, econômica, cultural e política forem acrescentadas – ou pelas lições das lutas sociais e políticas contemporâneas, ou devido à superação do obscurantismo político e social – as dimensões de gênero, ambiental e territorial, posso sugerir que um novo paradigma de organização socioeconômica e política para o campo deverá, como pressuposto fundamental, dar conta de manter e afirmar a diversidade e pluralidade aqui timidamente considerada.

19. Proponho que o processo de reforma agrária deva ser considerado num âmbito mais geral e como parte do complexo de lutas sociais, econômicas, políticas, ideológicas e ambientais pela terra. Não só a terra para produzir e dela se usufruir, mas a Terra como totalidade planetária, ou, resumidamente, no âmbito das lutas pela Terra.

20. Isso pressuporá que as lutas sociais e políticas pela reforma agrária a serem desencadeadas pelos trabalhadores rurais sem-terra (assalariados rurais, arrendatários, posseiros, parceiros, foreiros, camponeses com pouca terra...) devam ser organicamente articuladas com as lutas dos povos indígenas, dos extrativistas, dos quilombolas, dos ambientalistas, dos atingidos por grandes obras de infraestrutura, das mulheres e dos ambientalistas. E articuladas com as lutas populares urbanas.

21. É nessa perspectiva que se poderá ressignificar a reforma agrária, ao concebê-la como uma parte de um complexo maior integrado e integrador que aqui eu passo a denominar "a reapropriação social da natureza",[3] ou seja, a negação da apropriação privada da natureza realizada pelos capitalistas.

22. Essa sugestão de reapropriação social da natureza requererá, antes de tudo, ressignificar também a relação homem-natureza pela adoção do conceito de "produtividade biológica primária",[4] esta acrescida da criatividade e dos saberes populares na relação homem-natureza para a produção agropecuária e florestal, como fundamento para balizar a compreensão política do convívio e do aproveitamento social da natureza. Isso exigirá considerar a natureza como portadora de direitos, negando as imposições ideológicas e econômicas do capital de considerá-la apenas como mercadoria.

---

[3] Conforme sugestão de Carlos Walter Porto-Gonçalves. A reinterpretação do conceito original é de responsabilidade do autor deste texto.

[4] *Id.*

23. Se, sumariamente, consideramos o processo de reforma agrária e, portanto, de mudanças na estrutura agrária do país no sentido de:

- democratizar a posse e o uso da terra no Brasil através de procedimentos desapropriatórios dos latifúndios por extensão e por exploração e a reorganização (reconcentração) produtiva e comunitária das unidades de produção minifundiárias;
- e de estabelecer limites máximos de apropriação privada da terra diferenciados por nível regional e por biomas, numa contextualização mais ampla como a aqui sugerida.

Então essas mudanças fundiárias deverão ser concebidas como uma dimensão particular no âmbito de um movimento social, étnico, racial, de mulheres e ambientalista para uma "reapropriação social da natureza" ou para o exercício do poder popular sobre os territórios rurais.

24. Mais do que um espaço geográfico diferenciado pela relação homem-natureza, um território rural é, antes de tudo, uma unidade de poder político e social, amplo senso. Ora, a pretensão de uma reforma agrária é a de que a área reformada e seus entornos se constituam num território sob o poder popular.

25. Mas, para que essa pretensão se viabilize, é deveras indispensável que a área reformada tenha sido conquistada e/ou legitimada não apenas pelos trabalhadores rurais sem-terra, *lato sensu*, mas pela aliança política tática com os povos do seu entorno, de maneira que os denominados "assentados" se integrem na dinâmica mais ampla da reprodução social do campesinato, dos povos indígenas, dos extrativistas, dos quilombolas e respeitando os direitos das mulheres e da natureza.

26. Uma ressignificação da reforma agrária, além da sua compreensão na relação homem-natureza anteriormente aludida, pressuporá considerá-la como uma reforma agrária não capitalista, nem regida pela lógica da ordem burguesa.

27. Não é suficiente considerar que o campesinato, na sua ampla diversidade, é uma classe em construção. A luta pela terra, na terra e pela Terra como uma luta prolongada e plena de diversidades se faz como luta contra a apropriação privada da natureza pelo capital e exigirá mais do que a luta de classes do proletariado rural e do campesinato. Será, sim, um amplo espectro de iniciativas populares que incorporará, e por elas serão incorporadas, as lutas dos extrativistas, dos povos indígenas, dos quilombolas, das mulheres e dos ambientalistas.

28. Para tanto, será necessário reconquistar[5] e garantir pela ação dos camponeses, dos assalariados rurais, dos extrativistas, dos povos indígenas, dos quilombolas e dos trabalhadores rurais sem-terra, das mulheres e dos ambientalistas:

- os territórios rurais apropriados pelo capital, sejam para a produção agropecuária e florestal, para a mineração, para exploração comercial da água doce, do litoral, da biomassa, para a especulação etc.;

- os territórios dos povos tradicionais (indígenas, extrativistas e quilombolas);

- os territórios considerados de bem comum, como os biomas ainda não ou pouco diferenciados pela ação humana;

- a autonomia das mulheres pela ruptura do patriarcado;

- enfim, mas não finalmente, o poder popular sobre os territórios rurais no âmbito da reinvenção e da emancipação das multiterritorialidades[6] e a libertação mútua nas relações de gênero.

29. Os processos emancipatórios dos territórios rurais (mas não somente), entre eles a conquista da terra pelos trabalhadores rurais sem-terra, a regularização das áreas indígenas, das reservas

---

[5] Com o apoio das iniciativas populares urbanas.

[6] Cf. PORTO-GONÇALVES, Carlos Walter. *A reinvenção dos territórios: a experiência latino-americana e caribenha.* Rio de Janeiro, 1999 (texto em arquivo Word, 64 p., cedido pelo autor).

extrativistas, das terras dos quilombolas, das áreas de preservação ambiental, da água doce, entre tantos outros, deveriam ser percebidos como lutas pela Terra e como uma resultante das diversas ações conjugadas de afirmação dos povos rurais contra a apropriação privada da natureza pelo capital.

30. Uma concepção articulada de estratégia e tática de lutas sociais, de etnias, de raças, de mulheres e de ambientalistas que, ademais, incorporará as lutas contra a privação da ciência e da tecnologia, a apropriação privada dos saberes populares, a concentração e centralização das riquezas e tantas outras lutas necessárias para se superar o modo de produção capitalista.

31. A sugestão de uma ressignificação da reforma agrária presume que uma reforma agrária será limitada, corporativa e politicamente insuficiente se nela não estiver contemplada, enquanto consciência de luta social, a construção de um novo paradigma para o campo que considere (mesmo que em construção) o que sugerimos como a reapropriação social da natureza pelas classes populares do campo, principalmente, e também das cidades.

32. No entanto, alguns fatores (além daqueles apontados na seção "Pressupostos") têm contribuído para obstaculizar essa busca e construção de uma ressignificação da reforma agrária, contribuindo direta e indiretamente para que a estratégia popular contemporânea de reforma agrária permaneça como uma política pública de assentamentos pontuais e ocasionais. Esses fatores são:

- a suposição dominante (governamental e dos movimentos e organizações sociais e sindicais populares no campo) de que as novas unidades de produção nas áreas ditas reformadas não se constituem nem como unidades de produção familiares camponesas nem como territórios camponeses;

- a manutenção latente e subliminar da ideia de que tanto os camponeses como os povos tradicionais (indígenas, extrativistas e quilombolas) não são protagonistas de mudanças relevantes nas lutas sociais anticapitalistas e, portanto, desqualificados para fazerem parte de uma idealizada formação econômica e social de caráter socialista;

- o corporativismo que qualifica negativamente, pelo reducionismo burocrático, as ações políticas e a compreensão das ações de reforma agrária pelos movimentos e organizações sociais e sindicais populares do campo e da cidade;

- a maior parte dos recursos dos movimentos e organizações sociais e sindicais populares do campo é proveniente dos governos, provocando uma subalternidade relativa com os malefícios de toda e qualquer dependência de terceiros.

33. Para a ressignificação da reforma agrária tendo como paradigma a reapropriação social da natureza, é indispensável que sejam considerados o campesinato, os povos indígenas, os extrativistas e os quilombolas, juntamente com os assalariados rurais, como os principais protagonistas das lutas sociais anticapitalistas no campo.

34. A ausência de teorização sobre o campesinato, assim como a precariedade das concepções teóricas relacionadas com os extrativistas, os povos indígenas e os remanescentes de escravos, contribui para a insuficiente compreensão da reprodução social das classes sociais de cada uma dessas categorias, impossibilitando assim a controvérsia necessária e relativa a uma das questões contemporâneas fundamentais no campo: a de se considerar ou não a possibilidade efetiva de os camponeses, assim como os demais povos do campo, desenvolverem, a partir de seus referenciais não capitalistas, desde as suas forças produtivas até novas concepções de sociedade e de Estado.

35. Como a matriz ideológica preponderante nos movimentos e organizações sociais e sindicais populares com relação ao campo está historicamente marcada, por um lado, pela afirmação do modelo de produção e tecnológico capitalista e, por outro, pela negação subjetiva das possibilidades de os camponeses e os povos indígenas,

extrativistas e dos quilombolas produzirem saberes técnicos e formas eficientes de produção segundo seus próprios critérios, o convite político à adoção da agroecologia, da agricultura orgânica, do pastoreio racional, da agroindustrialização popular etc. e mesmo das várias formas de cooperação e de comunitarismo torna-se politicamente alienado, no sentido de se tornar proposição tecnológica negadora do modelo de produção e tecnologia dominante burguês porque é concebido e operacionalizado fora de uma concepção mais ampla de uma nova sociedade no campo (e, evidentemente, na sociedade como um todo).

36. A meu ver, essas incongruências políticas são consequência não apenas de desconhecimentos, mas, sobretudo, de um viés ideológico que resumo na expressão "condenação lógica política" do campesinato, dos extrativistas, dos povos indígenas e dos quilombolas a partir de concepções pouco afeitas à pluralidade étnica, social, econômica, política e cultural. Esses desencontros de interpretação do campo impedem que conceitos fundamentais como os da autonomia relativa e da acumulação camponesas sejam desenvolvidos e exercitados; que as possibilidades de outros referenciais, como o do "modo de bem viver" dos povos originários andinos, possam ser consideradas; e, mais do que tudo, que se encontrem caminhos para a negação, na práxis social, da ideologia política e economia burguesas.

37. Como uma das resultantes dessas incoerências e limitações está o corporativismo que se instalou nos movimentos e organizações sociais e sindicais populares no campo. Nestes, fala-se sobre a totalidade da luta social, mas persiste o reducionismo corporativista que limita as suas ações objetivas apenas às circunstâncias das "suas bases". Há diversas razões para tal, mesmo que sejam razões conservadoras. As articulações entre movimentos e organizações sociais e sindicais se efetivam na maior parte das vezes "pelo alto", no enfrentamento de questões importantes, mas no âmbito da ma-

cropolítica. Lá onde o poder popular poderia se estabelecer – nos territórios onde se dá a síntese da diversidade –, essas articulações e alianças vindas do alto perdem energia e/ou ficam prejudicadas pela precária legitimação pelas bases.

38. Mantida essa tendência corporativista, que é reforçada pela dependência dos recursos de fontes como as políticas públicas compensatórias e as ONGs de âmbito internacional, torna-se reduzida a possibilidade de aceitação, no âmbito de um diálogo para a controvérsia, das ideias sobre a ressignificação da reforma agrária a partir do referencial da reapropriação social da natureza que seja consciente e, ao mesmo tempo, uma negação da apropriação privada da natureza.

39. A catarse ou as catarses (Gramsci) pessoais que são indispensáveis, no nível da consciência, para a passagem do momento egoístico-passional (reino da necessidade) para o momento ético-político (reino da liberdade) com relação aos estigmas históricos provocados pela ideia dominante da necessária revolução burguesa no campo para que se alcancem condições objetivas e subjetivas a uma revolução socialista – ou, ao menos, para se conseguir supor que outros processos mais complexos possam ser contemplados – essa catarse exigirá um esforço ou uma consciência política que permita romper com os preconceitos e vieses por vezes instaurados no "que-pensar" e no "que-sentir" das pessoas, de maneira que possam considerar positivamente os camponeses na sua diversidade – os assalariados rurais, os extrativistas, os povos indígenas, os quilombolas – e, todos eles, perpassados pelas dimensões de gênero e meio ambiente, como protagonistas sociais das mudanças anticapitalistas no campo.

40. Não será suficiente a articulação política entre os movimentos e organizações sociais e sindicais populares do campo e da cidade para romper com a hegemonia capitalista e, em particular, alterar a estrutura fundiária do país se esses movimentos e organizações

não forem portadores de uma nova concepção de sociedade para o campo e, como sugestão, não contemplarem nas suas concepções a possibilidade de uma "reapropriação social da natureza" capaz não apenas de negar a apropriação privada da natureza pelo capital, mas de instaurar o poder popular para a reinvenção e emancipação das multiterritorialidades rurais.

PLATAFORMA POLÍTICA PARA A AGRICULTURA BRASILEIRA*

VIA CAMPESINA BRASIL

O atual modelo agrícola adotado no Brasil pelas forças do capital e das grandes empresas é prejudicial aos interesses do povo brasileiro. Ele transforma tudo em mercadoria: alimentos, bens da natureza (água, terra, biodiversidade, sementes etc.) e se organiza com o único objetivo do aumento do lucro das grandes empresas, das corporações transnacionais e dos bancos, que controlam a produção, os insumos, os preços e o mercado.

Nós precisamos urgentemente construir um novo modelo agrícola baseado em outras diretrizes e na busca constante de uma sociedade mais justa e igualitária, que produza suas necessidades em equilíbrio com o meio ambiente.

Por isso, faremos algumas considerações e convidamos o povo brasileiro a refletir e decidir qual é o modelo de agricultura que quer para o nosso país.

---

* Plataforma elaborada pela Via Campesina Brasil em maio de 2010. Uma versão desse texto foi publicada em janeiro de 2012 no *Caderno de debates n. 1 – Preparação para o VI Congresso Nacional do MST – 2013*, p. 36-38.

I – A NATUREZA DO ATUAL MODELO AGRÍCOLA

O atual modelo agrícola, chamado de agronegócio, tem como principais características:

1. Organizar a produção agrícola sob controle de uma aliança entre os grandes proprietários de terra e as empresas transnacionais que controlam produção, comércio, insumos, sementes e exploram os trabalhadores agrícolas.

2. Priorizar a produção na forma de monocultivos extensivos, em grande escala, que afetam o meio ambiente e exigem grandes quantidades de venenos, prejudicando a saúde e a qualidade dos alimentos. O Brasil consome mais de 1 bilhão de litros de veneno por ano, ocupando o posto de maior consumidor mundial!

3. Organizar o monocultivo florestal como o de eucalipto e pínus, que destroem o meio ambiente e a biodiversidade, estragam a terra, geram desemprego, com a produção destinada à exportação, dando lucro para as transnacionais e nos deixando a degradação social e ambiental.

4. Incentivar a ampliação da área de monocultivo de cana para produção de etanol para exportação, causando prejuízo ao meio ambiente, elevando o preço dos alimentos, concentrando a propriedade da terra e desnacionalizando o setor de açúcar e álcool.

5. Difundir o uso de sementes transgênicas, que destroem a biodiversidade e eliminam todas as nossas sementes nativas. As sementes transgênicas não conseguem conviver com outras variedades e contaminam as demais, resultando, em médio prazo, nas únicas sementes na natureza. Sua implantação visa apenas dar lucro para as empresas transnacionais, que cobram *royalties* e vendem seus venenos combinados com aquelas sementes transgênicas.

***

Diante da gravidade da situação, denunciamos à sociedade brasileira:

1. O modelo do agronegócio protege o uso do trabalho escravo, a exploração do trabalho infantil e a exploração dos assalariados rurais, sem garantir direitos trabalhistas, previdenciários e condições mínimas de transporte e de vida nas fazendas em que são contratados. Por isso a bancada ruralista nunca quis votar o projeto que penaliza fazendas com trabalho escravo, já aprovado no Senado.

2. O Projeto de Lei n. 313/2008, do senador Sérgio Zambiasi (PTB-RS), que institui o Estatuto de Fronteira, que pretende diminuir a proibição de propriedades estrangeiras na faixa de fronteira de todo o país, permitindo a regularização da situação ilegal das terras de empresas estrangeiras como as da Stora Enso e da seita Moon.

3. O incentivo ao desmatamento da floresta amazônica e a destruição dos babaçuais através da expansão da pecuária, soja, eucalipto, cana e da produção para exportação de madeira e minérios. Somos contra a Lei de Gestão de Florestas Públicas n. 11.284/2006 (LGFP), que autoriza a exploração privada das florestas. Somos contra a Lei de Regularização Fundiária n. 11.952, sancionada em junho de 2009, conversão da Medida Provisória 458, que legaliza a grilagem, regularizando as áreas públicas invadidas na Amazônia até 1.500 ha por pessoa (antes era permitido legalizar apenas até 100 ha). Somos contra o Projeto de Lei n. 6.424/2005, do senador Flexa Ribeiro (PSDB-PA), que reduz a reserva florestal na Amazônia em cada propriedade de 80% para 50%.

4. As características das obras de transposição do rio São Francisco, que visa apenas beneficiar o agronegócio, o hidronegócio, a produção para exportação e a expansão da cana na região Nordeste, não atendendo às necessidades dos milhões de camponeses que vivem no semiárido.

5. A crescente privatização da água por empresas sobretudo estrangeiras, como Nestlé, Coca-Cola, Suez etc.

6. O atual modelo energético, porque prioriza as grandes hidrelétricas, principalmente na Amazônia, e transforma a energia em mercadoria. Privatiza, destrói e polui o meio ambiente, aumenta cada vez mais as tarifas da energia elétrica para o povo brasileiro, privilegia os grandes consumidores eletrointensivos e entrega o controle da energia às grandes corporações multinacionais, colocando em risco a soberania nacional.

7. As tentativas de modificação do atual Código Florestal, proposto pela bancada ruralista a serviço do agronegócio, que autorizam o desmatamento de áreas, buscando apenas o lucro fácil.

8. As articulações entre empresas transnacionais, falsas entidades ambientalistas e alguns governos do hemisfério Norte que querem transformar o meio ambiente em simples mercadoria, introduzindo títulos de créditos de carbono negociáveis nas bolsas, isentando as empresas poluidoras do norte e gerando oportunidades de lucro para empresas do sul, enquanto as agressões feitas ao meio ambiente pelo capital seguem livremente.

9. As políticas que privatizam o direito de pesca, prejudicam o equilíbrio ambiental dos rios e mares e inviabilizam a pesca artesanal, da qual dependem milhões de brasileiros.

II – PROPOMOS UM NOVO PROGRAMA PARA A AGRICULTURA BRASILEIRA

Um programa baseado nas seguintes diretrizes:

1. Implementar um programa agrícola e hídrico que priorize a soberania alimentar de nosso país, com estímulo à produção de alimentos sadios, à diversificação da agricultura, à reforma agrária com ampla democratização da propriedade da terra, à distribuição de renda e à fixação das pessoas no meio rural brasileiro.

2. Impedir a concentração da propriedade privada da terra, das florestas e da água, e fazer uma ampla distribuição das maiores fa-

zendas, instituindo um limite de tamanho máximo da propriedade de bens da natureza.

3. Assegurar que a agricultura brasileira seja controlada pelos brasileiros e tenha como base a produção de alimentos sadios e a organização de agroindústrias na forma de cooperativas em todos os municípios do país.

4. Incentivar a produção diversificada, na forma de policultura, priorizando a produção camponesa.

5. Adotar técnicas de produção que busquem o aumento da produtividade do trabalho e da terra, respeitando o meio ambiente e a agroecologia, combatendo o uso de agrotóxicos, que contaminam os alimentos e a natureza.

6. Adotar a produção de celulose em pequenas unidades, sem monocultivo extensivo, buscando atender às necessidades brasileiras, em escalas agroindustriais menores, como ocorre nos países nórdicos.

7. Defender a "política de desmatamento zero", na Amazônia e no cerrado, preservando a riqueza e usando os recursos naturais de forma adequada e em favor do povo que vive nessas regiões. Defender o direito coletivo de exploração dos babaçuais.

8. Preservar, difundir e multiplicar as sementes nativas e melhoradas, de acordo com nosso clima e biomas, para que todos os agricultores tenham acesso a elas.

9. Penalizar rigorosamente todas as empresas e os fazendeiros que desmatam e poluem o meio ambiente.

10. Implementar as medidas propostas pela Agência Nacional de Águas (*Atlas do Nordeste*), que prevê obras e investimentos em cada município do semiárido que, com menor custo, resolveriam o problema de água de todos os camponeses e da população residente na região.

11. Assegurar que a água, que é um bem da natureza, seja um direito de todo cidadão. Não pode ser uma mercadoria e deve ser

gerenciada como um bem público, acessível a todos e todas. Defendemos um programa de preservação de nossos aquíferos, como as nascentes das três principais bacias que nascem no cerrado, o aquífero Guarani e a mais recente descoberta: o aquífero Alter do chão, na região amazônica.

12. Implementar um novo projeto energético popular para o país, baseado na soberania energética, e garantir o controle da energia e de suas fontes a serviço do povo brasileiro. Assegurar que planejamento, produção, distribuição da energia e de suas fontes estejam sob controle do povo brasileiro. Também, estimular todas as múltiplas formas de fontes de energia, com prioridade para as potencialidades locais e de uso popular. Exigir a imediata revisão das atuais tarifas de energia elétrica cobradas à população, garantindo o acesso de todos a preços compatíveis com a renda da população.

13. Regularizar todas as terras quilombolas do país.

14. Proibir a aquisição de terras brasileiras, acima do módulo familiar, por empresas transnacionais e "seus laranjas".

15. Demarcar imediatamente todas as áreas indígenas e promover a retirada de todos os fazendeiros invasores, em especial nas áreas dos guaranis, no Mato Grosso do Sul.

16. Promover a defesa de políticas públicas para a agricultura, por meio do Estado, que garantam:

- prioridade para a produção de alimentos para o mercado interno;
- preços rentáveis aos pequenos agricultores, garantindo a compra pela Conab;
- estabelecimento de uma nova política de crédito rural, em especial para investimento nos pequenos e médios estabelecimentos agrícolas;
- que a política de pesquisa da Embrapa seja definida a partir das necessidades dos camponeses e da produção de alimentos;

- adequação da legislação sanitária da produção agroindustrial às condições da agricultura camponesa e das pequenas agroindústrias, ampliando as possibilidades de produção de alimentos;

- que as políticas públicas para a agricultura estejam direcionadas e adequadas às realidades regionais.

17. Garantir a manutenção do caráter público, universal, solidário e redistributivista da seguridade social no Brasil, como garantia a todos os trabalhadores e trabalhadoras da agricultura. Garantir o orçamento para a Previdência Social e a ampliação dos direitos sociais a todos os trabalhadores e trabalhadoras, como os que estão na informalidade e os domésticos.

18. Rever o atual modelo de transporte individual e desenvolver um programa nacional de transporte coletivo que priorize os sistemas ferroviário, metroviário, hidroviário, que usam menos energia, são menos poluentes e mais acessíveis a toda a população.

19. Assegurar a educação no campo, implementando um amplo programa de escolarização no meio rural, adequado à realidade de cada região, que busque elevar o nível de consciência social dos camponeses, universalizar o acesso dos jovens a todos os níveis de escolarização e, em especial, aos ensinos médio e superior. Desenvolver uma campanha massiva de alfabetização de todos os adultos.

20. Mudar os acordos internacionais da Organização Mundial do Comércio (OMC), União Europeia-Mercosul, convenções e conferências no âmbito das Nações Unidas que defendem apenas os interesses do capital internacional, do livre comércio, em detrimento dos camponeses e dos interesses dos povos do sul.

21. Aprovar a lei que determina a expropriação de toda fazenda com trabalho escravo. Impor pesadas multas às fazendas que não respeitam as leis trabalhistas e previdenciárias. Revogar a lei que possibilita contratação temporária de assalariados rurais sem carteira assinada.

Por trabalho, alimento sadio, um novo modelo agrícola e soberania nacional!

Associação Brasileira de Estudantes de
Engenharia Florestal (Abeef)
Conselho Indigenista Missionário (Cimi)
Comissão Pastoral da Terra (CPT)
Federação dos Estudantes de Agronomia do Brasil (Feab)
Movimento dos Atingidos por Barragens (MAB)
Movimento dos Pequenos Agricultores (MPA)
Movimento das Mulheres Camponesas (MMC)
Movimento dos Trabalhadores Rurais Sem Terra (MST)
Pastoral da Juventude Rural (PJR)
Movimento dos Pescadores e Pescadoras do Brasil

PROPOSTA DE REFORMA AGRÁRIA POPULAR DO MST*

MOVIMENTO DOS TRABALHADORES RURAIS SEM-TERRA – MST

I – OBJETIVOS

Essa proposta de reforma agrária reflete parte dos anseios da classe trabalhadora brasileira para construir uma nova sociedade igualitária, solidária, humanista e ecologicamente sustentável. Desta forma, as propostas de medidas necessárias devem fazer parte de um amplo processo de mudanças na sociedade e, fundamentalmente, da alteração da atual estrutura de organização da produção e da relação do ser humano com a natureza, de modo que todo o processo de organização e desenvolvimento da produção no campo aponte para a superação da exploração, da dominação política, da alienação ideológica e da destruição da natureza. Isso significa valorizar e garantir trabalho a todas as pessoas como condição à emancipação humana e à construção da dignidade e da igualdade entre todos e

* Síntese das resoluções aprovadas no V Congresso Nacional do MST, realizado em 2007, e complementadas com proposições feitas principalmente pelo setor de produção nacional. Publicada originalmente em janeiro de 2012 no *Caderno de debates n. 1 – Preparação para o VI Congresso Nacional do MST – 2013*, p. 39-48.

no estabelecimento de relações harmônicas do ser humano com a natureza. A reforma agrária tem por objetivos gerais:

a) eliminar a pobreza no campo;

b) combater a desigualdade social, todas as formas de exploração dos camponeses e camponesas e a degradação da natureza, que têm suas raízes na concentração da propriedade e da produção no campo;

c) garantir trabalho e educação para todas as pessoas que vivem no campo, combinando com distribuição de renda;

d) garantir a soberania alimentar de toda a população brasileira, produzindo os alimentos necessários com qualidade e desenvolvendo os mercados locais;

e) garantir a participação igualitária das mulheres que vivem no campo em todas as atividades, em especial no acesso à terra, na produção e gestão, buscando superar a opressão histórica imposta a elas;

f) preservar a biodiversidade vegetal, animal e cultural de cada região do Brasil, geradora de nossos distintos biomas;

g) garantir condições de melhoria de vida para todas as pessoas e oportunidades iguais de trabalho, renda, educação, moradia e lazer, estimulando a permanência no campo, em especial da juventude.

II – AS MUDANÇAS NECESSÁRIAS

1. A terra

A terra e os bens da natureza são, acima de tudo, um patrimônio dos povos que habitam cada território, e que deve estar a serviço do desenvolvimento da humanidade. É necessário democratizar o acesso à terra, aos bens da natureza e aos meios de produção na agricultura a todos que querem dela viver e nela trabalhar. A propriedade, a posse e o uso da terra e dos bens da natureza devem estar subordinados aos interesses do povo brasileiro para atender as necessidades de toda a população.

Medidas fundamentais

1.1. Estabelecer um tamanho máximo da propriedade rural para cada família de agricultor, somados todos os imóveis que houver no país, estabelecido por região (por exemplo, fixar em 35 módulos fiscais que representam uma média nacional de mil hectares). Desapropriar todas as fazendas acima desse módulo, independentemente do nível de produção e de produtividade.

1.2. Garantir acesso à terra a todas as famílias que quiserem nela morar e trabalhar.

1.3. Desapropriar todas as propriedades rurais de empresas estrangeiras, bancos, indústrias, comércio, empresas construtoras e igrejas, que não têm na agricultura sua atividade principal.

1.4. Desapropriar as grandes propriedades que não cumprem com a função social. A função social é determinada pela necessidade de produzir de acordo com o potencial da região, com respeito ao meio ambiente e às leis trabalhistas. O valor pago na desapropriação deve ser equivalente àquele declarado para efeito de pagamento de impostos, descontando-se os prejuízos ambientais que houver, as dívidas de impostos e em bancos públicos.

1.5. Expropriar, sem nenhum pagamento, todas as fazendas onde há trabalho escravo, trabalho não pago, contrabando ou cultivo de psicotrópicos.

Medidas complementares

1.6. Demarcar como propriedade coletiva todas as terras indígenas, áreas de quilombolas e terras de uso coletivo como faxinais, manguezais, pastos e serras, de acordo com a tradição de cada região.

1.7. Priorizar para a reforma agrária a desapropriação de terras agricultáveis, de boa fertilidade e próximas às cidades, viabilizando, de forma mais fácil e barata, o abastecimento e a infraestrutura econômica e social.

1.8. Dar o título de concessão de uso com direito a herança a todos os camponeses e camponesas que vivem hoje como posseiros.

1.9. Garantir que as riquezas naturais, que são patrimônio de toda a sociedade, sejam administradas pelo Estado, para que beneficiem todo o povo brasileiro. As riquezas naturais não poderão ser objeto de exploração lucrativa. Serão proibidas a exportação de madeira e a prática da biopirataria em todo território nacional, em especial na Amazônia.

1.10. Proibir o arrendamento e a cobrança de renda da terra por qualquer proprietário.

1.11. Assegurar que nenhum beneficiário da reforma agrária, da colonização ou regularização de posse possa vender a terra. A titulação será como concessão de uso, com direito a herança, desde que os herdeiros e herdeiras morem no lote. A infração de venda de lotes da reforma agrária será punida com exclusão do comprador ou compradora e do vendedor ou vendedora.

1.12. Cadastrar todas as terras públicas estaduais e federais. Recuperar todas as terras que foram griladas, destinando-as à reforma agrária, sem indenização aos grileiros.

1.13. Aplicar um sistema de imposto territorial rural progressivo, de acordo com tamanho e produtividade, para coibir a concentração da propriedade e arrecadar recursos para a reforma agrária.

2. Água: um bem da natureza para todos

Medidas

2.1. A posse e o uso da água deverão estar subordinados aos interesses de todo o povo. Será proibida a propriedade privada da água, seja para consumo humano, agricultura, comércio ou indústria. Serão considerados de domínio público todos os reservatórios de água e atuais barragens. O Estado deverá ter uma política de proteção especial ao aquífero Guarani, às nascentes do cerrado que formam as três maiores bacias hidrográficas do país e ao bioma do Pantanal.

2.2. O abastecimento de água potável em todas as comunidades rurais e nas cidades é dever do Estado e deve ser organizado por empresas públicas.

2.3. O Estado deve garantir ao pequeno agricultor condições de recursos subsidiados para o acesso e uso adequado das águas, para proteção e manejo das fontes e mananciais e o reflorestamento com árvores nativas das margens de córregos e rios.

2.4. O Estado deve conscientizar e realizar um plano de educação ambiental massivo para proteção das águas. E deve fiscalizar e punir rigorosamente todas as pessoas e empresas que poluem as águas e o lençol freático ou a usem de forma inadequada.

3. A organização da produção no campo brasileiro

Medidas fundamentais

3.1. Orientar a produção agrícola com prioridade absoluta para a produção de alimentos saudáveis a todo o povo brasileiro, garantindo o princípio da soberania alimentar.

3.2. Organizar a produção com base em todas as formas de cooperação agrícola, como mutirões, formas tradicionais de organização comunitária, associações, cooperativas, empresas públicas e cooperativas de prestação de serviços.

3.3. Organizar agroindústrias próximas ao local de produção agrícola, na forma de cooperativas, sob controle dos agricultores e agricultoras e dos trabalhadores e trabalhadoras da agroindústria.

3.4. Romper com a monocultura e promover uma agricultura diversificada, sustentada em bases agroecológicas, sem agrotóxicos e transgênicos, gerando alimentos saudáveis. O novo modelo produtivo deve gerar uma nova base alimentar com novas formas de consumo, equilibrada, de acordo com o ecossistema local e culturalmente adequada.

Medidas complementares

3.5. Trabalhadores e trabalhadoras assalariados de empresas agrícolas e agroindústrias deverão se organizar em cooperativas, associações, conselhos, comitês, movimentos, de acordo com sua experiência, tradição e realidade local. E, através da organização popular, deverão participar da gestão, receber por sua produção e ter garantidos seus direitos sociais.

3.6. Será proibida a atuação de empresas estrangeiras no controle da produção de alimentos e no comércio de sementes.

3.7. O desenvolvimento da biotecnologia visará o aumento da produtividade do trabalho, das plantas e animais, preservando o meio ambiente, a saúde dos agricultores e do consumidor. Não poderão ser usadas sementes e plantas transgênicas e técnicas de esterilização como a do *terminator*.

3.8. Estimular a realização de feiras permanentes de produtos agroecológicos (orgânicos) em todos os municípios do país. O Estado deve garantir a compra de todos os produtos dos assentamentos e das comunidades camponesas, podendo utilizá-los para abastecimento de hospitais, escolas e outras instituições públicas, de assistência social e programas de abastecimento alimentar.

4. Um novo modelo tecnológico

A reorganização da produção agrícola brasileira deve vir acompanhada por um novo sistema de planejamento e tecnologias orientadas pelo enfoque ecológico e participativo, adequando-se à reforma agrária, às unidades camponesas de produção, buscando aumento da produtividade em equilíbrio com o meio ambiente.

Medidas

4.1. Desenvolver programas massivos de formação em agroecologia em todos os níveis, desde o ensino fundamental até a universidade, para atender a juventude do campo e os camponeses e camponesas de todas as regiões do país. Organizar campos de experimentação e troca de experiências agroecológicas entre agricultores e agricultoras em todas as regiões do país. Apoiar a consolidação das escolas técnicas de formação em agroecologia, bem como a criação de novas escolas de nível médio e universitário e o acesso a outros níveis de especialização nesta área do conhecimento, como: agronomia, veterinária, biologia, engenharia florestal etc. Estimular a produção, a distribuição e o controle das sementes, bem como a diversidade genética vegetal e animal por parte dos próprios agricultores e agricultoras.

4.2. Desenvolver um programa de fomento, disseminação, multiplicação e massificação da agroecologia, implementando:

- pesquisa participativa: com a geração de tecnologias apropriadas às distintas realidades locais e regionais, com protagonismo dos camponeses e camponesas;

- intercâmbio entre agricultores e agricultoras: incentivar e criar as condições para intercâmbios e trocas de experiências massivas, reconhecendo e valorizando as iniciativas locais e o acúmulo de conhecimento;

- programa popular de agrobiodiversidade: criar programas de fomento, capacitação, assessoria tecnológica e infraestrutura que viabilizem o manejo agroecológico da agrobiodiversidade, fomentando centros de sementes e mudas, unidades de reprodução animal e o melhoramento genético;

- programa florestal: criar sistemas de incentivo para a preservação e ampliação das áreas de cobertura florestal de espécies nativas, com plantações e manejos sustentáveis. E com a remuneração, pelo governo, dos serviços ambientais prestados pelas famílias camponesas;

- criar um organismo público de certificação, controle e fiscalização de todos os produtos alimentícios agroecológicos.

4.3. Não haverá propriedade privada intelectual e patentes de variedades, sementes, animais, recursos naturais ou sistemas de produção.

4.4. Desenvolver pesquisas e tecnologias agroecológicas adequadas aos agroecossistemas e que promovam a sustentabilidade cultural, social, econômica e ambiental.

4.5. A pesquisa agrícola, os serviços de assessoria tecnológica e de educação do campo deverão ser públicos, gratuitos, garantidos pelo Estado a todos os agricultores e agricultoras. Deverão estar voltados às prioridades da reforma agrária, da soberania alimentar e para a implementação desse novo modelo agroecológico. As universidades públicas devem adequar suas pesquisas a essa integração com as necessidades dos agricultores e agricultoras.

4.6. A produção de máquinas e equipamentos agrícolas deve ser adequada à agricultura camponesa, com base na realidade regional e na produção desenvolvida.

4.7. Desenvolver um programa nacional de apoio ao reflorestamento, com árvores nativas e frutíferas, nas áreas de assentamentos, da agricultura camponesa e áreas degradadas pelo agronegócio.

5. Manejo sustentável da água e irrigação

A agricultura brasileira enfrenta cada vez mais, em quase todas as regiões, dificuldades relacionadas com a instabilidade do clima. Essa instabilidade afeta a produtividade, inviabiliza a produção e a renda dos pequenos agricultores. Por outro lado, o modelo do agronegócio em vigor usa as águas de forma predatória e irresponsável. É necessário combinar a democratização da terra e a reorganização da produção agrícola com os meios necessários para garantir o acesso e o manejo sustentável da água, orientando sua conservação e uso no abastecimento humano e na produção.

Medidas

5.1. Implementar um amplo programa de manejo sustentado da água que viabilize a sua conservação natural e a infraestrutura de captação e uso sustentável, como: sistemas de coleta, armazenamento e distribuição de água da chuva – cisternas, barragens subterrâneas, barreiros, açudes, represas; reaproveitamento da água em ambientes domiciliares e da produção; organização do saneamento com coleta e tratamento da água e dos dejetos humanos e dos animais; sistemas de distribuição de água nas atividades pecuárias e de irrigação agrícola; uso de linhas de crédito específicas, com subsídio no investimento de infraestrutura de coleta, tratamento e armazenagem da água; uso adequado dos equipamentos de distribuição, combinado com capacitação técnica e ambiental a todos os agricultores.

5.2. Garantir a todas as famílias assentadas e aos pequenos agricultores e agricultoras recursos de investimentos coletivos para a captação e distribuição da água e, em especial, projetos de irrigação destinados à produção de alimentos.

5.3. Implementar um programa de irrigação com preços adequados de energia e com estímulo ao desenvolvimento do uso de energias alternativas. Desenvolver programas educativos com as populações do campo para melhorar o uso e manejo das águas na agricultura.

6. Política agrícola pública

Medidas

6.1. O Estado deve usar todos os instrumentos de política agrícola, como garantia de preços rentáveis para o agricultor e a agricultora, crédito rural, seguro rural, assistência tecnológica, armazenagem e fomento à transição e consolidação da produção agroecológica.

6.2. O Estado garantirá financiamento para que as comunidades do meio rural desenvolvam programas coletivos de autonomia energética, através de usinas de biodiesel, de óleo vegetal combustível e outras fontes alternativas, como de energia solar, hídrica e eólica.

6.3. O Estado deverá garantir condições para que todos os pequenos agricultores e agricultoras tenham acesso aos meios de produção necessários, como máquinas, equipamentos, insumos, agroindústria; e, se for preciso, instalar fábricas de empresas estatais no interior.

6.4. Programa especial de crédito para a reforma agrária:

- criar um programa especial de crédito rural, através da rede de bancos públicos, destinado às famílias assentadas e aos pequenos agricultores e pequenas agricultoras, de forma desburocratizada e acessível;

- destinar recursos suficientes, priorizando investimentos que reestruturem e ampliem a produção. Destinar recursos subsidiados para a implantação de agroindústrias, sistemas de irrigação e outras indústrias necessárias para a agricultura;

- desenvolver uma metodologia participativa, em que o sistema financeiro público vá até os pequenos agricultores e agricultoras de forma desburocratizada e estimulando formas cooperadas, combatendo oportunismos e desvios. Combinar o uso de recursos de crédito com garantia de compra da produção.

7. A educação no campo

O acesso à educação, tanto no sentido da escolarização ampla quanto no de bens e valores culturais, é condição necessária para a reforma agrária e para a democratização de nossa sociedade. A educação que queremos vai além da escola e está vinculada a um novo projeto de desenvolvimento econômico, social e ecológico para o campo, tendo como sujeitos as próprias pessoas que vivem nas comunidades.

Medidas

7.1. A educação é um direito fundamental de todas as pessoas. A universalização do acesso à educação escolar com qualidade, em todos os níveis e modalidades, deve ser garantida através de escolas públicas e gratuitas. É dever do Estado assegurar esse direito a todas as pessoas que vivem no campo, nos assentamentos e nos acampamentos.

7.2. Construção de escolas de qualidade nas comunidades rurais e agrovilas dos assentamentos para as famílias camponesas não precisarem sair de onde vivem em busca de educação.

7.3. Realizar uma campanha nacional para alfabetizar todos os jovens e adultos das áreas de reforma agrária e das comunidades rurais, bem como estimulá-los a prosseguir em seu processo de escolarização.

7.4. Realizar um programa especial para garantir o acesso de jovens e adultos das áreas de reforma agrária e comunidades rurais à educação profissional de nível médio e à educação superior, adequando cursos e formas de acesso à sua permanência no campo.

7.5. Garantir a formação em licenciatura de educadores e educadoras nas universidades públicas, para atuação nas escolas das áreas de reforma agrária, através de políticas específicas e massivas de formação continuada e de alternância, de escolarização de nível médio e superior.

7.6. Todas as escolas dos assentamentos e das comunidades rurais devem ter infraestrutura básica de qualidade que inclua: biblioteca, videoteca, laboratórios (de informática, química, física e biologia), projetos culturais em torno da literatura, da música, da arte, do teatro, do artesanato e espaço para atividades comunitárias. Deve ser garantida também uma área para práticas de produção agroecológica em hortas e pomares.

7.7. Viabilizar a elaboração de novos materiais didáticos e pedagógicos que contemplem a realidade da produção agrícola, os princípios agroecológicos, a cultura do campo, as diferenças regionais, de gênero, de etnia e religião para distribuir a educadores e educadoras e a educandos e educandas de todas as escolas.

7.8. Os educadores e educadoras das escolas de assentamentos e comunidades podem e devem ser indicados pelos movimentos sociais e pelas famílias da comunidade, respeitando os critérios de qualificação necessária e estimulando a residência no local.

7.9. As escolas de assentamentos e comunidades devem ter uma gestão democrática com a participação da comunidade, de educadores e educandos. Devem ter autonomia na construção do projeto político pedagógico adequado à realidade local.

8. A industrialização

O programa de reforma agrária deverá ser um instrumento para levar a industrialização ao interior do país, promovendo um desenvolvimento equilibrado entre as regiões, gerando mais empregos no interior e criando oportunidades de trabalho e renda para a juventude e para as mulheres. O processo de desenvolvimento deve eliminar as desigualdades socioeconômicas existentes entre a vida no campo e na cidade.

Medidas

8.1. Instalar agroindústrias nos municípios do interior, buscando o aproveitamento de todos os produtos agrícolas para gerar mais empregos, aumentar a renda e criar alternativas para o crescimento da riqueza em todas as regiões do país, combatendo desse modo a migração e o êxodo rural. Onde não haja condições econômicas suficientes por parte das famílias de agricultores, o Estado deve tomar a iniciativa e realizar parcerias com as organizações dos trabalhadores e trabalhadoras para viabilizar a instalação das agroindústrias.

8.2. A produção industrializada deverá ser comercializada prioritariamente nas respectivas regiões, descentralizando o consumo e combinando compras governamentais para as necessidades públicas, como merenda escolar, para presídios etc.

8.3. As indústrias vinculadas à agricultura que produzem insumos e máquinas devem ser instaladas no interior.

8.4. As plantas agroindustriais e seus processos e tecnologias de produção deverão estar orientados por padrões e normas ecologicamente sustentáveis.

8.5. Adequar a legislação e as normas de funcionamento das agroindústrias às características e condições do campo e dos assentamentos, estimulando seu funcionamento sem prejuízo da qualidade dos alimentos.

9. O desenvolvimento da infraestrutura social

O programa de reforma agrária para um novo projeto de agricultura popular deverá ser acompanhado por um amplo programa social por parte do Estado, que garanta a toda população do campo as mesmas oportunidades de todos os brasileiros e brasileiras. E esse projeto deve buscar em todos os aspectos a geração de oportunidades iguais para a juventude e as mulheres que vivem no campo.

Medidas

9.1. Desenvolver um amplo programa de construção e melhoria de moradias no meio rural, conjugado ao acesso a energia elétrica de fontes renováveis e alternativas, água potável, transporte público e informática em todas as comunidades rurais. Orientar para que as moradias sejam aglutinadas em povoados, comunidades, núcleos de moradias ou agrovilas, de acordo com sua cultura, para facilitar o fornecimento desses serviços.

9.2. Desenvolver um programa de democratização dos meios de comunicação de massa para que as comunidades possam ter suas rádios comunitárias e acesso a programas de TV comunitária. As televisões comerciais devem respeitar normas de valorização e respeito à cultura de quem vive no campo, sem preconceitos ou desprezo.

9.3. Desenvolver programas de valorização da cultura do povo de cada região. Incentivar a prática de esportes em todas as modalidades – educação física, atividades de expressão corporal –, em especial para crianças, jovens e pessoas da terceira idade.

9.4. Desenvolver programas especiais que representem geração de renda para mulheres do campo. Construir estruturas sociais coletivas, como cirandas infantis, refeitórios e lavanderias coletivas, para viabilizar a participação das mulheres em igualdade de condições em todas as atividades.

9.5. Implementar em todas as áreas de reforma agrária e comunidades rurais uma política de atenção integral e preventiva de saúde, por meio de serviços e ações do Sistema Único de Saúde (SUS), do Programa Saúde da Família (PSF), garantindo a infraestrutura necessária e o atendimento com agentes de saúde e multiprofissionais qualificados.

9.6. Implementar uma política permanente de educação ambiental, sanitária, alimentar, epidemiológica e toxicológica. E de capacitação de agentes populares de saúde, selecionados entre os moradores e moradoras das comunidades.

9.7. O Estado deve proibir o patenteamento de nossas plantas medicinais por empresas e, ao mesmo tempo, estimular o seu cultivo em todas as comunidades, combinando uma política de fitoterápicos e de uso de terapias tradicionais às ações e serviços do SUS, valorizando o saber e a cultura popular.

9.8. Organizar sistemas de residência agrária nos assentamentos e comunidades, com estágio remunerado a formandos e formandas, egressos de universidades públicas, de várias áreas de conhecimento (ciências agrárias, saúde e educação), como condição para obtenção do diploma.

10. A estrutura administrativa do Estado

Para a realização desse programa de reforma agrária, deve-se implementar mudanças imediatas na forma de funcionamento das instituições públicas que atuam na agricultura e em todos os Ministérios relacionados com os serviços públicos para o meio rural.

Medidas

10.1. Reestruturação e fortalecimento do Incra como instrumento público para reorganização da propriedade da terra no Brasil, adequando portarias, contratando funcionários e funcionárias e agilizando seus procedimentos administrativos. E vinculando-o diretamente à presidência da República.

10.2. Reestruturação da Conab, transformando-a numa empresa pública da agricultura popular, tendo como papel a garantia de preços, o abastecimento dos mercados locais e regionais de alimentos e a compra de todos os produtos da agricultura reformada. Instalação de agroindústrias nos assentamentos. Garantia de fornecimento de insumos necessários à reforma agrária.

10.3. Criação de uma instituição pública que tenha como função garantir a assessoria tecnológica, pública e gratuita, coordenando a metodologia e os programas de fomento e a capacitação geral dos agricultores e agricultoras para o novo modelo. Esse instituto atuará em coordenação com outros organismos públicos de pesquisa (Embrapa e empresas estaduais) e assessoria tecnológica para atender melhor os seus objetivos. E terá a participação das organizações dos trabalhadores e trabalhadoras em todas suas atividades. A Embrapa deve adequar suas linhas de pesquisa, priorizando as necessidades desse programa.

10.4. Realizar uma ampla revisão e adequação da legislação necessária, seja de leis nacionais, portarias e normas, para implementar esse programa de reorganização da agricultura brasileira. Essa legislação deve ser readequada de acordo com as necessidades de cada setor de atividade e área de atuação da reforma agrária – desde tributação, ordenamento fundiário, agroindústrias e meio ambiente.

10.5. Realizar um amplo programa de capacitação e conscientização dos servidores e servidoras públicos que atuarão nos diversos órgãos públicos relacionados com a reforma agrária para que compreendam sua natureza e atuem em parceria com os camponeses e camponesas.

III – CONDIÇÕES NECESSÁRIAS PARA IMPLANTAÇÃO DO PROGRAMA POPULAR DE AGRICULTURA

As propostas de mudanças no campo aqui defendidas, que atendem aos interesses da população brasileira, dependem de um processo de luta permanente do povo, no campo e nas cidades, para conseguir acumular força suficiente para impor essas mudanças. Mudanças que as classes dominantes, os latifundiários e empresas transnacionais jamais aceitarão, pois eliminaria seus mecanismos de exploração e acumulação. Para que se possa viabilizar esse programa e torná-lo realidade, dependemos de dois fatores básicos:

1. Mobilização popular: o povo deve ser o sujeito de todo o processo de mudanças no campo. E as mudanças somente acontecerão com a pressão popular. Somente a construção de um amplo movimento popular, que reúna os milhões de trabalhadores e trabalhadoras interessados nas mudanças na sociedade, poderá alterar a atual correlação de forças e viabilizar essas mudanças necessárias.

Para isso, é necessário organizar, massificar e ampliar a participação popular nas lutas e mobilizações de forma permanente. As mudanças necessárias somente serão realizáveis com ampla participação popular, antes e durante a aplicação do programa.

A necessidade de uma ampla reestruturação da propriedade e da produção agrária é um debate que deve ser levado a todas as escolas, aos meios de comunicação e demais espaços de discussão para conscientizar toda a sociedade brasileira de sua importância e dos seus benefícios para todo o povo.

As conquistas atuais de assentamentos, associações, cooperativas e organizações sociais fazem parte desse processo de mobilização e acúmulo de forças para a realização de uma verdadeira reforma agrária. E, em cada um deles, devemos, desde logo, ir aplicando essas propostas.

2. Ação do Estado democrático e popular: essas mudanças dependem necessariamente de que o Estado e todos os poderes nele representados – Executivo, Legislativo e Judiciário – sejam o instrumento fundamental de execução dessas medidas.

O Estado deve mudar sua natureza atual. Deverá ser gerido democraticamente, com ampla participação das massas e buscando sempre o bem comum. Deverá haver um novo nível de colaboração e complementaridade entre os governos federal, estadual e municipal na gestão das instituições públicas para viabilizar as mudanças necessárias.

REFLEXÕES ESPARSAS SOBRE A QUESTÃO AGRÁRIA E A DEMANDA POR TERRA NO SÉCULO XXI

SÉRGIO SAUER*

No meio intelectual, acadêmico ou mesmo político, é muito comum ouvir afirmações, frequentemente muito bem elaboradas, referentes à superação histórica do debate sobre a questão agrária no Brasil. Essa superação é posta tanto em relação aos mecanismos que poderiam ser utilizados para superar a terra como empecilho ao desenvolvimento do capital como também em relação aos camponeses e a todos os sujeitos sociais emergentes ou ressurgentes do campo. Em outros termos, as questões agrária e camponesa, e a "solução clássica", a reforma agrária via redistribuição da propriedade fundiária, como forma de suplantar esse empecilho, se tornam extemporâneas e fora de lugar.

Lutas e embates sociais, especialmente mobilizações e reivindicações de acesso à terra por famílias sem-terra (Fernandes, 2008), mas também demandas e resistências de outros grupos sociais do campo, oficialmente denominados comunidades tradicionais

---

* Professor da Universidade de Brasília. Mestre em Filosofia da Religião pela School of Mission and Theology – Faculty of Arts/University of Bergen, Noruega, e doutor em Sociologia pela Universidade de Brasília.

(Almeida, 2011), no entanto, afirmam e reafirmam a contemporaneidade das disputas territoriais. Mais do que simples resistência ao progresso – ou ao desenvolvimento das forças capitalistas no campo –, essas disputas são expressões ou lutas sociais e políticas por um lugar e pelo direito de ser e existir (Sauer, 2010).

A atualidade da questão agrária em pleno século XXI, no entanto, não fica restrita às disputas políticas, como parte de um problema social (pobreza rural) não resolvido, mas há um crescente interesse mundial por *commodities* agrícolas e não agrícolas, consequentemente por terras, nos últimos anos. Apesar do alerta de Oliveira (2010) de que essa busca não é nenhuma novidade no Brasil, estudos e notícias sobre uma "corrida mundial por terras" (Banco Mundial, 2010) reeditam temas como a importância do espaço, lugares e territórios.

Como bem alertam Borras *et al.* (2011), as narrativas dessa corrida a atrelam à demanda crescente por alimentos, seja devido ao aumento populacional, seja em decorrência das mudanças climáticas e da escassez de água. O interesse recente de pessoas, empresas estrangeiras e países por terras brasileiras está associado também a projetos de produção de biocombustíveis e de outras *commodities* agrícolas e não agrícolas, atraindo capitais de vários setores, inclusive daqueles historicamente avessos à imobilização de capital, como os fundos de investimentos (Banco Mundial, 2010).

Seja devido à demanda crescente por alimentos, seja pelas preocupações em torno das mudanças climáticas – e seus impactos sobre a produção agrícola –, a questão agrária voltou à pauta política mundial inclusive nos debates internacionais; por exemplo, no âmbito da FAO (2012) e na recente aprovação das diretrizes voluntárias sobre a terra e os recursos florestais. Certamente, essa reedição não se dá nos mesmos termos do debate clássico, mas há uma preocupação, implícita ou explícita, com a terra e o território, inclusive sobre a importância da produção familiar camponesa em relação não só à segurança, mas também à soberania alimentar.

1. QUESTÃO AGRÁRIA: NOVAS FACES DA DISPUTA POR TERRA?[1]

A utilização da noção (ou narrativa) da globalização para explicar mudanças sociais, econômicas, políticas e culturais possibilitou a retomada da dimensão do espaço e do território nas interpretações da sociedade ocidental contemporânea. Apesar de a palavra globalização – ou o "projeto de globalização", como definiu Massey (2008) –, como referencial explicativo, estar bastante desgastada, seu uso esteve associado a noções como rompimento de fronteiras, desterritorialização, esvaziamento do lugar, novas relações entre local e global (Giddens, 1995), dando legitimidade a categorias espaciais (Massey, 2008), mesmo que pela via negativa, com reelaborações como processos de desterritorialização acompanhados de reterritorialização (Fernandes, 2008).

Processos de desterritorialização e reterritorialização (ou lutas sociais por reterritorialização), como referencial explicativo da sociedade ocidental globalizada, fazem parte da história social e política do campo brasileiro, palco de disputas não só devido às resistências à expropriação, ações e demandas populares pelo acesso à terra e aos direitos territoriais; as ações e bandeiras das organizações patronais também explicitaram essa disputa, dando especial valor ao território, reeditando e atualizando a questão agrária ou materializando a aliança entre capital e terra (Martins, 1993), apesar de isso não ser contabilizado em muitas análises de matiz essencialmente moderno (Sauer, 2012).

---

[1] Reflexões e informações aqui colocadas já foram publicadas em LEITE e SAUER (2011), especialmente no artigo "Expansión de agronegocios, mercado de tierras y extranjerización de la propiedad rural em Brasil", publicado na revista *Mundo Siglo XXI* (México), mas também em SAUER (2011; 2011a).

A questão agrária, no entanto, não é reatualizada apenas por essas disputas territoriais no Brasil e na América Latina. Segundo estudo do Banco Mundial (2010), a demanda por terras tem sido enorme no mundo todo, especialmente a partir de 2008, tornando a "disputa territorial" um fenômeno global (Leite e Sauer, 2011). Segundo esse estudo, comparativamente, a transferência de terras agricultáveis (ou terras cultivadas) era da ordem de 4 milhões de ha por ano antes de 2008. Só em 2009, mais precisamente entre outubro de 2008 e agosto de 2009, foram comercializados mais de 45 milhões de ha, sendo que 75% destes foram na África subsaariana (Banco Mundial, 2010, p. vi).

Quando da divulgação deste estudo, em setembro de 2010, a imprensa nacional deu ampla repercussão aos seus principais resultados, demonstrando que o assunto gerou interesse e atenção da opinião pública. Segundo uma das reportagens veiculadas à época,

> Dos 46,6 milhões de ha vendidos, 3,6 milhões de ha estavam no Brasil e Argentina. Há ainda o fenômeno de empresas brasileiras e argentinas adquirindo terras no Paraguai, Bolívia e Uruguai. Mas a projeção é de que a América Latina (em especial o Brasil) seja alvo dessa estratégia de investidores nos próximos anos. Dos 464 projetos de investimentos identificados no último ano, 21% deles ocorreram já no Brasil e Argentina (*O Estado de S.Paulo*, 13 set. 2010).[2]

Uma constatação fundamental do estudo do Banco Mundial é que o crescimento da produção agrícola e, consequentemente, das demandas e transações de compra de terras se concentra na expansão de apenas oito *commodities*: milho, dendê (óleo), arroz, canola, soja, girassol, cana-de-açúcar e floresta plantada (Banco Mundial, 2010, p. 8).[3] Melhores preços dos agrocombustíveis e

---

[2] Oliveira (2010) interpreta essas notícias e anúncios na grande imprensa apenas como um mecanismo de especulação, pois infla artificialmente a demanda por terras, elevando os preços e os lucros dos especuladores.

[3] De acordo com o estudo do Banco Mundial, o Brasil contribui com a produção de três *commodities*: milho, soja e cana de açúcar (2010, p. 8), sendo que usa metade

subsídios governamentais levaram à expansão desses cultivos. Em 2008, a estimativa da área total cultivada com matérias-primas para os agrocombustíveis era de 36 milhões de ha – área duas vezes maior que em 2004 (Banco Mundial, 2010, p. 8) –, negando as narrativas que vinculam a demanda por terra apenas à produção de alimentos (Borras *et al.*, 2011).

Em sintonia com a expansão dos agrocombustíveis e da alta de preços das principais *commodities* agrícolas, vem se dando, na última década, uma nova e vigorosa expansão da chamada "fronteira agrícola" no Brasil, incorporando áreas localizadas nos Estados do Maranhão, Piauí e Tocantins (o famoso "Mapito") ou, ainda, da Bahia (o famoso "Mapitoba") e outras áreas da região amazônica (Leite e Sauer, 2011). Essa expansão é resultado de uma combinação entre investimentos produtivos (expansão da produção agrícola, especialmente de soja e cana) e especulativos, criando empresas e pessoas, especializadas na corretagem imobiliária, que comercializam novas áreas para grupos privados nacionais e estrangeiros, lucrando com a valorização e elevação dos preços das terras (Leite e Sauer, 2011).

Nessa perspectiva de expansão e disputas territoriais, estão colocadas, por exemplo, as propostas (parlamentares) de mudança do Código Florestal (Sauer e França, 2012) ou a oposição ferrenha à demarcação de terras indígenas e ao reconhecimento de direitos quilombolas, aprofundando os embates territoriais (Almeida, 2011). Entre as mudanças propostas para o Código está a diminuição da reserva legal e das áreas de preservação permanente (Sauer e França, 2012). Um dos principais argumentos para essas propostas de mudança é o de que a lei em vigor traz sérias restrições à expansão

---

de seu cultivo anual de cana para a produção de álcool e parte significativa do óleo de soja para o biodiesel (mais de 80% da produção nacional de biodiesel tem o óleo como matéria-prima básica).

do agronegócio e, consequentemente, à produção de alimentos.[4] Compondo as novas agroestratégias, essas se constituem em artifícios para liberar terras para a expansão agropecuária e extração de recursos naturais (minérios, madeira, água, energia etc.), resultando na constante negação de direitos territoriais (Almeida, 2011).

Conforme Mesquita (2011), a expansão recente do capital na Amazônia vem explicitando uma face mais perversa, pois aprofunda a lógica de crescimento econômico via extração, ou uma "acumulação via espoliação", para usar uma noção de Harvey (2004) na trilha de Rosa Luxemburgo. Embora esse processo de expropriação não seja recente, a expansão do agronegócio e os investimentos especulativos o aprofundam e generalizam, abarcando inclusive comunidades tradicionais, como de ribeirinhos, indígenas e extrativistas, resultando em constante desterritorialização em uma região rica em recursos territoriais. Esse processo tem contado com apoio e recursos governamentais e é, única e exclusivamente, voltado para a produção de *commodities* agrícolas, florestais e minerais para exportação (Mesquita, 2011).[5]

O estudo do Banco Mundial (2010) apontou razões ou fatores da expansão da produção agrícola (e também das demandas e transações de terras): a) demanda por alimentos, ração, celulose e outras matérias-primas industriais, em consequência do aumento

---

4 As mudanças do Código Florestal tomam como base o direito de propriedade (já que a reserva legal é um confisco da propriedade, segundo o deputado Onix Lorenzoni), representando domínio total e apropriação absoluta, sem nenhuma restrição à exploração dos recursos da terra (água, mata, subsolo), negando que a natureza é um bem comum, e não individual ou privado (art. 225 da Constituição Federal), e a preservação é uma exigência constitucional (art. 186). Para mais detalhes sobre essas mudanças e suas consequências, cf. Sauer e França (2012).

5 Processos históricos de ocupação e concepções e políticas de desenvolvimento para a região podem ser definidos como *extração* ou *lógica da mineração*, pois a região sempre foi vista como um grande depósito de recursos naturais a ser explorado em nome do progresso, o que se repete nas agroestratégias em curso, sendo fundamental a noção de grande estoque de terras disponíveis (SAUER, 2011).

populacional e da renda; b) demanda por matérias-primas para os biocombustíveis (reflexo das políticas e demandas dos principais países consumidores); c) deslocamento da produção de *commodities* para regiões de terra abundante, onde a terra é mais barata e as possibilidades de crescimento da produtividade são maiores (Banco Mundial, 2010, p. 7).

Um dos fatores não mencionados pelo Banco Mundial são os investimentos especulativos, os quais, combinados com investimentos produtivos, provocam processos de ganhos via renda da terra. A combinação de preços (menor custo da terra em zonas de fronteira), ausência de impostos e investimentos governamentais na construção de infraestrutura são elementos-chave nos processos de especulação, transformando a terra em ativo financeiro.[6]

Por outro lado, um dos dados mais significativos no relatório do Banco Mundial é a caracterização dos atuais demandantes de terras. Segundo este, são três os tipos no momento: a) governos preocupados com a demanda interna e sua incapacidade de produzir alimentos suficientes para a população, especialmente a partir da crise alimentar em 2008, gerada pelo aumento dos preços; b) empresas financeiras que, na conjuntura atual, acham vantagens comparativas na aquisição de terras; e c) empresas do setor (agroindustrial e do agronegócio) que, devido ao alto nível de concentração do comércio e processamento, procuram expandir seus negócios (Banco Mundial, 2010, p. 3).

Após a crise dos preços dos alimentos, em 2008, e das previsões de demanda futura (necessidade de produzir alimentos para 9 bilhões de pessoas em 2050), não é surpreendente o crescente

---

[6] Essa prática materializa uma "quarta renda da terra" (além das rendas absolutas e diferenciais I e II), cunhada por Ignácio Rangel, a qual se constitui pela valorização financeira dos imóveis rurais, especialmente via investimentos públicos em infraestrutura, dando capacidade à propriedade fundiária para constituir-se em ativo financeiro (LEITE e SAUER, 2011).

interesse de governos – puxados pela China e por vários países árabes – pela aquisição de terras para a produção de alimentos a fim de satisfazer suas demandas internas. Chama a atenção, no entanto, os investimentos do setor financeiro, um setor historicamente avesso à imobilização de capital, especialmente na compra de terra, sendo um mercado caracterizado pela baixa liquidez.[7]

Ainda segundo o Banco Mundial, o crescimento populacional, o aumento da renda e a urbanização vão continuar pressionando a demanda por alimentos, especialmente óleo vegetal e carnes, provocando o crescimento da demanda por ração e produtos industriais. O resultado é que a corrida por terra não vai diminuir nos próximos anos (Banco Mundial, 2010, p. 9), criando a necessidade de estabelecer "princípios para agroinvestimentos responsáveis", incluindo "o respeito aos direitos à terra e aos recursos [naturais]" (Banco Mundial, 2010, p. X).

É importante aqui ter claros dois aspectos desse processo recente de reedição da questão agrária. Em primeiro lugar, narrativas que vinculam o avanço sobre terras e sobre a produção apenas à demanda por alimentos funcionam como justificativa para a especulação (contratos futuros de *commodities* agrícolas e não agrícolas; pressão sobre preços dos produtos etc.), escondendo demandas resultantes dos agrocombustíveis e de outras *commodities*, mas especialmente processos de apropriação e concentração do setor. Segundo, essa demanda crescente justifica a necessidade de utilizar melhor as terras, especialmente as assim chamadas "terras marginais" (Banco Mundial, 2010, p. 56), abrindo mais uma frente para a especulação imobiliária.

[7] Diferente de análise sobre *land grabbing* (grilagem de terras) e de estrangeirização, Ariovaldo Umbelino alerta que a concentração e internacionalização da produção agropecuária e a industrialização e comercialização dessa produção são intensos e, consequentemente, mais importantes do que a estrangeirização das terras (interpretada por ele como uma farsa!) (OLIVEIRA, 2010, p. 26).

Como bem apontam Borras *et al.* (2011), essa noção de terras marginais é entendida como terras vazias, desocupadas e disponíveis, resultando em uma concepção de que se trata de terras a serem imediatamente ocupadas (Borras *et al.*, 2011, p. 14). Além da justificativa relacionada à produção (necessidade de produzir alimentos!), há uma concepção (implícita ou explícita) de que são terras sem destinação social, ou seja, os conflitos territoriais são tacitamente ignorados, e as áreas são vistas como desocupadas. Isso fica bastante evidente no cálculo do estoque mundial de terras supostamente disponível do Banco Mundial (2010, p. 56), que considera apenas a relação habitante/área (em hectares).

A lógica de extração, combinada com a especulação, são as principais características das agroestratégias em curso no Brasil, as quais se materializam através da negação de direitos territoriais de povos e comunidades que ocupam e vivem no campo. A presença destas populações e suas lutas por reconhecimento e respeito a direitos são percebidas e anunciadas como empecilhos ao progresso e ao desenvolvimento, propostos como *bem comum*, um bem universal contraposto ao local (particular). As formas históricas de apropriação e uso da terra perdem a sua função social e são então contrapostas a uma necessidade universal, à demanda de uso da terra como um *bem para todos*, como um meio fundamental para a produção de alimentos, por exemplo (Sauer, 2011).

Apesar desse discurso, a prática histórica sempre foi a da apropriação indevida e ilegal de terras públicas e de territórios coletivos ou comunitários (Almeida, 2011). As agroestratégias, na busca pela apropriação do estoque disponível de terras na Amazônia, ampliam e aprofundam o uso de mecanismos ilegais como o de grilagem de terra – sendo esta facilitada por uma rede de agentes com influência em cartórios e órgãos públicos que viabiliza a transferência de terras públicas e territórios comuns ao domínio privado (Almeida, 2011; Mesquita, 2011).

2. TERRA, TERRITÓRIO E LUGAR: TRADIÇÃO OU MODERNIDADE?[8]

Essas reflexões são tributárias às resistências e lutas das *comunidades tradicionais*, de movimentos sociais, grupos de sem-terra, camponeses, quilombolas etc. As ações destes grupos e comunidades os têm tornado sujeitos na definição, demarcação e manutenção de territórios ocupados (Fernandes, 2008; Almeida, 2011). Essas resistências, demandas populares e mobilizações sociais estão transformando o campo brasileiro, resultando em uma "práxis social emancipatória" (Soja, 1993). Mobilizações, lutas e conquistas de sem-terra, quilombolas, indígenas, ribeirinhos, quebradeiras, faxinalenses, extrativistas, agricultores familiares, camponeses e populações tradicionais são parte de um "processo social de 'reinvenção' do campo no Brasil, sendo que a luta pela terra materializa esta *recriação*, agregando novos elementos e perspectivas à vida no meio rural, criando uma nova ruralidade" (Sauer, 2010, p. 37).

Nas disputas territoriais e seus mecanismos ideológicos de justificação, essas resistências ganham um significado fundamental. Em outros termos, a noção de lugar com uma "ressonância totêmica" e como a "fonte geográfica de significado" (Massey, 2008, p. 24) faz deste lugar (e do local) um "refúgio espacial". Se, por um lado, essa noção se constitui em chave teórica para explicações políticas (resistência à expropriação, por exemplo), por outro, é frequentemente mobilizada como um contraponto aos avanços totalizantes da universalização (e da globalização, ou do capitalismo). Segundo Massey, esta concepção de lugar é mobilizada e transformada em um "local da negação, da tentativa da remoção da invasão/diferença", consequentemente é visto e concebido como "um refúgio politicamente conservador" (2008, p. 25).

---

[8] Grande parte das reflexões desse item já foi publicada como considerações finais ("Apontamentos para a continuidade do (em)debate territorial...") do livro *Terras e territórios na Amazônia: demandas, desafios e perspectivas* (2011), fruto de seminário realizado na Universidade de Brasília (UnB) em 2010.

Essa concepção de lugar reforça uma interpretação distorcida das lutas por terra e território das populações do campo, sem-terra, comunidades quilombolas, ribeirinhos, povos indígenas. Na contraposição entre lugar (local) e globalização (ou universalização), as lutas por território são então classificadas como reações conservadoras, pois materializam a resistência de *comunidades tradicionais* que não querem mudanças, que resistem ao desenvolvimento e às mudanças provocadas pelo progresso e pela globalização.

Nas resistências à expropriação e lutas pelo direito ao território, a contraposição entre universal e local é reforçada pelo uso de conceitos e noções como ancestralidade, mas especialmente pelo constante apelo à *tradição*.[9] Obviamente, aqui é utilizada uma noção de tradição estanque e congelada no tempo, ou seja, é vista apenas como um conjunto de códigos socioculturais imutáveis e imobilizados, portanto em contraposição ao movimento do progresso e constante mutabilidade e dinâmica da modernidade (Giddens, 1995).

Apesar dos frequentes vínculos entre terra e identidade (Almeida, 2011), a ênfase sobre o direito ao território recai na reprodução dos meios tradicionais de vida, na tradição. Essa então está sempre em contraposição à modernidade, ao progresso e ao desenvolvimento (rural). Em outros termos, a luta por territórios está restrita às *comunidades tradicionais* e é uma luta pelo atraso, especialmente quando disputam áreas em regiões de expansão do agronegócio (Leite e Sauer, 2011) – portanto, do desenvolvimento e do progresso.

[9] O reconhecimento de direitos a partir da precedência e da ancestralidade gera noções como *comunidade tradicional* ou mesmo terras tradicionalmente ocupadas (BRASIL, 2007), as quais dão autoridade e legitimidade às resistências e demandas populares por extensões de terra. Associado ao autorreconhecimento, este é um elemento fundamental na construção e na garantia dos direitos territoriais das populações tradicionais (SAUER, 2011; ALMEIDA, 2011).

Como aponta Alfredo Wagner, no entanto, o autorreconhecimento, intimamente vinculado a práticas históricas de uso da terra, tem se evidenciado como uma inspiração mobilizadora e como força política (Almeida, 2011). Estas se alimentam da tradição, mas também a ressignificam, desautorizando qualquer leitura estanque – historicamente localizada no passado – da mesma. A apropriação da tradição é também motor na constituição de identidades coletivas, inclusive das assim chamadas identidades emergentes ou sujeitos ressurgentes (Almeida, 2011).

É importante observar aqui que, a princípio, a definição legal (Brasil, 2007) não sustenta a ênfase excessiva na tradição, muito menos avaliza essas leituras estanques da mesma. A definição identitária é posta na *diferenciação*, pois o Decreto n. 6.040 define povos e comunidades tradicionais (artigo 3º, inciso I) como

> *grupos culturalmente diferenciados* e que se reconhecem como tais, que *possuem formas próprias de organização social*, que ocupam e usam territórios e recursos naturais como condição para sua reprodução cultural, social, religiosa, ancestral e econômica, utilizando conhecimentos, inovações e práticas gerados e transmitidos pela tradição (Brasil, 2007 – grifos nossos).[10]

O elemento central dessa definição, no entanto, é a *autodefinição*, ou o *autorreconhecimento* como um grupo socialmente diferenciado e com uma identidade comum. A autodefinição, no sentido de assumir uma identidade social, é critério fundamental para reconhecer direitos territoriais. Isso fica claro na Convenção 169 da Organização Internacional do Trabalho (OIT), em seu artigo 1º, bem como na legislação brasileira. Portanto, o critério

[10] É preciso entender *comunidade tradicional* rompendo com a noção estanque de tradição, pois essas comunidades são grupos sociais com algumas características próprias, como estreita ligação com um território determinado; com uma organização social e política diferenciada; com relações particulares com a natureza, inclusive com usos e apropriações particulares da terra e do meio ambiente (ALMEIDA, 2011; SAUER, 2011).

da autodefinição deve ser acolhido como uma conquista de cidadania (Dallari, 2010) de quilombolas, ribeirinhos, quebradeiras de coco, extrativistas, povos indígenas, entre outros sujeitos coletivos emergentes.

Do ponto de vista teórico, portanto, é fundamental rejeitar a noção de comunidade tradicional como grupo sociocultural em oposição à noção de progresso e de desenvolvimento. É fundamental também rejeitar a distinção, ou mesmo contraposição, entre a noção de espaço (como uma noção do universal, do global e do abstrato) e de lugar, como o local concreto, fechado, coerente, integrado, homogêneo (Massey, 2008). Esta distinção está equivocada, pois os lugares (e os territórios) não são homogêneos – e nem a base material de práticas socioculturais, imutáveis –, e sim espaços que comportam a diversidade; portanto, é necessário recusar essa distinção entre lugar (como espaço vivido e homogêneo) e espaço (como exterior, abstrato e dinâmico) (Massey, 2008, p. 25).

Essa definição, no entanto, está calcada na diferenciação, e não na exclusão, pois é fundamental a dimensão relacional inclusive na definição de identidade (Sauer, 2010). Em outras palavras, a luta pela terra e pelo território (e as resistências à expropriação) materializa "a busca por um lugar, geograficamente localizado e delimitado, recolocando a dimensão da espacialidade" (Sauer, 2010, p. 59) na ressignificação de identidades coletivas sem que o estabelecimento de fronteiras e limites represente a constituição de espaços hermeticamente fechados e avessos a mudanças (Massey, 2008).

Bourdieu (1998), em suas reflexões sobre a noção de região (num momento histórico em que o conceito de território não tinha peso sociológico), afirma que o estabelecimento de fronteiras é uma definição social e política legítima, resultante de lutas pelo "poder de ver e fazer crer". Segundo ele, fronteiras são "produto de uma divisão a que se atribuirá maior ou menor fundamento na 'realidade'" (Bourdieu, 1998, p. 114), sendo produto de diferenças socioculturais. Essas fronteiras dão características próprias a uma região, ao território e ao lugar, estabelecendo divisões do mundo social e gerando identidades (Bourdieu, 1996) sem que isto signifique, necessariamente, isolamento ou aversão ao outro ou ao diferente (Sauer, 2010).

Consequentemente, as discussões e interpretações das resistências à expropriação das comunidades tradicionais e da luta pela terra de camponeses e outros grupos sociais do campo devem ter presentes proposições de Massey (2008, p. 29) sobre espaço e lugar como elementos de definição de território. Esses elementos são: a) espaço como produto de inter-relações, constituído por interações; b) espaço como a esfera da possibilidade da existência da multiplicidade (pluralidade contemporânea em que distintas trajetórias coexistem; coexistência da heterogeneidade); e c) espaço como algo sempre em construção (produto de relações que estão, necessariamente, embutidas em práticas materiais, portanto em construção). Esse espaço, resultante de inter-relações e calcado na pluralidade e na multiplicidade (Massey, 2008, p. 29), é a base sociomaterial do território.

3. LUTA PELA TERRA OU DEFESA DE DIREITOS TERRITORIAIS?

Essas reflexões enfatizam uma determinada concepção de território (e de terra). Se, no direito, território é elemento formador do Estado (povo, território e nação), a preocupação central nos territórios é a apropriação, o uso e a construção (real e simbólica) do espaço e do lugar pelas populações que o habitam (Fernandes, 2008) – portanto, o espaço como produto de inter-relações (Sauer, 2010).

Essa noção de território está relativamente consolidada na legislação brasileira. Ratificada pelo Brasil, a Convenção 169 da OIT consubstancia o artigo 231 da Constituição (que reconhece os direitos indígenas, inclusive os "*direitos originários* sobre as terras que *tradicionalmente* ocupam") e o artigo 68 do Ato das Disposições Constitucionais Transitórias (que reconhece direito de propriedade definitiva das terras ocupadas pelos remanescentes das comunidades dos quilombos). Na mesma linha, o Decreto n. 6.040, de 2007, define *territórios tradicionais* como sendo "os espaços necessários à reprodução cultural, social e econômica dos povos e comunidades tradicionais, sejam eles utilizados de forma permanente ou temporária" (inciso II do artigo 3º). Uso permanente ou temporário observando o que dispõem os artigos 231 da Constituição, para os povos indígenas, e 68 do Ato das Disposições Constitucionais Transitórias, em relação às comunidades quilombolas.

Consequentemente, as populações tradicionais têm direito ao território porque este é entendido como local de vida e preservação da identidade, sendo que, a princípio, o critério não passa pela produção ou finalidade produtiva da terra (como uma redução ou simplificação da função social). O espírito constitucional foi de corrigir "injustiças históricas" (Dallari, 2010), portanto dar meios legais e jurídicos para que "segmentos populacionais tradicionalmente marginalizados ou discriminados obtenham, pacificamente, o reconhecimento de sua dignidade essencial de seres humanos e a garantia da possibilidade de acesso aos direitos fundamentais" (Dallari, 2010).

Além de romper com essa distinção entre lugar e espaço, é necessário problematizar a distinção entre as noções de terra e território. Se a segunda é entendida como lugar de vida, explícita ou implicitamente, a primeira está sempre associada à categoria de meio (e lugar) de produção. Entre outras razões, a redução da terra a um meio de produção (e o consequente empobrecimento das lutas territoriais) é fruto da introdução do conceito de "terra produtiva" na Constituição de 1988 como mecanismo para bloquear avanços na reforma agrária (Martins, 1993).

O inciso II do artigo 185 passou a ser usado como uma trava para limitar o acesso à terra, pois consolidou uma noção restrita de função social resumida à sua dimensão econômica. O único critério utilizado para a desapropriação tanto pelo poder Executivo como pelo Judiciário é a avaliação econômica do "uso racional" das terras como sendo ou não produtivas (Sauer, 2011). Essa avaliação puramente econômica foi consolidada na Lei 8.629, de 1993, que regulamentou os dispositivos constitucionais relativos à reforma agrária quando estabeleceu que propriedade produtiva é "aquela que, explorada econômica e racionalmente, atinge, simultaneamente, graus de utilização da terra e de eficiência na exploração" (artigo 6º), sem qualquer referência ou condição ao cumprimento da função social e do uso ambientalmente adequado (Sauer e França, 2012).

A partir do texto constitucional, no entanto, é fundamental entender que a concepção de que a terra deve cumprir não só uma função social, mas também uma função ambiental – portanto, uma função socioambiental. Os termos do artigo 186 transcendem interpretações correntes, estabelecendo vários requisitos socioambientais, além do uso econômico-produtivo da terra, amplamente utilizado como sinônimo de "uso racional e adequado", como veremos a seguir. Claramente, o inciso II estabelece que a função social é composta também pela "utilização adequada dos recursos naturais disponíveis e preservação do meio ambiente" (artigo 186).

A interpretação restritiva do inciso II do artigo 185, ao restringir a noção de função social à sua dimensão econômica, distanciou as noções de terra (meio e lugar de produção) e de território (lugar da identidade, do autorreconhecimento, da ocupação histórica) (Sauer, 2012). Essa distinção deu diferentes significados às lutas por terra (frequentemente, vistas apenas como ocupações de terras improdutivas) e por território (resistência de populações tradicionais à invasão de suas terras), inclusive as constantes críticas e oposições aos programas de reforma agrária são sempre baseadas na suposta baixa produtividade e produção dos assentamentos (Sauer e França, 2012).

Mesmo que a Convenção 169 da OIT utilize o termo "terras" (nos artigos 15 e 16, por exemplo) como sinônimo de "território" (como o espaço que "abrange a totalidade do habitat das regiões que os povos interessados ocupam ou utilizam de alguma outra forma", artigo 13, item 2), há uma diferença na compreensão legal e conceitual, por exemplo, entre as lutas e demandas sociais por terra (lutas pelo acesso à terra e pela execução da reforma agrária) e a reivindicação de direitos territoriais. Parte significativa desta distinção é resultante de uma leitura reducionista do texto constitucional, enfatizando que a propriedade produtiva é insuscetível de desapropriação para fins de reforma agrária (inciso II do artigo 185).

A luta pela terra é então constantemente entendida restrita às reivindicações de acesso a um meio de produção e, por extensão, ao trabalho (Martins, 1993).[11] Em outros termos, a luta pela terra não é uma luta por direitos como de moradia (um lugar para viver), de identidade (como camponês, produtor rural, agricultor familiar), mas apenas por produção e, no máximo, pelo direito ao trabalho (Sauer, 2010). O direito dos agricultores familiares camponeses não se justifica pelo direito de ser e de reprodução social (ou pela "consciência de ser", parafraseando os termos da Convenção 169 da OIT), mas apenas pelo fator produção.

Essa distinção conceitual e jurídico-legal, no entanto, não estabelece diferentes sujeitos nas disputas territoriais, ou melhor, as ações dos setores patronais rurais abarcam as diferentes lutas por terra e território no Brasil. A agenda deste setor patronal ou as agroestratégias não se restringem à resistência incondicional aos programas de reforma agrária via desapropriação de áreas improdutivas, mas incluem a negação do direito aos territórios quilombolas e indígenas (as reações à demarcação da reserva Raposa Serra do Sol são notórias

[11] Aliás, o vínculo com o direito ao trabalho (a partir da noção de Martins de "terra de trabalho" diferenciada de "terra de negócio") é o único na relação com o direito à terra por parte das populações do campo, não definidas ou classificadas como populações tradicionais.

neste sentido) e a insistência na supressão ou diminuição da reserva legal, parte das reformas do Código Florestal (Sauer e França, 2012).

A Ação Direta de Inconstitucionalidade (Adin) n. 3.239, movida pelo então Partido da Frente Liberal (PFL), hoje Democratas (DEM), contestando o Decreto n. 4.887, de 2003, que estabelece as regras para a demarcação de território quilombola, é um bom exemplo dessa disputa por território. Essa peça jurídica, além de contestar a autodefinição (como se esta estivesse contrária à noção constitucional de "remanescência") e argumentar que o referido decreto cria uma "nova modalidade de desapropriação", defende a sua inconstitucionalidade, contestando a caracterização das terras quilombolas como aquelas utilizadas para "reprodução física, social, econômica e cultural do grupo étnico" (artigo 2º, § 2º do Decreto 4.887/2003) como muito ampla (Peluso, s/d), negando direitos.

NOTAS CONCLUSIVAS

A atual demanda por terras – não só para a expansão da fronteira agrícola, mas também para a apropriação das demais riquezas territoriais – está na base dos embates e disputas territoriais. É preciso ter claro, no entanto, que isso não constitui exatamente uma grande novidade, pois a cultura política brasileira é marcada pelo histórico patrimonialismo, ou seja, por uma estreita relação entre propriedade da terra e poder político (Martins, 1993). Essa relação patrimonialista foi e continua sendo possível graças a uma histórica negligência na tributação da terra e a incentivos governamentais (isenção e renúncias fiscais; crédito subsidiado etc.), inclusive investimentos em infraestrutura, permitindo a especulação imobiliária e a geração da renda fundiária (ganhos e acumulação sem a necessária produção e exploração do trabalho) (Martins, 1993).

Reconhecido este aspecto histórico da relação entre terra e poder, é possível perceber que a crescente demanda por terras e a consequente disputa territorial possuem um aspecto de novidade.

Além de ser uma demanda crescente, as notícias são de que este aumento é resultante da procura por parte de novos atores globais, como investidores do setor financeiro (bancos e empresas ligadas ao setor financeiro), historicamente avessos a imobilizar capital (Sauer, 2011). Essa demanda vem acompanhada de um aprofundamento da expropriação – como expressão das agroestratégias. Consequentemente, os embates territoriais tendem a se intensificar, com a ampliação das resistências e mobilizações das comunidades tradicionais da região em face desta expropriação ou "acumulação via espoliação" (Harvey, 2004).

Além de novos demandantes de *commodities* e terras – é importante não esquecer também o interesse de países, o que levanta questionamentos sobre soberania territorial –, investimentos e mesmo narrativas sobre a soberania alimentar reeditam a questão agrária. Centrada em outros aspectos ou elementos, a questão volta à agenda, recolocando a importância da terra e do território nas pautas políticas inclusive das Nações Unidas, como foi o caso do debate e da aprovação das diretrizes voluntárias da FAO sobre a terra, em março de 2012. O enfrentamento dessa nova agroestratégia deve ser pautado por visões que não restrinjam a terra a sua dimensão econômica produtiva, mas a tomem como território, espaço de ser e existir.

REFERÊNCIAS BIBLIOGRÁFICAS

ALMEIDA, Alfredo Wagner B. "A reconfiguração das agroestratégias: novo capítulo da guerra ecológica", *in:* SAUER, Sérgio e ALMEIDA, Wellington (orgs.). *Terras e territórios na Amazônia: demandas, desafios e perspectivas*. Brasília: Editora da UnB, 2011, p. 27e ss.

ARRUDA, Roldão. "Concessões de Lula a quilombolas deixarão bomba fundiária para Dilma". *O Estado de São Paulo*, 21 nov. 2010.

BANCO MUNDIAL. *Rising global interest in farmland: Can it yield sustainable and equitable benefits?* Washington, 7 set. 2010. Disponível em: <siteresources.worldbank.org/ INTARD/Resources/ESW_Sept7_final_final.pdf>. Acesso: mar. 2012.

BORRAS, Saturnino; FRANCO, Jennifer; KAY, Cris; SPOOR, Max. *El acaparamiento de tierras en América Latina y el Caribe: visto desde una perspectiva internacional más amplia*. FAO: Escritório Regional AL e Caribe. Santiago, 20 out. 2011 (versão preliminar).

BOURDIEU, Pierre. *O poder simbólico*. Rio de Janeiro: Bertrand Brasil, 1998.

______. *A economia das trocas linguísticas: o que falar quer dizer*. São Paulo: Edusp, 1996.

BRASIL, Presidência da República. *Decreto n. 6.040* que "institui a Política Nacional de Desenvolvimento Sustentável dos Povos e Comunidades Tradicionais". Brasília, 7 fev. 2007. Disponível em: <www.planalto.gov.br/ccivil_03/_Ato2007-2010/ 2007/ Decreto/D6040.htm>. Acesso: dez. 2010.

______. *Decreto n. 5.051*, que "promulga a Convenção n. 169 da Organização Internacional do Trabalho (OIT) sobre Povos Indígenas e Tribais". Brasília, 19 abr. 2004. Disponível em: <www.planalto.gov.br/ccivil_03/_ato2004-2006/2004/decreto/ d5051.htm. Acesso: dez. 2010.

DALLARI, Dalmo de Abreu. "Direitos constitucionais dos quilombolas: a garantia dos direitos dos remanescentes dos quilombolas tem o sentido de reparação". *Jornal do Brasil online*, 15 dez. 2010. Disponível em: <www.jb.com.br/sociedade-aberta/ noticias>. Acesso: dez. 2010.

FAO – Food and Agriculture Organization. *Voluntary guidelines on the responsible governance of tenure of land, fisheries and forests in the context of national food security*. Roma, FAO, mar. 2012. Disponível em: <www.fao.org/fileadmin/user_upload/nr/ land_tenure/pdf/VG_en_Final_March_2012.pdf>. Acesso: abr. 2012.

FERNANDES, Bernardo M. "Conflituosidade e desenvolvimento territorial", *in:* BUAINAIN, Antônio M. (coord.). *Luta pela terra, reforma agrária e gestão de conflitos no Brasil*. Campinas: Editora da Unicamp, 2008, p. 173 e ss.

GIDDENS, Anthony. "A vida em uma sociedade pós-tradicional", *in:* GIDDENS, Anthony; BECK, Ulrich e LASH, Scott. *Modernização reflexiva: política, tradição e estética na ordem social moderna*. São Paulo: Editora Unesp, 1995, p. 73 e ss.

HARVEY, David. *O novo imperialismo*. São Paulo: Loyola, 2004.

LEITE, Sérgio P. e SAUER, Sérgio. "Expansión de agronegocios, mercado de tierras y extranjerización de la propiedad rural en Brasil". *Mundo Siglo XXI*, n. 26, v. VII, Ciecas, México, dez. 2011, p. 43-63.

MARTINS, José de Souza. *A chegada do estranho*. São Paulo: Hucitec, 1993.

MESQUITA, Benjamin A. de. "A dinâmica recente do crescimento do agronegócio na Amazônia e a disputa por territórios", *in:* SAUER, Sérgio e ALMEIDA, Wellington (orgs.). *Terras e territórios na Amazônia: demandas, desafios e perspectivas*. Brasília: Editora da UnB, 2011, p. 45 e ss.

MASSEY, Doreen. *Pelo espaço: uma nova política da espacialidade*. Rio de Janeiro: Bertrand Brasil, 2008.

OLIVEIRA, Ariovaldo U. de. "A questão da aquisição de terras por estrangeiros no Brasil: um retorno aos dossiês", *in: Agrária*, n. 12, USP, São Paulo, 2010, p. 3-113. Disponível em: <www.geografia.fflch.usp.br/revistaagraria/revistas/12/12.htm>. Acesso: mar. 2012.

PELUSO, Cezar. *Relatório da Ação Direta de Inconstitucionalidade n. 3.239 – Distrito Federal*. Brasília, Supremo Tribunal Federal, s/d (mimeo).

QUEIROZ, Guilherme. "A bancada ruralista deve ser recorde no próximo pleito". *Revista Dinheiro Rural*, n. 72, ano 6, out. 2010, p. 22 e ss.

SARMENTO, Daniel (procurador). *Territórios Quilombolas e Constituição: A ADI 3.239 e a Constitucionalidade do Decreto 4.887/2003* (parecer). Rio de Janeiro, Ministério Público Federal, Procuradoria Regional da República – 2ª Região, 3 mar. 2008 (mimeo.)

SAUER, Sérgio. "Land and territory: meanings of land between modernity and tradition". *Agrarian south: a Journal of Political Economy*, v. 1, n. 1, Londres, Sage, abr. 2012 (no prelo).

______. "Mercado de terras: estrangeirização, disputas territoriais e ações governamentais no Brasil", *in:* SAQUET, Marcos A.; SUZUKI, Júlio C.; MARAFON, Glaucio J. (orgs.). *Territorialidades e diversidade nos campos e nas cidades latino-americanas e francesas*. São Paulo: Outras Expressões, 2011, p. 227 e ss.

______. "Demanda mundial por terras: *land grabbing* ou oportunidade de negócios no Brasil?" *Revista de Estudos e Pesquisas sobre as Américas*. Brasília, Ceppac/UnB, 2011a. Disponível em: <www.repacm.org>. Acesso: mar. 2012.

______. *Terra e modernidade: a reinvenção do campo brasileiro*. São Paulo: Expressão Popular, 2010.

______ e FRANÇA, Franciney C. *Código Florestal, função socioambiental da terra e soberania alimentar*. Brasília, mar. 2012 (no prelo).

SOJA, Edward W. *Geografias pós-modernas: A reafirmação do espaço na teoria social crítica*. Rio de Janeiro: Jorge Zahar, 1993.

NOTAS CRÍTICAS SOBRE A ATUALIDADE E OS DESAFIOS DA QUESTÃO AGRÁRIA

PLÍNIO DE ARRUDA SAMPAIO JR.*

I. INTRODUÇÃO

A presença de um grande contingente populacional vivendo no campo em condições de grande precariedade revela a persistência e gravidade da questão agrária na sociedade brasileira. A dimensão do problema fica caracterizada quando se leva em consideração que, no final da primeira década do segundo milênio, cerca de 30 milhões de pessoas habitam a zona rural – mais do que a população da Venezuela – sendo que aproximadamente 55%, quase 17 milhões, encontra-se em situação de pobreza – população superior à chilena.[1] A persistência de homens pobres no campo está diretamente relacionada à forma de exploração da terra. O predomínio de grandes empresas agrícolas, que organizam sua atividade produtiva tendo como base o controle de vastas extensões de terra e a

---

* Professor do Instituto de Economia da Universidade Estadual de Campinas (IE-Unicamp). Agradeço as generosas observações críticas de meu colega Pedro Ramos e a providencial revisão do texto feita por Marietta Azevedo de Arruda Sampaio.

1 BAQUERO, F. S. e KLEIN, E. *Política de mercado de trabajo y pobreza rural en América Latina*. Tomo 1, Roma: Cepal/FAO/OIT, 2012, cap. 2.

mobilização de grandes contingentes de mão de obra barata para produzir mercadorias em grande escala no regime de monocultura, cristaliza o latifúndio e a superexploração do trabalho como pilares fundamentais da vida econômica e social no campo.[2]

Herança não resolvida da economia colonial, tal padrão de organização da agricultura tem revelado surpreendente capacidade de resistir à força do tempo e de opor-se a qualquer iniciativa de democratização do mundo rural. A estabilidade da estrutura fundiária na história brasileira – expressa na inabalável rigidez do índice de Gini – deixa patente a perfeita simbiose entre modernização técnica e latifúndio. A baixa renda do trabalho no campo evidencia a estreita correlação entre agronegócio e superexploração. O fato fica evidente quando se constata que hoje a renda média dos trabalhadores rurais pobres é de aproximadamente 80% do salário mínimo, e que a renda média dos trabalhadores rurais não pobres é 40% inferior ao rendimento médio nacional.[3]

Não obstante as evidências de uma grave crise social no campo, o pensamento conservador insiste em desconstruir a questão agrária. Nos teóricos mais apaixonados do novo ruralismo, tal esforço assume forma caricatural. Um de seus expoentes chega ao extremo de combinar explicitamente a exaltação do agronegócio com a naturalização das desigualdades sociais e da concentração fundiária; o ataque raivoso contra qualquer proposta de mudança no campo com a despudorada proposta de jubileu para o processo de grilagem de terra.[4] Mais do que expressão objetiva da realidade,

---

2 A origem histórica e a natureza do problema agrário brasileiro, cuja essência – a superexploração do trabalho e a depredação do meio ambiente – permanece inalterada, foi examinado por Caio Prado Júnior em *Formação do Brasil contemporâneo*, na seção "Vida material"; e por Celso Furtado em *Análise do modelo brasileiro*, cap. 2.

3 Dados obtidos em BAQUERO, F. S. e KLEIN, E., *op. cit.*, 2012, cap. 2.

4 Para que não pareça formulação arbitrária, cito as palavras de Zander Navarro: a) sobre a naturalização das desigualdades sociais e do padrão de concentração fundiária, o autor escreve: "As realidades rurais do Brasil (...) mostram que

a cruzada para a desconstrução da questão agrária constitui sintoma inequívoco do pânico da burguesia brasileira em relação às ameaças de rebelião latentes no campo.

Ao aumentar a corrida por terras, a revitalização do agronegócio acirra ainda mais as terríveis contradições que opõem o latifúndio ao homem pobre.[5] É a necessidade de dar uma resposta ao agravamento da crise social no campo que recolocou a questão agrária no debate nacional. O surgimento de uma diversidade de movimentos de trabalhadores rurais pobres e a criação do Ministério do Desenvolvimento Agrário foram produtos históricos dessas contradições – representam respostas opostas para as tensões e os conflitos no campo. Com a intenção de contribuir

---

praticamente não existe mais uma questão agrária no Brasil, mesmo que os padrões de desigualdade social permaneçam praticamente intocados, ilustrados pela distribuição fundiária (um dos índices de Gini mais altos do mundo). Considerado apenas o fator terra, teoricamente uma situação geradora de conflitos sociais permanece como a marca principal das regiões rurais, mas esta não é mais contradição que tem a mesma dimensão do passado, e gradualmente nos acostumamos com este padrão fundiário"; b) em relação à ausência de necessidade histórica de mudar a realidade do campo, o autor vaticina: "(...) nenhum processo de redistribuição de terras, seja qual for, conseguirá alterar mais a realidade de uma estrutura fundiária concentrada e o seu atual padrão bimodal, aspectos estruturais que permanecerão como uma marca distintiva do mundo rural nas décadas vindouras. A razão: inexiste demanda social para exigir sua mudança"; e, por fim, c) no que diz respeito à despudorada proposta de jubileu para o processo de grilagem de terra, a assertiva é a seguinte: "Passivos históricos, como a apropriação fraudulenta da terra em diversas regiões e em épocas distintas, a esta altura, não têm a menor possibilidade política de serem revistos, tendendo a ser definitivamente legalizados". NAVARRO, Z., "A vida e os tempos da questão agrária no Brasil". Trabalho apresentado no XXIII Seminário Internacional de Política Econômica", Universidade Estadual de Viçosa. Mimeo, p. 18, 19 e 21, respectivamente. Trabalho publicado em TEIXEIRA, Erly Cardoso *et al.* (org.). *As questões agrárias e da infraestrutura de transportes para o agronegócio.* Viçosa, UFV-DER, 2011, p. 85-12.

5 Para um balanço sobre os conflitos no campo ver CANUTO, A., SILVA LUZ, C. R. e WICHINIESKI, I. (orgs.). *Conflitos no campo Brasil 2011*, Goiânia: CPT Nacional Brasil; São Paulo: Expressão Popular, 2012. Números anteriores em <www.cptnacional.org.br>.

para o debate sobre o papel da questão agrária na revolução brasileira e a importância estratégica desta para a reforma agrária, equacionaremos, em termos bem gerais, a atualidade e os novos desafios da luta pela democratização do campo no Brasil contemporâneo. O artigo tratará, em grandes linhas, de cinco aspectos do problema. Na seção 2, qualificaremos a importância da questão agrária como nó estratégico do processo histórico de formação do Brasil contemporâneo, ressaltando a importância do latifúndio como uma das bases fundamentais do padrão de acumulação e dominação do capitalismo dependente. A argumentação será desenvolvida tendo como referência o aporte teórico e metodológico do pensamento crítico brasileiro para a compreensão da questão agrária como parte da problemática mais geral da formação do Estado nacional. Em seguida, na seção 3, caracterizaremos a solução burguesa para a questão agrária, destacando o marco institucional que determina a naturalização do latifúndio como base da organização econômica, social e política do campo. Na seção 4, discutiremos os parâmetros institucionais e estruturais que condicionaram a questão agrária após o fim da ditadura militar. Na seção 5, apresentaremos os condicionantes históricos da ascensão e da derrota da luta pela reforma agrária no período recente (posterior à normalização do ritual democrático em 1985). Na seção 6, relacionaremos a derrota da reforma agrária com o fracasso do programa democrático-popular que orientou a luta por reformas nas últimas décadas. Por fim, nas conclusões, seção 7, esboçaremos uma rápida síntese sobre a atualidade e os desafios da reforma agrária. A argumentação mostrará que o sentido das transformações estruturais que condicionam a luta de classes no Brasil – a relação inextricável entre capitalismo dependente, latifúndio, miséria e barbárie – gera a necessidade histórica de combinar reforma agrária, revolução brasileira e revolução socialista.

2. QUESTÃO AGRÁRIA, PROBLEMÁTICA DA FORMAÇÃO E REVOLUÇÃO BRASILEIRA

Quando posta em perspectiva histórica, fica evidente que a concentração fundiária constitui um dos principais obstáculos à conformação do Brasil como um Estado nacional capaz de combinar capitalismo, democracia e soberania nacional.[6] O núcleo do problema reside no papel determinante do latifúndio na reprodução das estruturas econômicas, sociais, políticas e culturais responsáveis pela perpetuação do regime de segregação social herdado do período colonial. A raiz das gritantes desigualdades sociais, que caracterizam o Brasil como uma das sociedades mais injustas do mundo, encontra-se na relação umbilical entre a concentração da propriedade fundiária e a presença de um gigantesco exército industrial de reserva permanentemente marginalizado do mercado de trabalho. O bloqueio do acesso do homem pobre à propriedade da terra impossibilita a organização de um mercado de trabalho baseado numa correlação de forças relativamente equilibrada entre o capital e o trabalho – a precondição fundamental para o funcionamento da economia capitalista em bases minimamente equilibradas.

Sem uma correlação de forças relativamente equilibrada entre o capital e o trabalho, é impossível imaginar a possibilidade de um Estado democrático alicerçado em nexos morais entre as classes sociais.[7] Dando destaque para o abismo entre ricos e pobres que

---

6 Lígia Osório Silva examina, com grande profundidade, o processo histórico de consolidação do latifúndio como regime de terras do capitalismo brasileiro em *Terras devolutas e latifúndio*. Campinas: Ed. Unicamp, 1996. Ver também COSTA, E. V. *Da monarquia à República: momentos decisivos*. São Paulo: Fundação Editora da Unesp, 1999, cap. 4.

7 A relação de condicionamento recíproco entre posição subalterna no sistema capitalista mundial, latifúndio e segregação social que caracteriza a formação econômica e social do Brasil tem a sua origem no sentido da colonização. O assunto é a base da interpretação de Caio Prado sobre a natureza da sociedade brasileira, contida em seus livros clássicos *Formação do Brasil contemporâneo* (São Paulo: Brasiliense, 1942) e *História econômica do Brasil* (São Paulo: Brasiliense, 1945).

determina o divórcio entre povo e Nação, Octávio Ianni associa o bloqueio à integração nacional com a perpetuação de um verdadeiro estado de anomia entre as classes sociais:

> Os grupos raciais e as classes sociais não estão articulados de modo a se beneficiarem reciprocamente, formando um todo superior, no qual também se tornam superiores. Ao contrário, as suas relações recíprocas, diretas ou intermediadas pelo aparelho estatal, reiteram, recriam ou mesmo aprofundam as desigualdades. (...) Há forças sociais mais poderosas, empolgando boa parte dos meios disponíveis e fazendo com que a imagem de uma vasta desarticulação predomine sobre a hipótese da integração. Isto é, os grupos e classes raramente se expressam como povo, compreendido como uma coletividade de cidadãos. Ao contrário, o que subsiste é a imagem de uma coletividade de trabalhadores. Não parece uma nação o país em que a população ainda não se tornou povo.[8]

O nexo entre a questão agrária e a problemática da formação do Brasil contemporâneo é definido pelos efeitos negativos do desemprego estrutural e da extrema concentração de renda e de poder político e social sobre a capacidade de a sociedade nacional controlar os fins e os meios do desenvolvimento capitalista. O problema deve ser visto na sua totalidade. A precariedade da situação do homem pobre no campo gera um vazio socioeconômico que associa o modo de funcionamento do padrão de acumulação e dominação capitalista à reprodução dos dois condicionantes fundamentais do capitalismo dependente: o controle do capital internacional sobre os elos estratégicos da economia e a perpetuação da segregação social como base da sociedade nacional.[9]

---

8 IANNI, O. *A ideia de Brasil moderno*. São Paulo: Brasiliense, 1992, p. 179-180.

9 O papel do capital internacional na industrialização brasileira é objeto da análise de Caio Prado Jr. em seu livro *A revolução brasileira*. A relação proposta pelo autor entre capital internacional, instabilidade econômica e bloqueios à formação nacional é sistematizada em SAMPAIO JR., P. S. A. *Entre a nação e a barbárie: os dilemas do capitalismo dependente em Caio Prado Júnior, Florestan Fernandes e Celso Furtado*. Petrópolis: Vozes, 1999.

Do ângulo estritamente econômico, a dupla articulação bloqueia a possibilidade de um desenvolvimento capitalista autodeterminado porque submete o processo de acumulação à violência do desenvolvimento desigual e combinado. A abundância de mão de obra permanentemente marginalizada do mercado de trabalho bloqueia a transferência de ganhos de produtividade do trabalho ao salário, impedindo que o conjunto da população tenha acesso aos frutos do progresso. A precariedade da conjuntura mercantil compromete a importância relativa da economia brasileira dentro do sistema capitalista mundial, tornando-a vulnerável aos movimentos especulativos do grande capital internacional. Exposta aos humores do capital internacional, a economia brasileira fica sujeita a longos períodos de estagnação e a severas crises cíclicas de estagnação e reversão estrutural. A instabilidade estrutural compromete os processos econômicos e socioculturais que impulsionam a formação das bases materiais, sociais e culturais de um Estado nacional capaz de combinar capitalismo, democracia e soberania nacional.[10]

Do ponto de vista social e político, a dupla articulação é condicionada pela perpetuação de um regime de classe típico de sociedades baseadas na segregação social. Tal estrutura compromete a formação de um padrão de luta de classes compatível com a busca da solidariedade orgânica entre as classes como racionalidade substantiva a orientar a ação do Estado. O brutal desequilíbrio na correlação de forças permite que a burguesia solape sistematicamente a emergência do povo como sujeito histórico. Com dificuldade para sair da estaca zero e constituir-se como classe autônoma, o operariado fica sujeito ao arbítrio indiscriminado da burguesia. Atuando como uma força monolítica, esta monopoliza o circuito político e fecha o espaço para mudanças que possam comprometer seu absoluto domínio da sociedade. Impotente para enfrentar eco-

[10] O caráter do capitalismo dependente é examinado em SAMPAIO, *op. cit.*, 1999.

nômica e politicamente o imperialismo, as burguesias dependentes sobrevivem à custa da superexploração do trabalho. Seu verdadeiro capital reside na capacidade quase ilimitada de manipular as condições sociais e ambientais internas. Sem espaço para ceder, o padrão de dominação burguês torna-se ultraconservador. As condições históricas muito particulares do capitalismo dependente geram, assim, uma burguesia intrinsecamente antissocial, antinacional e antidemocrática.

A aversão da burguesia brasileira em relação à possibilidade de qualquer turbulência que possa propiciar a emergência do homem pobre como sujeito histórico manifesta-se – não por acaso – com força redobrada quando se trata de questões agrárias. O latifúndio constitui, em última instância, a base social e territorial de seu controle sobre o Estado, pois é um dos elementos estratégicos de que a burguesia dispõe para compensar, através da monopolização dos excedentes econômicos e do poder político, a instabilidade econômica, social e política inerente ao desenvolvimento desigual e combinado.[11]

A percepção de uma relação perversa de causalidade entre a extrema pobreza do homem no campo e a precariedade do Estado nacional levou os intérpretes do Brasil, desde José Bonifácio de Andrada, a colocarem a questão agrária como um dos nós fundamentais que devem ser desatados para permitir à sociedade brasileira comandar o seu destino. Um dos primeiros a estudar a relação de causalidade entre questão agrária e bloqueios à formação, Caio Prado Jr. sintetizou o problema nos seguintes termos:

> Não é possível construir um país moderno e realmente integrado nos padrões econômicos e culturais do mundo em que vivemos sobre a

---

[11] O assunto é tratado em FERNANDES, F. *A revolução burguesa no Brasil*. Rio de Janeiro: Zahar, 1976; IANNI, O. *Origem agrária do Estado brasileiro*. São Paulo: Brasiliense, 1984; *Ditadura e agricultura*. Rio de Janeiro: Civilização Brasileira, 1979.

> base precária e de todo insuficiente de um contingente humano como este que forma a grande massa da população brasileira.[12]

Pela sua conexão com o processo de formação das bases materiais e dos suportes socioculturais do Estado nacional, a questão agrária constitui um problema nacional que envolve todas as dimensões da economia e da sociedade. Por essa razão, a reforma agrária é um elemento estratégico da luta do povo brasileiro para superar as relações internas e externas responsáveis pela dupla articulação que perpetua o regime burguês como capitalismo selvagem – a extrema desigualdade social e a posição subalterna no sistema capitalista mundial. Nessa perspectiva, a tarefa primordial da reforma agrária consiste em criar as condições objetivas e subjetivas para que todos os brasileiros que vivem no campo possam participar, em condições de relativa igualdade, dos frutos do progresso propiciado pelo desenvolvimento das forças produtivas, sejam eles trabalhadores assalariados, permanentes e temporários, pequenos proprietários, simples arrendatários, proprietários organizados em cooperativas, posseiros ou sem-terra.

A necessidade histórica da reforma agrária confunde-se, assim, com a necessidade histórica da revolução brasileira, entendida, para expressá-la na chave interpretativa de Caio Prado Jr., como o desfecho da longa transição do Brasil Colônia de ontem para o Brasil Nação de amanhã. Em seu livro *A revolução brasileira*, o autor equacionou a questão enfatizando a importância de um programa de mudança que articule as diferentes dimensões do processo:

> A revolução brasileira (...) se constitui do complexo de transformações em curso ou potenciais que dizem respeito à estrutura econômica, social e política do país, e que, contidas e reprimidas pela inércia natural de toda situação estabelecida, se desenrolam de maneira excessivamente lenta e não logram chegar a termo. Nem por isso deixam de estar presentes e se revelam e fazem sentir através de perturbações que agitam

[12] PRADO JR., C. *A questão agrária no Brasil*. São Paulo: Brasiliense, 2000, p. 89.

> a vida do país: desequilíbrios econômicos, desajustamentos e tensões sociais, conflitos políticos de maior ou menor gravidade e repercussão. Cabe precisamente à ação política revolucionária estimular e ativar aquelas transformações implícitas no processo histórico em curso e de que tais perturbações constituem o sintoma aparente e mais diretamente sensível. É a programação das medidas necessárias ou favoráveis a esse fim que forma a teoria revolucionária.[13]

A realização da reforma agrária pressupõe a presença de forças sociais capazes de mobilizar energia suficiente para vencer a resistência dos grupos econômicos e sociais que resistem à mudança do *status quo.* Sob a liderança do latifúndio e das grandes empresas agroindustriais, a reforma agrária é combatida de maneira sistemática e implacável pelos segmentos da sociedade que dependem da superexploração do trabalho no campo e na cidade – uma ampla coalizão comprometida com a modernização conservadora –, padrão de absorção do progresso técnico que condena a maioria da população à marginalidade social para permitir que uma parcela pequena possa copiar os estilos de vida das economias centrais.[14] O problema decorre da presença de nexos inextricáveis de condicionamento recíproco entre: posição subalterna na divisão internacional do trabalho; mecanismos de satelização da economia brasileira às exigências do sistema imperialista; mimetismo cultural como lógica que preside a absorção de progresso técnico; combinação de forças produtivas em diferentes idades históricas; desemprego estrutural; desequilíbrios regionais que reproduzem formas draconianas de colonialismo interno; superexploração do trabalho; absoluta intolerância das classes dominantes em relação à utilização do conflito como forma legítima de conquista de direitos coletivos; autocracia

---

[13] *Id.*, *A revolução brasileira*, 1966, p. 209.

[14] A crítica à modernização mimética dos padrões de consumo constitui a quintessência da teoria do subdesenvolvimento de Celso Furtado. Cf. FURTADO, C. *O mito do desenvolvimento econômico.* Rio de Janeiro: Paz e Terra, 1974, cap. 1 e 2; e *Pequena introdução ao desenvolvimento.* São Paulo: Nacional, cap. 2, 1980.

como forma de dominação; mito do crescimento como ideologia do subdesenvolvimento. Enfatizando o papel estratégico do campo como base material de mecanismos compensatórios de transferência de renda fundamentais para a reprodução do capitalismo dependente, a assertiva de Florestan Fernandes, escrita há quase meio século, se mantém, em sua essência, atual:

> Devido à posição heteronômica da sociedade brasileira, o que lhe tem faltado, tanto sob o regime de castas e estamentos quanto sob o regime de classes, é vitalidade para reter e reelaborar autonomamente tais dinamismos. As mesmas forças histórico-sociais que privilegiam os estratos possuidores e o desenvolvimento urbano fomentam o monopólio da mudança social (e de seus efeitos construtivos) pelos estratos possuidores e pelos núcleos urbanos dotados de maior vitalidade socioeconômica. Portanto, o desenvolvimento do capitalismo ainda se acha no estágio de satelização permanente e de espoliação sistemática da economia agrária. Os estratos possuidores rurais se ressentem dessa situação, porque eles extraem de ambos os processos o privilegiamento relativo de sua própria concisão econômica, sociocultural e política. O mesmo não sucede com as massas despossuídas rurais, que se veem irremediavelmente compelidas ao pauperismo e condenadas à marginalização, pela existência dessa situação. É nesse nível que se desvendam as iniquidades e a impotência da economia agrária brasileira, uma moenda que destrói, inexoravelmente, os agentes humanos de sua força de trabalho.[15]

É preciso esclarecer que a resistência à democratização da terra não se atém aos interesses estritamente ligados ao latifúndio improdutivo. O latifúndio produtivo – a grande empresa agrícola moderna – também depende de uma estrutura fundiária concentrada, que bloqueia o acesso do homem pobre à terra, e, em consequência, de um regime legal que assegure a total disponibilidade das terras aos imperativos da exploração do capital agrário. O problema relaciona-se com o fato de que o caráter itinerante da agricultura

15 FERNANDES, F. *Sociedade de classes e subdesenvolvimento.* Rio de Janeiro: Zahar, 1981, p. 192-193.

subordinada ao agronegócio supõe a presença de grandes reservas de terras para repor as terras degradadas, ou para abrir novas fronteiras de expansão dos negócios, ou ainda como simples reserva de valor. A concisa afirmação de Celso Furtado sobre o padrão histórico de reprodução da agricultura brasileira esclarece o assunto:

> A prática da agricultura itinerante (*shifting cultivation*) dentro de grandes propriedades imobiliza quantidades consideráveis de terras e perpetua técnicas agrícolas rudimentares, ademais de implicar a crescente destruição de recursos naturais. Explica-se, portanto, que os autores que evitam colocar o problema estrutural cheguem à conclusão de que a atual economia agrícola brasileira é perfeitamente funcional, mesmo reconhecendo que essa agricultura, ao desenvolver-se, tenda a aumentar a *exploração* da mão de obra que utiliza.[16]

Na realidade, o problema é bem mais amplo e não pode ser circunscrito apenas aos condicionantes diretamente relacionados com o desenvolvimento capitalista no campo. A rigidez na forma de enfrentar a questão agrária é uma necessidade estrutural do conjunto da burguesia dependente – a que tem suas atividades diretamente relacionadas à exploração do homem no campo, mas também a que tem sua base de operação fundamental urbana. A preservação das desigualdades sociais no campo é um elemento estratégico não apenas para deprimir o preço da força de trabalho, mas para maximizar o excedente extraído da agricultura. Comentando o significado da preservação do latifúndio no processo de modernização conservadora da agricultura, em *O Brasil "pós-milagre"*, Furtado pôs o dedo na ferida: "As condições de acesso à terra ditam o valor do trabalho não qualificado, *a fortiori*, o excedente que é extraído das massas da população rural".[17]

---

16 FURTADO, C. *Análise do modelo brasileiro*. Rio de Janeiro: Civilização Brasileira, 1972, p. 92.

17 *Id.*, *O Brasil pós-"milagre"*. Rio de Janeiro: Paz e Terra, 1981, p. 62.

Ao perpetuar a precária condição de vida da população rural, a pobreza no campo funciona como uma espécie de baliza social e moral que mantém num patamar mínimo as necessidades historicamente determinadas para a reprodução da força de trabalho, como se o trabalhador livre de hoje estivesse condenado a reviver eternamente as misérias do escravo de ontem. Ao deprimir o "nível tradicional de vida" do homem pobre no campo, a situação subumana do trabalhador rural gera as condições objetivas e subjetivas responsáveis pela superexploração do trabalho na cidade.[18] O nexo entre a pobreza rural e a pobreza urbana não escapou à arguta observação de Furtado: "A estrutura agrária atual existe exatamente para que se obtenha (...) uma oferta de mão de obra ao mais baixo preço possível. (...) Ora, o custo da mão de obra agrícola é fator decisivo na determinação do preço da oferta de trabalho não especializada urbana".[19]

Enfim, o latifúndio é um elemento estratégico do padrão de acumulação e do padrão de dominação do capitalismo dependente como um todo. Por um lado, o extraordinário desequilíbrio na correlação capital-trabalho é uma premissa da superexploração do trabalho – a verdadeira galinha dos ovos de ouro da burguesia dependente. Por outro, a brutal assimetria na correlação de forças entre os "proprietários" e os "não proprietários" é um dos pilares fundamentais que sustenta o Estado autocrático burguês. Destacando o papel estratégico do latifúndio no desenvolvimento desigual e combinado, Florestan Fernandes esclarece o problema mostrando a importância vital da superexploração do trabalho para o capitalismo dependente:

---

[18] Sobre os condicionantes da determinação dos salários, ver MARX, K. *O capital,* v. 1. Rio de Janeiro: Civilização Brasileira, 1968, cap. VIII (sobre a jornada de trabalho); assim como *Salário, preço e lucro.* Lisboa: Estampa, 1975.

[19] FURTADO, *op. cit.*, 1981, p. 27.

Na verdade, todos os agentes econômicos privilegiados, quaisquer que sejam sua posição no espaço econômico e a orientação rural ou urbana de seus negócios, encaram a empresa agrária em termos estreitamente mercantis e possuem interesses econômicos comuns (o que faz com que os empresários rurais tenham papéis econômicos na economia urbana que não nascem das empresas agrárias e, vice-versa, com que os empresários urbanos tenham papéis econômicos na economia agrária que não derivam das empresas urbano-comerciais ou urbano-industriais nem de sua rede de relações comerciais). Essa orientação, no que tange ao empresário rural – a qual muitos descrevem como 'egoística' e 'predatória' –, motiva, no fundo, comportamentos econômicos autodefensivos e autocompensadores. Como a economia global não possui condições para atenuar os riscos ou corrigir os efeitos negativos da *dependência dentro da dependência*, o empresário rural usa as decisões a seu alcance e os papéis econômicos que pode desempenhar no seio da economia urbana (quando não nas economias centrais), graças ao excedente econômico de que dispunha, para converter a economia agrária em um meio para outros fins econômicos. Alternativamente, a empresa rural também preenche a função de ser um meio para outros fins sociais e políticos. Ela não está polarizada em torno do crescimento econômico e do desenvolvimento sociocultural do campo: montada para gerar crescimento econômico e desenvolvimento sociocultural *externo*, já é um progresso para a economia global quando essas funções são canalizadas para dentro do país, deixando de ser absorvidas por completo pelas nações hegemônicas.[20]

(...) as formas extremas de desigualdade socioeconômica, cultural e política, imperantes no mundo agrário brasileiro, constituem requisitos *sine qua non* para a reprodução social do trabalho não pago, semipago ou pago de modo ultradepreciado. Tocar nas condições que dão continuidade inexorável a desigualdades tão extremas e chocantes seria o mesmo que destruir a viabilidade de economias agrárias que não conseguem mercantilizar a força de trabalho, incorporando-se totalmente no mercado interno. Dessa perspectiva, o dilema rural brasileiro não se reduz apenas, como muitos pensam, a questões de ordem econômica e técnica. Ele implica e impõe um desafio social em termos especificamente políticos.[21]

---

20 FERNANDES, F. *op. cit.*, 1981, p. 197.

21 *Ibid.*, p. 210-211.

O problema está relacionado com a necessidade do capitalismo dependente de reproduzir permanentemente formas bárbaras de expropriação do trabalhador e de depredação do meio ambiente. A debilidade da estrutura de capital da burguesia dependente e o circuito de indeterminação gerado pela presença de um contexto histórico particularmente adverso e arriscado impõem a necessidade de mecanismos compensatórios que são incorporados e naturalizados pelos agentes econômicos como parâmetros da racionalidade econômica. O cerne da questão está relacionado aos efeitos desestabilizadores do desenvolvimento desigual e combinado:

> Como os produtores internos estão permanentemente ameaçados pelas revoluções técnicas e mercantis irradiadas dos centros capitalistas, as condições socioeconômicas têm de ser manipuladas para que o novo meio possa oferecer um mínimo de segurança e previsibilidade ao cálculo capitalista e criar mecanismos de transferência de renda que neutralizem, ao menos parcialmente, os elevados riscos derivados do estado de 'incerteza estrutural' inerente às economias que ficam sobre-expostas aos efeitos desagregadores do processo de mercantilização emanando do sistema capitalista mundial.[22]

A reprodução de diversos mecanismos primitivos e extraeconômicos de acumulação de capital cumpre uma dupla função no processo de desenvolvimento dependente:

> De um lado, os circuitos de transferência de renda – da economia dependente para o exterior, dos setores 'atrasados' para os 'modernos' e do campo para a cidade – oferecem uma série de compensações que neutralizam parcialmente os riscos decorrentes de uma situação adversa. O dualismo [a combinação de forças produtivas em diferentes idades históricas], nesse sentido, é um dos pré-requisitos para que as economias dependentes assimilem as revoluções técnicas difundidas do centro capitalista. De outro lado, os mecanismos de transferência de renda – que repousam em última instância na superexploração do trabalho e na dilapidação dos recursos naturais do país – funcionam como um colchão amortecedor que protege os setores atrasados dos

---

[22] SAMPAIO JR., P. S. A., *op. cit.*, 1999, p. 137.

> efeitos mais devastadores da concorrência econômica. A dualidade estrutural exerce, neste caso, a função de impedir [ou pelo menos minimizar] que as transformações difundidas pelo centro provoquem a desestruturação dos setores que não têm condição de competir com os padrões de eficiência econômica que se propagam do centro capitalista.[23]

O problema da democratização da terra é, portanto, um problema que afeta o conjunto da burguesia brasileira e não pode ser dissociado dos condicionantes mais gerais que determinam o desenvolvimento capitalista. A consequência prática da análise anterior é clara. Sob o risco de não construir a correlação de forças necessárias para enfrentar os poderosos interesses que sustentam os privilégios aberrantes dos grandes proprietários de terras e seus poderosos aliados internos e externos, a questão agrária não pode ser reduzida a um problema setorial que antagoniza a população miserável do campo ao latifúndio anacrônico. A reforma agrária polariza a luta de classes entre dois polos opostos: de um lado, o latifúndio e seus aliados incondicionais – as burguesias brasileiras, o imperialismo e todos os segmentos da pequena burguesia que se beneficiam de privilégios aberrantes; de outro, os pequenos proprietários, os arrendatários pobres, os posseiros, os trabalhadores assalariados, os trabalhadores temporários, os sem-terra, enfim, todos os homens do campo que vivem de seu próprio trabalho e seus aliados – os trabalhadores urbanos, empregados e desempregados. Em suma, a luta pela terra é um problema de classe. A vitória da reforma agrária depende de mudanças de grande envergadura que desatem a dupla articulação responsável pela perpetuação do padrão de acumulação e dominação do capitalismo dependente.

A natureza da questão agrária e os desafios da reforma agrária só serão compreendidos, portanto, quando diretamente vinculados à reflexão sobre o caráter da revolução brasileira. Como tal debate

---

23 *Ibid.*, p. 138.

foi vetado e estigmatizado pelo *establishment*, não custa aproveitar a oportunidade para uma pequena nota metodológica. Para evitar soluções abstratas, afastadas das condições concretas da realidade, que fazem uma leitura parcial e distorcida das necessidades e das possibilidades históricas, é fundamental resgatar duas advertências de Caio Prado Jr. sobre a importância decisiva de se levarem em consideração as especificidades de cada formação econômica e social na formulação da teoria da revolução:

1º) A teoria da revolução é uma resposta concreta às necessidades concretas do povo que se manifesta pelo sentimento de profunda insatisfação e mal-estar latente na sociedade:

> O que se objetiva [com a teoria da revolução] é essencialmente mostrar que o Brasil se encontra na atualidade em face ou na iminência de um daqueles momentos (...) em que se impõem de pronto reformas e transformações capazes de reestruturar a vida do país de maneira consentânea com suas necessidades mais gerais e profundas, e as aspirações da grande massa de sua população, que, no estado atual, não são devidamente atendidas. Para muitos – mas, assim mesmo, no conjunto do país, minoria insignificante, embora se faça mais ouvir porque detém nas suas mãos as alavancas do poder e a dominação econômica, social e política –, tudo vai, no fundamental, muito bem, faltando apenas (...) alguns retoques e aperfeiçoamentos das atuais instituições, às vezes não mais que simples mudança de homens nas posições políticas e administrativas, para que o país encontre uma situação e um equilíbrio satisfatórios. Para a grande maioria restante, contudo, e mesmo que ela não se dê sempre conta perfeita da realidade, incapaz que é de projetar em plano real e de conjunto suas insatisfações, seus desejos e suas aspirações pessoais, o que se faz mister, para lhe dar condições satisfatórias e seguras de existência, é muito mais que aquilo. E sobretudo algo de mais profundo e que leve a vida do país para novo rumo.[24]

2º) O conteúdo da revolução é determinado, em última instância, pelo caráter das estruturas internas de cada formação econômica e social:

[24] PRADO JR., C., *op. cit*, 1966, p. 2-3.

> A especificidade da revolução brasileira é dada em particular pelas circunstâncias internas, isto é, pelas relações que constituem e caracterizam a organização econômica e a estrutura social do país. A natureza dessas relações, contudo, vai marcar e definir a nossa posição no sistema internacional do capitalismo. E, assim, ambas essas ordens de circunstâncias, as internas e as externas, se conjugam e completam de tal maneira que a eliminação de umas implica necessariamente a das outras. Não nos podemos libertar da subordinação com respeito ao sistema internacional do capitalismo sem a eliminação paralela e simultânea daqueles elementos de nossa organização interna, econômica e social, que herdamos de nossa formação colonial. E a recíproca é igualmente verdadeira: a eliminação das formas coloniais remanescentes em nossa organização econômica e social é condicionada pela libertação das contingências em que nos coloca o sistema internacional do capitalismo, no qual nos entrosamos como parte periférica e dependente.[25]

A atualização da teoria da revolução brasileira exige, portanto, uma reflexão sobre o impacto da ordem global no processo de formação do Brasil contemporâneo. Ao desvendar o sentido das transformações inscritas no movimento histórico, as forças motrizes que polarizam a luta de classes e as soluções possíveis para as contradições da sociedade, a teoria da revolução indica o conteúdo, as tarefas, os desafios e os sujeitos sociais da revolução brasileira. A compreensão do papel da questão agrária na problemática da formação nacional e, em consequência, da importância da reforma agrária na revolução brasileira é um capítulo dessa reflexão.

3. CONTRARREVOLUÇÃO BURGUESA E QUESTÃO AGRÁRIA

O Brasil desperdiçou todas as oportunidades históricas de encaminhar uma solução construtiva para questão agrária. No momento da independência, a liderança da aristocracia agrária acarretou na revitalização dos dois pilares fundamentais da economia colonial: o monopólio da terra pelos grandes latifundiários e a continuidade do trabalho escravo. Na abolição, as classes dominantes tiveram a

---

[25] *Ibid.*, p. 302-303.

preocupação explícita de preservar a assimetria da sociedade colonial, evitando, com a Lei de Terras de 1850, que os recém-libertos e os imigrantes pobres tivessem livre acesso à propriedade da terra. Por fim, na fase decisiva de consolidação do poder burguês, a mobilização social a favor da reforma agrária – uma das principais bandeiras das reformas de base dos anos 1960 – foi abortada violentamente pelo golpe militar de 1964. A vitória definitiva da ala pragmática da burguesia brasileira sepultou de uma vez por todas a possibilidade de uma solução positiva para o problema da terra nos marcos do regime burguês.[26]

O desfecho da revolução burguesa como contrarrevolução permanente levou a burguesia a realizar uma profunda ressignificação da questão agrária. Despojada da problemática da formação, a estrutura fundiária e o regime de terras deveriam ajustar-se integralmente às exigências do padrão de acumulação e dominação do capitalismo dependente sob o império do capital monopolista interno e externo. Reduzida aos interesses particularistas da burguesia, a questão agrária foi circunscrita, na dimensão econômica, aos seus aspectos estritamente produtivistas e, na dimensão social e política, à sua importância estratégica como um dos sustentáculos do Estado autocrático. O monopólio da terra e a superexploração do trabalho deixaram de ser vistos como problemas históricos à espera de uma resposta "reformista" para converterem-se em premissas naturalizadas da economia e da sociedade nacional. A subordinação integral do campo às exigências do desenvolvimento capitalista perpetuou, assim, um padrão particularmente perverso e predatório de organização da exploração do trabalho no campo. A solução tacanha para a questão agrária deixaria sequelas que comprometeriam irremediavelmente qualquer possibilidade de um

---

[26] O problema é examinado em SILVA, L. O. "As leis agrárias e o latifúndio improdutivo". Revista do Seade *São Paulo em Perspectiva*, v. 11, n. 2, São Paulo: Seade, 1997.

desenvolvimento capitalista que não estivesse fundado na superexploração do trabalho. O Estado nacional burguês cristalizou-se como uma subnação, controlada por uma burguesia dependente, cujo poder emana, por um lado, de sua aliança estratégica com o capital internacional e, por outro, de sua relação despótica com os trabalhadores brasileiros. O latifúndio permaneceu, assim, como elemento fundamental do capitalismo brasileiro.[27]

O Estatuto da Terra, promulgado em 1964, logo depois do golpe militar, estabeleceu os parâmetros institucionais que norteariam a resposta da burguesia brasileira à luta pela democratização do campo. A exaltação da terra produtiva sacralizava a exploração capitalista. Gerando lucro, tudo seria permitido. Ao restringir a possibilidade de desapropriação por interesse social apenas às terras consideradas improdutivas, a ditadura do grande capital, na prática, perpetuava o latifúndio e seu pressuposto humano – a pobreza do homem – como sustentáculos fundamentais do processo de modernização conservadora do campo impulsionado pela grande empresa agrícola. Inviabilizava-se qualquer possibilidade de reforma agrária. O conflito social seria enfrentado pela combinação de repressão e, quando indispensável, medidas curativas que tinham como objetivo empurrar o problema para frente, seja pela expulsão dos homens pobres para as regiões de fronteira, seja pelo seu assentamento precário em terras marginais fora do horizonte de interesse imediato dos capitais. A reforma agrária da ditadura militar era, na realidade, uma contrarreforma agrária, cujo objetivo primordial consistia em preservar intacta a base do poder econômico e político do latifúndio. A diferenciação entre terras produtivas e terras improdutivas era "para inglês ver", pois, na realidade, o latifúndio

[27] Sobre o caráter do padrão de dominação burguesa no Brasil, ver FERNANDES, F. *A revolução burguesa no Brasil: ensaio de interpretação sociológica*. Rio de Janeiro: Zahar, 1972; e "Nem federação nem democracia". *São Paulo em Perspectiva*, v. 4, n. 1, São Paulo, 1990, p. 25-27.

como um todo – o produtivo e o improdutivo – constituía uma das colunas fundamentais de sustentação do regime autoritário. Em retribuição ao papel decisivo do latifúndio no golpe militar de 1964, a ditadura do grande capital retirava definitivamente a reforma agrária da agenda política do Estado brasileiro.

Sem enfrentar o latifúndio produtivo e nem mesmo o improdutivo, que em nenhum momento foi de fato ameaçado, as contradições provocadas pela persistência da pobreza no campo se acirraram. A modernização acelerada da agricultura e o elevado crescimento da indústria vieram acompanhados da continuidade da pobreza no campo e de um processo caótico de urbanização acelerada que generalizou o problema do subemprego – até os anos 1960, um fenômeno basicamente rural – para as grandes metrópoles.[28] Assim, no fim da década de 1970, após quase 50 anos de vigoroso crescimento econômico, o Brasil concluiu o processo de internalização das estruturas fundamentais da Segunda Revolução Industrial com praticamente um quarto de sua força de trabalho subempregada, sendo que quase 60% deste contingente vivia nas cidades.[29]

A metástase das contradições geradas pelo acirramento das contradições no campo gerou uma complexa questão urbana, cujo ponto nevrálgico consiste, em última instância, no bloqueio

---

[28] Para uma interpretação sobre o desenvolvimento do capitalismo no campo ver: DELGADO, G. C. *Capital financeiro e agricultura no Brasil, 1965-1985*. São Paulo: Incone-Unicamp, 1985. A continuidade da análise encontra-se em *Do capital financeiro na agricultura à economia do agronegócio – meio século de mudanças cíclicas (1965-2012)*, no prelo.

[29] A tendência de longo prazo de evolução do emprego e do desemprego estrutural é objeto da análise de RODRIGUEZ, O. "Heterogeneidad estructural y subempleo". *Pesquisa Agricultura, subempleo y distribución del ingreso*. São Paulo: Cebrap/FAO, 1982, mimeo; PORTUGAL JR., J. G. *Economia regional e os problemas de emprego*. Rio de Janeiro: Ipea; São Paulo: Fundap, 1998, mimeo; *id.*, *Padrões de heterogeneidade estrutural no Brasil*. Tese (doutorado) – Unicamp, Campinas, 2012.

sistemático do acesso do homem pobre ao solo urbano.[30] A solução da questão agrária como base do processo de integração nacional passou a confundir-se, desse modo, com mudanças de grande alcance nas estruturas econômicas, sociais e políticas das cidades. Reforma agrária e reforma urbana tornaram-se duas faces de um mesmo processo de transformação social que envolve todas as dimensões da sociedade – a revolução brasileira.

É dentro deste contexto de grave desequilíbrio social no campo e na cidade que a economia brasileira foi exposta aos ventos liberalizantes do processo de globalização dos negócios – primeiro, com o programa de ajuste à crise da dívida externa dos anos 1980; em seguida, com a adesão ao Consenso de Washington e a adaptação incondicional às exigências da ordem global, a partir da década de 1990. Ao desarticular as bases que davam sustentação à industrialização por substituição de importações e inviabilizar a sobrevivência dos pequenos e médios produtores rurais, a abertura indiscriminada da economia brasileira à concorrência internacional e à ação dos grandes grupos econômicos internacionais quebrou o padrão de mobilidade social que, até o final dos anos 1970, era responsável pela surpreendente capacidade de a economia brasileira gerar empregos – ainda que precários – que absorvessem parcela significativa da força de trabalho expulsa do campo. A grave crise social provocada pela crise da dívida externa e a sua solução pela adaptação passiva do Brasil pela ordem global intensificaram perigosamente a violência no campo e na cidade, recolocando a questão agrária no centro do debate nacional, agora como parte de uma questão social muito mais complexa e difícil de ser resolvida.

---

[30] O processo recente de urbanização é examinado em MARICATO, E. *Brasil, cidades: alternativas para a crise urbana*. Petrópolis: Vozes, 2001; e *Habitações e as políticas fundiária, urbana e ambiental*. Brasília: Pnud e Ministério das Relações Exteriores, 1995.

Foram as invasões produzidas pelas multidões que perambulavam pelo país afora que impulsionaram a retomada da luta pela terra. Circunscritos a regiões isoladas e remotas até o final dos anos 1970 (como as lutas dos posseiros na região amazônica), nas décadas subsequentes, os conflitos no campo generalizaram-se pelo conjunto do território nacional. A Comissão Pastoral da Terra (CPT) registrou nos últimos anos da década de 1990, no auge do movimento dos trabalhadores sem-terra, cerca de mil ocorrências de conflitos por ano, envolvendo mais de 1,1 milhão de pessoas, e constatou que o número de ocupações atingiu mais de 600 no ano 2000, tendo aumentado mais de seis vezes em cinco anos.

4. INSTITUCIONALIZAÇÃO DA CONTRARREVOLUÇÃO E AJUSTE LIBERAL

Visto em retrospectiva histórica, é evidente o sentido das mudanças que determinaram a recomposição do padrão de dominação do capitalismo brasileiro após a desarticulação das bases de sustentação da ditadura militar. A esperança de que o retorno ao estado de direito instaurasse o respeito ao conflito como meio legítimo de conquista de direitos coletivos não se efetivou. A derrota das "Diretas já" em 1984 permitiu que o pacto de poder ultraconservador fosse recomposto, dando à burguesia o poder de conduzir a volta ao estado de direito de "cima para baixo", como um processo estrutural, destituído de qualquer conteúdo transformador. A institucionalização da contrarrevolução permanente não abriria espaço para a reforma social e para a superação do capitalismo dependente.

Ainda que as fortes mobilizações sociais que brotavam da base da sociedade civil dessem muitas vezes a impressão de que o processo fugiria de controle, após alguns sobressaltos, a burguesia conseguiu recompor sua unidade de classe e arrefecer o ímpeto reformista das classes subalternas. Na Nova República, como na República Velha, a democracia seria privilégio restrito às plutocracias. Os direitos consagrados na Constituição, frutos das pressões dos movimentos sociais, nunca sairiam do papel.[31] As parcas exceções seriam rapidamente sabotadas pelas contrarreformas da década de 1990.

A vitória de Fernando Collor de Mello nas eleições presidenciais de 1989 marcou a inflexão do movimento de ascenso das forças populares iniciado em meados da década de 1970, criando as condições subjetivas para uma avassaladora ofensiva neoliberal. Debilitadas pelo desemprego e pela crise inflacionária gerada pela crise terminal da industrialização por substituição de importações, as classes trabalhadoras foram incapazes de fazer frente ao devastador ataque do capital contra os direitos dos trabalhadores e as políticas sociais de caráter universal. Num contexto de forte pressão da burguesia internacional e nacional para o ajuste do padrão de acumulação às novas exigências da ordem global, a crise do socialismo foi um golpe adicional sobre as forças políticas que lutavam pela democratização da sociedade brasileira, provocando confusão e desalento nas hostes socialistas que lideravam as lutas sociais.

Assim, a volta do estado de direito não abriu nenhuma brecha para a luta pela terra. Os que acalentavam a esperança de que o reacionarismo da política agrária da ditadura militar constituía um fato conjuntural acabaram frustrados. A ausência de providências para enfrentar as causas estruturais da pobreza no campo não refletia exageros e desatinos dos anos de chumbo, que poderiam ser consertados mais adiante quando os ânimos serenassem, mas a quintessência de uma política agrária que correspondia às exigências de uma burguesia presa no circuito fechado do capitalismo dependente.

A Constituição Cidadã de 1988 ratificou a institucionalidade extraordinariamente restritiva criada em 1964, que consagrava a

---

[31] Sobre o significado e as implicações da Nova República e do processo Constituinte, ver FERNANDES, F. *Nova República?* Rio de Janeiro: Zahar, 1985; e *A Constituição inacabada: vias históricas e significado político*. São Paulo: Estação Liberdade, 1989.

política fundiária como verdadeira contrarreforma agrária. Em vários aspectos, o novo marco legal tornou-se ainda mais reacionário. Sem a segurança que representava a presença dos militares no comando das ações governamentais, os ruralistas exigiram mais garantias legais. O Estado não apenas perdeu o poder de recorrer ao "rito sumário" nas decisões de desapropriação da terra e garantia de posse como também passou a ser obrigado a indenizar as terras desapropriadas com "recursos próprios". É uma prova irrefutável da força colossal do latifúndio sobre o Estado brasileiro a relutância inarredável dos governos democrático – incluindo Lula e Dilma – para cumprir o dispositivo da Constituição que determina a necessidade de uma Lei Complementar para regulamentar o procedimento do "rito sumário", bem como a recusa de tomar as providências administrativas para atualizar os índices de produtividade da terra utilizados como referência para a definição das terras sujeitas à desapropriação (cuja base de cálculo é – pasmem! – de 1975). Destituído de base financeira, autonomia política e agilidade legal para fazer intervenções maciças na estrutura fundiária, o Executivo ficou sem instrumentos efetivos para fazer a reforma agrária. Nessas condições, toda iniciativa para enfrentar a questão fundiária seria rapidamente abortada, como mostra os exemplos do brevíssimo interregno de Nelson Ribeiro no Ministério da Reforma Agrária e de José Gomes da Silva no Incra nos primeiros meses do governo Sarney, e da ainda mais breve passagem de Marcelo Rezende no Incra durante o governo Lula.[32]

As transformações nas bases materiais da sociedade também conspiraram contra qualquer tipo de solução construtiva para a questão agrária. Destacando a relação entre o padrão de acumulação da agricultura brasileira e o processo de reespecialização regressiva do Brasil na divisão internacional do trabalho, Guilherme Delgado

[32] Cf. SILVA, L. O., *op. cit.*, 1997.

esclarece a especificidade do padrão de desenvolvimento capitalista da agricultura brasileira na era da "ordem global":

> Se atentarmos para a estrutura econômica dos setores que já crescem à frente dos demais, há alguns anos, veremos que existe um denominador comum presente na produção de petróleo, da hidrelétrica, do agronegócio e também da mineração. Todos esses ramos produtivos operam com base no monopólio de recursos naturais, que, nas suas dotações originais, independem de investimento ou da aplicação do trabalho humano para produzi-las. Esses recursos, submetidos à exploração intensiva ou extensiva, derivada da demanda por *commodities*, produzem rendas fundiárias que são objeto de ávida disputa no processo de apropriação da renda e da riqueza social.[33]

Ao revitalizar o agronegócio como força motriz do padrão de acumulação, o ajuste do campo aos imperativos da ordem global reforçou o papel estratégico do latifúndio como base material do capitalismo brasileiro. A aposta na competitividade espúria, baseada na exploração predatória das vantagens comparativas naturais do território, como forma de conquista de mercados externos supõe a intensificação da agricultura itinerante e, em consequência, a abertura de novas frentes de expansão para o latifúndio. A liberalização do comércio externo sem nenhum cuidado com a preservação da autonomia alimentar expõe os agricultores familiares à concorrência desigual de produtos importados, comprometendo a sobrevivência de pequenos e médios produtores. Por fim, a modernização indiscriminada, sob os auspícios das grandes multinacionais que controlam os pacotes tecnológicos e biotecnológicos da exploração do campo pelo capital, implica a eliminação de grandes quantidades de emprego no campo.[34]

---

[33] DELGADO, G. C., "Especialização primária como limite ao desenvolvimento", mimeo, p. 12. O texto é um capítulo do livro *Do capital financeiro na agricultura à economia do agronegócio: mudanças cíclicas em meio século (1965-2012)*. Porto Alegre: Editora de UFRG, no prelo.

[34] A relação perversa entre aumento da produtividade do trabalho, de um lado, e, de outro, deterioração dos salários e redução de empregos é denunciada por Delgado:

Enfatizando a forma peculiar de captação da renda da terra que corresponde ao novo padrão de desenvolvimento capitalista no campo, Delgado prevê uma nova corrida pela apropriação de terras e uma inevitável intensificação do processo de depredação do meio ambiente:

> Há uma dupla pressão por obtenção de ganhos de produtividade com recursos naturais. De um lado, a incorporação de novas áreas ao espaço econômico explorado atual e potencialmente. Nestes novos territórios, a expansão agrícola se inicia adotando pacotes tecnológicos preexistentes e exercendo um consumo crescente de recursos naturais não produzidos pelo trabalho humano – solos, água, biodiversidade, florestas nativas, luminosidade, condições climáticas etc. De outro, nas zonas de agricultura já consolidada, haverá certamente pressão crescente por aumento de produtividade do trabalho mediante intensificação do pacto tecnológico agroquímico, com consequências ambientais também predatórias sobre o meio ambiente.[35]

"(...) à dinâmica de crescimento da produtividade física da agropecuária nas zonas consolidadas ou nas zonas de nova incorporação fundiária, não há evidência de correspondência com aumentos de salário, nem tampouco de elevação do emprego de trabalhadores não qualificados, vinculados ao crescimento da produção. Expansão agrícola e expansão do emprego e da massa salarial são fenômenos de outros contextos históricos – a expansão cafeeira em diversos ciclos de economia primário-exportadora até o final dos anos 60 do século passado. (...) Alguma dinâmica local de criação de novos empregos nas cadeias produtivas em expansão ocorrerá, mas nem de longe se compara com os fenômenos de expansão primária de outras épocas" ("Especialização primária...", p. 10).

[35] DELGADO, G. C, "Especialização primária...", p. 10. Não custa registrar o alerta feito sobre o caráter insustentável do modelo agrícola brasileiro. "A resultante inevitável é superexploração de jazidas e terras novas e também intensificação do pacote técnico agroquímico nas zonas já exploradas, para obter maior fatia do mercado externo de produtos primários. Esse arranjo não é sustentável em médio prazo, econômica e ecologicamente. Os tais ganhos de produtividade das exportações de minerais, petróleo, carnes, grãos, etano etc., deixados a critério estritamente mercantil, tendem a se extinguir no tempo com a dilapidação paulatina dos recursos naturais não renováveis" (p. 12). Em texto preparado para a CNBB, "Questão agrária no Brasil atual", Delgado especifica a relação de causalidade entre expansão do agronegócio e depredação do meio ambiente: "Em síntese, devem-se ressaltar dois aspectos conexos do estilo de expansão agrícola que o Brasil vem praticando, com ênfase na última década: 1) elevação da produção de dióxido de carbono na

O novo contexto histórico-estrutural levou ao paroxismo os antagonismos entre o latifúndio, de um lado, e, de outro, os pequenos e médios proprietários, os trabalhadores assalariados, os trabalhadores temporários, os arrendatários, os posseiros e os trabalhadores sem-terra. Ao acirrar a subordinação da agricultura aos desideratos do capital financeiro, as tendências da agricultura brasileira apontam para um processo que combina: reconcentração fundiária; maior controle direto ou indireto do capital internacional sobre a exploração agrícola; nova rodada de grilagem de terras; e exacerbação da superexploração do trabalho.[36] A subordinação da agricultura brasileira aos desígnios do capital financeiro intensificou-se no novo milênio. Fazendo um paralelo entre o padrão de acumulação capitalista no campo da época da ditadura com as transformações recentes, Guilherme Delgado sintetizou a questão assim:

> O que fica evidente nos anos 2000 é o relançamento de alguns complexos agroindustriais, da grande propriedade fundiária e de deter-

---

atmosfera em razão dos desmatamentos e queimadas na agricultura; 2) a acelerada expansão do uso de agrotóxicos na agricultura (fungicidas, herbicidas e inseticidas), cujo volume de vendas entre 2003 e 2009 cresceu 129%, o que equivale a incremento médio anual de 15% nesse período" (CNBB, "Questão agrária no Brasil atual". Brasília, 2012, mimeo, p. 12).

36 RAMOS, P. "História e questão agrária brasileira: do início do Brasil Império ao governo Lula (1822-2010)", mimeo, p. 22. Texto preparado para o III Congresso Latino-americano de História Econômica – Cladehe-III, Mesa geral n. 6, História Agrária. O documento da CNBB adverte: "a MP 458 de 2008, convertida em Lei, legalizou 67,4 milhões de ha de terras públicas a grileiros, autodenominados empresários rurais, que ocupam ilegalmente terras da União". A força dos ruralistas fica evidente quando se leva em consideração que "A MP 458 foi antecedida por várias iniciativas governamentais que gradativamente foram elevando a área máxima de alienação: o artigo 118 da Lei n. 11.196/2005 elevou para 550 ha; a MP 422, emitida em março e aprovada em julho de 2008, permitiu ao Incra titular diretamente, sem licitação, propriedades na Amazônia Legal com até 15 módulos rurais (1,5 mil ha); a MP 458 autoriza a União a licitar áreas excedentes às regularizáveis (15 módulos fiscais) até o limite de 2,5 mil hectares, dando preferência de compra a seus ocupantes" (CNBB, *op. cit.*, 2012, p. 10).

> minadas políticas de Estado, tornando viável um peculiar projeto de acumulação de capital, para o qual é essencial a captura da renda da terra juntamente com a lucratividade do conjunto dos capitais consorciadas no agronegócio.[37]
>
> (...)
>
> Em síntese, as condições da expansão agrícola vinculadas a: 1) uma inserção externa dependente; 2) ao perfil da dupla superexploração dos recursos naturais e do trabalho humano; e 3) a uma forma de extração do excedente econômico, fortemente vinculada à renda fundiária; configuram novos ingredientes de uma questão agrária muito além dos limites setoriais da agricultura. Em última instância, caracterizam um estilo típico do subdesenvolvimento que se repõe em pleno século XXI e do qual o pacto do agronegócio é parte integrante de peso. Mas a caracterização dessa questão agrária é mais geral e mais profunda. Integra a essência do projeto nacional de desenvolvimento e requer um enfrentamento dentro e fora do modelo agrícola hegemônico.[38]

Em documento preparado para subsidiar o posicionamento da CNBB sobre a questão agrária, Delgado explicita as premissas do padrão de acumulação do agronegócio brasileiro:

> O problema mais grave desse estilo de expansão primária é o seu inevitável recurso a três condições necessárias à sua consecução: a) forte concentração da riqueza fundiária, sob a forma de especulação e apropriação das terras; b) superexploração de recursos naturais, sob o pressuposto da busca do equilíbrio externo a qualquer custo, com graves danos à saúde, ao meio ambiente e à segurança alimentar; c) desocupação relativa e superexploração do trabalho assalariado nesse processo de expansão.[39]

A expressão ideológica da nova ofensiva do capital no campo aparece na forma de um pensamento apologético que nega agressivamente não apenas a existência de uma questão agrária, mas até

---

[37] DELGADO, G. C., "Especialização primária...", p. 6. A aprovação do novo Código Florestal é uma das medidas concretas mais recentes que têm como objetivo básico abrir novas fronteiras para o capital.

[38] *Ibid.*, p. 13.

[39] *Ibid.*, p. 9.

mesmo a pertinência de discuti-la. Os intelectuais instrumentalizados como ventríloquos do agronegócio não disfarçam seu partido. É emblemático desse tipo de manifestação o posicionamento raivoso de dois expoentes do novo ruralismo, ambos ironicamente oriundos de uma tradição de esquerda. Sem nenhum prurido em relação à conveniência de preservar a aparência de neutralidade científica, tão apreciada na academia onde fizeram carreira, em artigo com o sugestivo título "Realidade agrária e ideologia", curiosamente publicado numa revista do Ministério da Agricultura, Pecuária e Abastecimento do governo Dilma que mais parece boletim de associação de ruralistas, os autores exaltam as virtudes do agronegócio e destilam um reacionarismo primário:

> Surpreende a crítica retrógrada que resiste à realidade, supondo nossa agricultura como na época latifundiária. Sem a pujança do campo, com sua elástica oferta de alimentos e matérias-primas, a sociedade não teria se urbanizado; nem a economia teria progredido, perdendo-se em suas crises, incluindo a superinflação. O superávit agrícola paga as importações industriais. Os empregos gerados nas agroindústrias espalhadas pelo interior aquecem o comércio e ajudam a criar a classe média que faz prosperar atualmente a nação.

Sem disfarçar a absoluta ignorância sobre as mudanças qualitativas na questão agrária e sem entrar no mérito sobre os novos desafios da reforma agrária, os arautos do novo ruralismo esconjuram a luta pela terra:

> Os críticos, estranhamente, optam pela cegueira. Não conseguem se desvencilhar do raciocínio típico da década de 1950, repetindo expressões conservadoras como 'fixar o homem no campo' ou 'sem reforma agrária não haverá justiça social', como se as mudanças operadas fossem ficcionais. Tornaram-se arautos do reacionarismo. Urbanos, desconhecem que agricultor virou uma profissão cada vez mais desafiadora. Sem competência, diante dos incontáveis riscos – seca, pragas, doenças, mercados –, fracassam no equilíbrio da renda. Acabou o tempo da enxada na roça.

Representantes modernos da tradição do pensamento autoritário brasileiro, que encontra sua matriz remota na racionalização a qualquer custo da propriedade privada e do progresso da época do Império, traem sua própria retórica contra "patrulhas" ideológicas quando desqualificam histericamente as críticas que possam representar uma ameaça para os grandes proprietários de terra.

> Ao contrário daquilo que se imaginava, a reforma agrária teve pouca influência nesse desenvolvimento [o desenvolvimento capitalista da agricultura brasileira]. Como a primavera democrática e a urbanização que tomou conta do mundo, além das profundas transformações produtivas, aquela política de Estado saiu de cena, pois seus pressupostos deixaram de existir. Por que então gastamos milhões de reais com assentamentos que apenas reproduzem a miséria? Por que não investir em novas alternativas, baseadas na qualificação e na sustentabilidade dos pequenos agricultores? É necessário e urgente animar um debate franco e aberto sobre as transformações no campo brasileiro – longe dos mitos e das falácias, apartidário, baseado na leitura real do desenvolvimento agrário, e não de ideais fora do lugar. É necessário discutir sem patrulhamento ideológico, e sem academicismo livresco ou os saudosistas delírios urbanos. Discutida honestamente, constrói-se uma agenda do século XXI para a agropecuária, capaz de contribuir ainda mais para a prosperidade do Brasil.[40]

Quando se leva em consideração a situação objetiva e subjetiva que condiciona a luta de classes no campo e suas injunções inevitáveis sobre a luta de classes no país como um todo, não deve causar surpresa a constatação de que, retórica à parte, na prática, nenhum governo – nem Sarney, nem Collor, nem Itamar, nem Fernando Henrique, nem Lula, e muito menos Dilma – revelou a mais mínima "vontade política" de democratizar a estrutura fundiária.

---

[40] GRAZIANO, X. e NAVARRO, Z., "Realidade agrária e ideologia". *Revista de política agrícola*, ano XXI, n. 2, abr.-jun. 2012, Brasília, Secretaria Nacional de Política Agrícola, Companhia Nacional de Abastecimento, p. 139 e 140.

5. ASCENSÃO E DERROTA DA LUTA PELA REFORMA AGRÁRIA

Premidos pela grave crise que tomou conta do campo brasileiro a partir da década de 1980, liderados pelo Movimento dos Trabalhadores Sem Terra (MST), os movimentos sociais mobilizaram-se pela reforma agrária, procurando transformar a violência no campo em ocupações de terras, e estas, em pressão política pela realização da reforma agrária. Sem questionar os parâmetros da institucionalidade vigente, a campanha pela reforma agrária cobrou do Estado brasileiro o cumprimento do princípio da "função social da terra". O documento da Conferência Nacional dos Bispos do Brasil (CNBB) *A Igreja e os problemas da terra,* de 1980 – a principal referência das organizações mais combativas –, explicita os parâmetros concretos que deveriam nortear a luta pela terra. Ainda que o pensamento dos bispos brasileiros contenha severa censura moral aos efeitos deletérios do capitalismo sobre o homem, suas consequências práticas se limitam à busca de uma solução imediata para a pobreza do campo dentro da ordem estabelecida:

> Apoiamos os *esforços do homem do campo por uma autêntica reforma agrária,* (...) que lhe possibilite o acesso à terra e condições favoráveis para seu cultivo. Para efetivá-la, queremos valorizar, defender e promover os regimes de propriedade familiar, da posse, da propriedade tribal dos povos indígenas, da propriedade comunitária, em que a terra é concebida como instrumento de trabalho. Apoiamos igualmente a *mobilização dos trabalhadores para exigir a aplicação* e/ou reformulação das leis existentes, bem como para conquistar uma política agrária, trabalhista e previdenciária que venha ao encontro dos anseios da população.[41]

A importância de *A Igreja e os problemas da terra* como guia para a luta pela reforma agrária foi explícita e reiteradamente reivindicada por João Pedro Stedile, líder do MST, como uma ruptura qualitativa

---

[41] CNBB. *A Igreja e os problemas da terra.* Documento aprovado pela 18ª Assembleia da Conferência Nacional dos Bispos do Brasil. Itaici, 14 fev. 1980.

com os termos da questão agrária. Desvinculada definitivamente da problemática da revolução brasileira, a questão agrária ficava reduzida a uma dimensão da questão social que deveria ser enfrentada nos marcos da ordem:

> Esse documento foi importantíssimo tanto para a Igreja, que avançou em seu posicionamento doutrinário e de prática pastoral em relação ao problema da agricultura, como representou uma contribuição científica à interpretação dos problemas sociais no campo. (...)
> O documento analisou com detalhes a natureza do capitalismo no campo, a exploração, a especulação, a concentração da terra e dos meios de produção. Pregou a necessidade da reforma agrária a partir do princípio bíblico de que 'a terra é para todos' e, portanto, deve estar a serviço para atender às necessidades de todos os homens, e *não apenas* de alguns [grifo nosso].
> Esse documento teve um papel fundamental tanto pelo peso social e influência de seus autores, os bispos do Brasil, como pelo avanço político da proposta. A proposta da Igreja católica foi definitivamente muito mais avançada do que as propostas e o debate travado pela esquerda entre si na década de 1960. A superação ideológica daquele debate veio, pois, pela contribuição da CNBB.[42]

A avaliação do latifúndio como força política anacrônica e residual e a visão sobre a possibilidade de fazer da reforma agrária uma política estratégica para conciliar capitalismo e distribuição de renda também reaparece nos documentos que orientaram a ação do Grupo Agrário do PT. Em sua essência, tal concepção fundamenta o programa de reforma agrária do primeiro governo Lula – o II Plano Nacional de Reforma Agrária; plano que, pelo

---

[42] STEDILE, J. P. (org.). *A questão agrária no Brasil: o debate na década de 1990*. São Paulo: Expressão Popular, 2013, p. 14-15. O autor atribui o embasamento científico do documento da CNBB às contribuições de José de Souza Martins e Ivo Poleto. Para uma crítica da concepção restrita de José de Souza Martins sobre a questão agrária, ver o trabalho de RODRIGUES, Fabiana de Cássia. *MST – Formação política e reforma agrária nos anos de 1980*. Tese (doutorado) – Faculdade de Educação da Universidade Estadual de Campinas (FE-Unicamp). Campinas, mimeo, 2013.

seu desavergonhado abandono, marcaria a ruptura definitiva de Lula e do PT com a luta pela reforma agrária.[43]

Aceitando os parâmetros da questão agrária definidos pela contrarrevolução burguesa – a desvinculação do problema da pobreza no campo do padrão de modernização do campo –, as forças sociais e políticas que lutaram pela reforma agrária passaram a reivindicar as "terras devolutas e improdutivas". Atuando na fronteira da lei e recorrendo muitas vezes a técnicas que beiravam a desobediência civil, os defensores da reforma agrária partiam da avaliação de que, apesar das perversidades inerentes ao capitalismo, a questão agrária poderia ter uma solução positiva nos marcos do regime burguês.

A teoria que embasava a luta pela terra partia de dois supostos. O primeiro – explícito – insistia na existência de uma vasta quantidade de terras "residuais" que poderiam ser distribuídas como "terra de trabalho" – terras devolutas que não cumpriam a função social. O grande estoque de terra passível de ser transferido aos trabalhadores rurais constituía a base objetiva para a reforma agrária.[44] O segundo encontrava-se implícito; supunha-se a inexis-

---

[43] A versão final do projeto de reforma agrária preparado para o Ministério do Desenvolvimento Agrário (MDA), sob a coordenação de Plinio de Arruda Sampaio, pode ser visto em "Plano Nacional de Reforma Agrária (II PNRA). Paz, produção e qualidade de vida no meio rural", de 2003. Disponível em: <sistemas.mda.gov.br/arquivos/PNRA_2004.pdf>. Depois de rebaixar as metas propostas pela equipe técnica, o governo abandonou completamente a reforma agrária. Sobre o assunto, ver os ilustrativos depoimentos de dois expoentes do grupo responsável pela elaboração do II PNRA, veteranos da luta pela reforma agrária: CARVALHO, J. J. "A proposta é uma coisa, o plano do governo é outra". *Estudos Avançados da USP*, v. 18, n. 50, 2004, São Paulo, Edusp, p. 337-345; e OLIVEIRA, A. U. de. "A 'não' reforma agrária do MDA/Incra no governo Lula". Trabalho apresentado na reunião paralela realizada pela Via Campesina durante a Conferência Internacional Reforma Agrária e Desenvolvimento Rural (CIRADR-FAO), Porto Alegre, 7-10 mar. 2006. Disponível em: <pt.scribd.com/doc/96607576/A-Nao-Reforma-Agraria-No-Governo-LULA>.

[44] O texto preparado por Delgado para a CNBB esclarece o problema das terras disponíveis para a reforma agrária: "(...) para se ter noção do tamanho das terras devolutas, considere-se a totalidade do território nacional fisicamente identificado

tência de antagonismo irredutível entre "terra de trabalho" e "terra de exploração". Supunha-se, portanto, a presença de condições subjetivas para que as terras devolutas improdutivas ficassem disponíveis para os homens pobres. Para avançar na reforma agrária, bastaria construir, a partir da mobilização dos interessados, pressão política para forçar o Estado a enfrentar o latifúndio. Imaginava-se que existia uma grande autonomia relativa do Estado em relação ao latifúndio improdutivo – o que a história demonstrou ser absolutamente equivocado.[45]

Mesmo enquadrada nos marcos extraordinariamente restritivos impostos pela burguesia brasileira, a luta pela terra chocou de frente com a política fundiária do Estado democrático brasileiro. Para conter os sem-terra e defender o latifúndio, as classes dominantes não hesitaram em partir para a guerra suja. Com a evidente cumplicidade das autoridades de plantão, lançaram mão de todos os expedientes à disposição: criminalização das lutas, massacres, assassinatos, estigmatização, retaliação econômica, espionagem, manipulação de informação, censura aos meios de comunicação. O recurso puro e simples à repressão não foi, entretanto, suficiente para conter a violência no campo. Pressionada pelo avanço da

---

pelo IBGE no Censo (851 milhões de ha). Há inscritos, sob todos os critérios legais de registro, os seguintes títulos: a) o total dos estabelecimentos recenseados; b) as terras indígenas; c) as unidades de conservação ambientais; d) as superfícies aquáticas; e) as zonas urbanas; f) os assentamentos rurais; g) as terras de órgãos públicos registradas etc., perfazendo uma totalidade de 541 milhões de ha. Verifica-se a sobra, por diferença, de uma vasta área definida como 'outras ocupações', de aproximadamente 310 milhões de ha. Ou seja, mais de um terço das terras do país foi aparentemente grilado ou está cercado, mas não pertence a quem a cercou, pois são terras públicas devolutas ou não. São, portanto, terras que, pela Constituição de 1988, deveriam ser destinadas à reforma agrária" (CNBB, "Questão agrária...", p. 11).

[45] O documento preparado para o IV Congresso do MST, realizado em Brasília no ano 2000, no seu momento de maior radicalismo, reitera a importância de "condicionar de fato a propriedade da terra a sua função social" como base da estratégia de luta pela reforma agrária.

luta pela terra, a burguesia foi obrigada a colocar em prática um simulacro de reforma agrária, cujo principal objetivo consiste em evitar, pela intervenção pontual nas regiões de maior conflito, que a revolta dos sem-terra se generalizasse.

As medidas repressivas para evitar a conflagração do campo foram combinadas com intervenções tópicas destinadas a debelar os focos de conflito mais ameaçadores para a ordem social. Após um período de perplexidade diante da determinação dos sem-terra, na segunda metade dos anos 1990, o Estado brasileiro finalmente definiu uma estratégia e um formato para sua política "positiva" de enfrentamento da crise social no campo. Seguindo as diretrizes do Banco Mundial, o acesso do homem pobre à terra foi concebido como um problema individual, que deveria ser enfrentado caso a caso, em função da urgência dos necessitados e da gravidade da situação social da região em conflito. A política de assentamento foi arquitetada e executada como política assistencialista. O ritmo e a intensidade da "reforma agrária" ficariam limitados à disponibilidade de recursos orçamentários. Assim como a abolição da escravidão foi realizada pelos brancos e para os brancos, a reforma agrária seria conduzida de cima para baixo pelo latifúndio e para o latifúndio.[46]

Não obstante a adversidade do contexto histórico, na década de 1990, na contramão do que vinha ocorrendo no conjunto do movimento popular, a luta dos sem-terra intensificou-se. Desafiando a ofensiva avassaladora do capital financeiro sobre o campo, o MST acabou se transformando – não sem méritos e grandes sacrifícios – na principal referência política da esquerda brasileira. Reprimidos

[46] Para uma crítica da política de assentamento do Banco Mundial, consultar: SYDOW, E. e MENDONÇA, M. L. (orgs.). *A política destrutiva do Banco Mundial para a reforma agrária*. São Paulo: Rede Social de Justiça e Direitos Humanos, s.d.; e MARTINS, M. D. (org.). *O Banco Mundial e a terra: ofensiva e resistência na América Latina, África e Ásia*. São Paulo: Viramundo, 2004.

violentamente em suas ações políticas e asfixiados pela alegada falta de recursos para atender às demandas da reforma agrária, os sem-terra apostaram todas as fichas na eleição do candidato que representava historicamente a bandeira da reforma agrária: Luiz Inácio Lula da Silva. Em artigo publicado no exterior, João Pedro Stedile verbaliza as esperanças dos trabalhadores e intelectuais que ainda alimentavam a convicção de que a reforma agrária estava ao alcance:

> A vitória do presidente Lula nas eleições mudou a correlação de forças da luta pela reforma agrária no Brasil. Pelos compromissos históricos do PT, sua liderança e como partido de esquerda, temos agora um governo federal que apoia a reforma agrária, ao contrário do que foi o governo de Fernando Henrique Cardoso. Portanto, a disputa se situa em outro plano.[47]

No entanto, no momento em que o artigo foi escrito, no final de 2003, já não havia nenhum motivo para acreditar que o governo Lula seria capaz de realizar uma reforma agrária. Logo no início de seu mandato, a demissão de Marcelo Rezende, o superintendente do Instituto Nacional de Colonização e da Reforma Agrária (Incra), a pedido dos ruralistas, anunciava que os inimigos das mudanças sociais eram poderosíssimos no governo Lula. Homem de confiança da Comissão Pastoral da Terra e do MST, sua demissão anunciava o que o tempo deixaria absolutamente comprovado: o governo Lula não faria a reforma agrária. O abandono definitivo da reforma agrária, mantido no governo Dilma, revela de maneira inequívoca que os obstáculos interpostos pelos governos Sarney, Collor, Itamar e Fernando Henrique à democratização do campo não podem ser atribuídos a conjunturas políticas circunstanciais. O bloqueio à reforma agrária confirma as interpretações que enfatizavam a total

47 STEDILE, J. P. "El MST y las disputas por las alternativas en Brasil". *Observatório Social de América Latina* (Osal), ano V, n. 13, jan.-abr. 2004, Buenos Aires: Clacso, p. 31.

falta de disposição do Estado para enfrentar o latifúndio. O fracasso de todas as iniciativas de impulsionar a desconcentração da estrutura fundiária não deixa margem a dúvidas. A decisão de não fazer a reforma agrária responde a uma razão de Estado. Fechando os espaços para uma solução socialmente construtiva para a questão agrária, a burguesia reitera a importância estratégica do latifúndio como uma das bases fundamentais do padrão de acumulação e dominação do capitalismo brasileiro.

O balanço da política de assentamento dos governos democráticos é sombrio. A crescente discrepância entre as necessidades imediata de terra – medida pelo número de famílias em ocupações – e as respostas do Estado – a quantidade de famílias efetivamente assentadas – comprova o absoluto descaso com os problemas do homem pobre no campo. A comparação entre os governos FHC e Lula é ilustrativa. Enquanto no primeiro governo FHC (1995-1998), no auge das lutas do MST, a média do número de famílias assentadas foi 15% inferior à média do número de famílias em ocupações, no último governo Lula (2007-2010), mesmo com o expressivo arrefecimento das ocupações (produto de cooptação de importantes organizações que lideravam a luta pela terra), essa relação saltou para 72% – fato que expressa uma redução de quase sete vezes no número médio de famílias assentadas.[48] No governo

[48] Para mais detalhes, consultar RAMOS, P. *op. cit.*, 2012, p. 23. Em esclarecedora entrevista, Ariovaldo Umbelino de Oliveira faz um severo balanço dos resultados efetivos da política agrária do período Lula: "No primeiro mandato, por pressão social dos movimentos sociais, foi elaborado o II Plano Nacional de Reforma Agrária (PNRA), em que a proposta de assentamento era de um total de 520 mil famílias. Na realidade, assentou-se em torno de 220 mil famílias apenas, embora o governo divulgasse dados de mais de 500 mil. Esses dados não correspondem à realidade, porque eles somaram como assentamentos novos áreas de regularização fundiária, áreas de reconhecimento de assentamentos antigos e reassentamentos de atingidos por barragens. Além disso, no segundo mandato não foi elaborado o III Plano Nacional de Reforma Agrária. Então, o governo se descompromissou em fazer a reforma agrária e passou a adotar uma política de contrarreforma agrária, porque

Dilma é ainda pior, pois, em seu primeiro ano, os assentamentos foram praticamente paralisados, registrando o menor número de famílias atendidas desde 1995.

Na realidade, o objetivo da reforma agrária neoliberal nunca foi modificar a estrutura fundiária do país, mas apenas empurrar o problema para frente, afastando o risco imediato de uma conflagração no campo, pelo isolamento dos homens pobres em regiões remotas do país. A finalidade oculta – depositar os homens pobres em regiões remotas, mantendo-os dispersos uns dos outros – foi bem-sucedida.[49] Não por acaso, a maioria das terras distribuídas localizou-se nas regiões de fronteira da Amazônia. Ao reduzir o programa fundiário à mera distribuição de lotes de terra e a providências de regularização da propriedade dos posseiros, ignorando propositalmente a necessidade de dar ao assentado assistência técnica, comercial e financeira, os beneficiários da reforma agrária na sua grande maioria nunca superaram o estado de penúria e extrema instabilidade, permanecendo sempre vulneráveis aos ataques do latifúndio e da especulação fundiária. Perpetua-se, assim, o padrão

---

enviou duas medidas provisórias (MPs) ao Congresso: uma em 2008, a MPV 422, e outra em 2009, a MPV 458, elevando a área passível de regularização na Amazônia Legal de 100 ha para 2,5 mil ha e só passou no Congresso até 1,5 mil ha. Isso quer dizer que, nesse segundo mandato, o governo fez uma política de legalização da grilagem. Isso que dizer que, em vez de se fazer reforma agrária, se adotou uma política de contrarreforma agrária. Então, o balanço final é de que o governo não teria, no segundo mandato, feito cumprir a grande meta que era a reforma agrária". A íntegra da entrevista está disponível em: <www.mst.org.br/Politica-agraria-do-governo-Lula-valorizou-o-agronegocio>. Acesso: 22 set. 2012. Ver também Banco de Dados da Luta pela Terra, *Relatório 2010*. Disponível em: <www2.fct.unesp.br/grupos/nera/projetos/dataluta_brasil_2010.pdf>. Acesso: 22 set. 2012.

[49] Para um exame crítico das diretrizes do Banco Mundial, ver: SYDOW, E. e MENDONÇA, M. L. *op. cit.*, s/d; e MARTINS, M. D. (org.), *op. cit.*, 2004. A distribuição espacial dos assentamentos pode ser vista no mapa da reforma agrária elaborado por DAVID, M. B. A., WANIEZ, P. e BRUSTLEIN, V. "Atlas dos beneficiários da reforma agrária", *in: Estudos Avançados*, v. 11, n. 31, São Paulo: Edusp, 1997.

histórico de expansão e ocupação da fronteira agrícola, de acordo com o qual o homem pobre abre a picada e prepara o terreno para a chegada do grande capital.

6. LIÇÕES DA DERROTA: FRACASSO DO PROGRAMA DEMOCRÁTICO POPULAR

O abandono da causa da reforma agrária e das reformas sociais em geral pelo PT não pode ser reduzido a um problema moral. Na realidade, na hora da verdade, quando ficou claro que o Brasil continuaria sob a rígida tutela dos organismos internacionais, que o governo Lula promoveria uma nova rodada de reformas liberais e que a agenda de reformas seria abandonada, as organizações dos trabalhadores não deflagraram um processo de mobilização social capaz de reverter a correlação de forças e obrigar o presidente eleito a realizar as mudanças prometidas. Um contexto histórico extraordinariamente adverso levou a grande maioria dos trabalhadores a sancionar o movimento de capitulação do alto comando petista.

Mesmo mobilizando expressivo contingente de trabalhadores sem-terra, disciplinadamente organizados em todas as regiões do país e contando com a simpatia expressa da grande maioria da população brasileira, a luta pela terra não conseguiu descongelar a reforma agrária. A derrota foi duplamente condicionada. De um lado, os trabalhadores rurais não lograram acumular força necessária para enfrentar o latifúndio. Ao desvincular a luta pela reforma agrária da luta pela revolução brasileira, ou seja, da luta contra o capitalismo dependente, os sem-terra não conseguiram nem unificar o próprio campo em torno da bandeira da reforma agrária, nem muito menos unificar os trabalhadores do campo e da cidade em torno de uma bandeira comum. Sem unidade de classe, as lutas sociais pulverizaram-se em reivindicações corporativas que eram, de uma ou de outra maneira, neutralizadas, seja pela repressão, seja pela cooptação. De outro lado, a burguesia brasileira revelou a sua oposição implacável a qualquer alteração que pudesse ameaçar o domínio absoluto do latifúndio sobre o campo, confirmando – mais uma vez – que um desenvolvimento capitalista controlado pelo capital internacional e baseado na superexploração do trabalho não pode dispensar o latifúndio como viga mestra da organização econômica, social e política do campo.

Quando visto em conjunto com as demais lutas sociais, o programa agrário que norteou a luta dos sem-terra enquadra-se perfeitamente, com as devidas particularidades, na estratégia de reformas graduais e parciais sistematizada no programa democrático popular, que, a partir dos anos 1980, unificou a teoria e a prática política dos movimentos sociais e partidos políticos hegemonizados pelo Partido dos Trabalhadores.[50] O fato foi explicitamente reconhecido por Ademar Bogo, um dos principais dirigentes do Movimento Sem Terra: "O MST nasceu juntamente com o PT e constitui uma tática, enquanto a estratégia estava com o PT".[51]

Iniciada na segunda metade da década de 1970, após o esmagamento da resistência armada à ditadura militar, a nova fase de reorganização das forças populares baseava-se na formação de organizações de massa, para disputar o espaço institucional. Imaginava-se que, combinando forte pressão "de baixo para cima" e luta para ocupar espaço nos aparelhos de Estado, os trabalhadores lograriam progressivas conquistas.[52] Sob a consigna de "fazer valer os seus direitos", a luta política – polarizada em torno do Partido dos Trabalhadores (PT) –, a luta sindical – puxada pela Central

---

[50] Para uma crítica do Programa Democrático Popular, ver: IASI, M. L. *As metamorfoses da consciência de classe: o PT entre a negação e o consentimento.* São Paulo: Expressão Popular, 2006.

[51] Declaração feita no V Ebem – Encontro Brasileiro de Educação e Marxismo –, ocorrido entre 11 e 14 de abril de 2011. A frase foi registrada por Fabiana de Cássia Rodrigues e consta de sua tese de doutoramento, RODRIGUES, F. C., *op. cit.*, 2013.

[52] Sobre o assunto, consultar FERNANDES, F. *Movimento socialista e partidos políticos.* São Paulo: Hucitec, 1980; e *Brasil: em compasso de espera.* Hucitec: São Paulo, 1980.

Única dos Trabalhadores (CUT) –, a luta campesina – liderada pelo Movimento Sem Terra (MST) – e as lutas urbanas – impulsionadas pelas pastorais sociais inspiradas na Teologia da Libertação – buscaram alcançar basicamente três objetivos: "criar direitos"; "obrigar o Estado cumprir a lei"; e "ocupar os aparelhos de Estado". Para tanto, as organizações populares combinavam formas de pressão social, que algumas vezes ficavam nas franjas da legalidade burguesa, com intensa participação nas disputas eleitorais. Por diferentes caminhos, todas as lutas desaguavam na esfera institucional.

A concepção de que existiam condições objetivas e subjetivas para compatibilizar capitalismo, democracia e soberania nacional partia de dois supostos fundamentais: a convicção de que o Brasil havia criado as bases materiais para a autodeterminação do desenvolvimento capitalista; e a crença de que, restabelecido o estado de direito, a luta de classes estaria baseada na busca do bem comum. Em outras palavras, predominava uma visão das possibilidades históricas segundo a qual não haveria obstáculos materiais intransponíveis nem bloqueios políticos insuperáveis para iniciar um processo efetivo de distribuição de renda e justiça social. Supunha-se – equivocadamente – que o capitalismo não condenava necessariamente a população brasileira à dependência externa e à pobreza.[53]

---

[53] A interpretação sobre a autodeterminação do capitalismo brasileiro encontra-se elaborada nos trabalhos da chamada Escola de Campinas, principalmente nos trabalhos de CARDOSO DE MELLO, J. M. *O capitalismo tardio*. São Paulo: Brasiliense, 1982; BELLUZZO, L. G., *Desenvolvimento capitalista no Brasil*. São Paulo: Brasiliense, 1982/1983, 2v.; e TAVARES, M. C. *Acumulação de capital e industrialização no Brasil*. Campinas: Unicamp, 1974; *Ciclo e Crise*, Rio de Janeiro: FEA-UFRJ, 1978; e "Problemas de industrialización avanzada en capitalismos tardios y periféricos". *Economía de América Latina. Revista de Información y Análisis de la Región*, México, n. 6, s. p., 1981, mimeo. A interpretação sobre o raio de manobra político das sociedades latino-americanas é sistematizada por Fernando Henrique Cardoso em alguns capítulos de *O modelo político brasileiro*. São Paulo: Difusão

A ausência de força política para enfrentar os interesses externos e internos que sustentam o neoliberalismo revela a insuficiência dos instrumentos construídos nas últimas décadas – PT, CUT, MST e movimentos sociais – como alavancas estratégicas da transformação social. Uma leitura equivocada da realidade brasileira levou as forças de esquerda a uma brutal subestimação das dificuldades que seriam encontradas para transformar a realidade. A questão central reside na suposição de que haveria significativo espaço para reformas sociais progressivas nos marcos do capitalismo dependente.

O elevado ritmo de crescimento da economia criou a miragem de que o Brasil gozava de relativa autonomia dentro do sistema capitalista mundial, alimentando assim a expectativa de que teriam sido internalizadas as condições objetivas para impulsionar um desenvolvimento capitalista autodeterminado. A volta dos militares ao quartel e a institucionalização da democracia formal geraram a ilusão de que finalmente a sociedade brasileira havia criado as condições subjetivas para a realização de reformas sociais que redundassem em expressiva melhoria nas condições de vida do conjunto da população.

Posta em perspectiva histórica, a derrota das forças que apostavam na mudança social deve ser interpretada como parte do mesmo processo de impossibilidade histórica que, desde o golpe militar de 1964, interrompeu violentamente todas as iniciativas de reforma que pudessem colocar em questão a continuidade das articulações internas e externas que sustentam o capitalismo dependente. Processos análogos ocorreram em todo o continente latino-americano, desnudando que existem condicionantes estruturais mais gerais que aprisionam o continente no círculo de ferro da dependência e do subdesenvolvimento.

Europeia do Livro, 1972. A crítica teórica à ideia da autodeterminação do capitalismo brasileiro está desenvolvida em SAMPAIO JR., P. S. A., *op. cit.*, 1999, p. 17-34.

7. REVERSÃO NEOCOLONIAL E REVOLUÇÃO BRASILEIRA – ATUALIDADE E DESAFIOS DA REFORMA AGRÁRIA

As mudanças em curso na agricultura brasileira reforçam o seu caráter de uma economia de tipo colonial. Comparando as colônias de povoamento com as de exploração – verdadeiras *plantations* – em *Formação do Brasil contemporâneo*, Caio Prado Jr. forja a noção de sentido da colonização para definir a lógica do movimento histórico que impulsiona a organização da agricultura nos trópicos na era do capitalismo sob dominação do capital mercantil:

> No seu conjunto, e vista no plano mundial e internacional, a colonização dos trópicos toma o aspecto de uma vasta empresa comercial, mais complexa que a antiga feitoria, mas sempre com o mesmo caráter que ela, destinada a explorar recursos naturais de um território virgem em proveito do comércio europeu. É este o verdadeiro *sentido* da colonização tropical, de que o Brasil é uma das resultantes; e ele explicará os elementos fundamentais, tanto no econômico como no social, da formação e evolução históricas dos trópicos americanos.[54]
>
> (...)
>
> Se vamos à essência da nossa formação, veremos que na realidade nos constituímos para fornecer açúcar, tabaco, alguns outros gêneros: mais tarde, ouro e diamantes; depois, algodão e, em seguida, café para o comércio europeu. Nada mais do que isto. É com tal objetivo, objetivo exterior, voltado para fora do país e sem atenção a considerações que não fossem o interesse daquele comércio, que se organizarão a sociedade e a economia brasileiras. Tudo se disporá naquele sentido: a estrutura, bem como as atividades do país. Virá o branco europeu para especular, realizar um negócio; inverterá seus cabedais e recrutará a mão de obra que precisa: indígenas ou negros importados. Com tais elementos, constituirá a colônia brasileira.[55]

O sentido da exploração capitalista da terra no capitalismo contemporâneo – a etapa superior do imperialismo – é certamente

[54] PRADO JR., C., *op. cit.*, 1942, p. 25.

[55] *Ibid.*, p. 26.

um fenômeno muito mais complexo do que uma mera repetição do processo de colonização. De certo modo, suas implicações históricas são opostas. O sentido da colonização, impulsionado pelo capital mercantil e pelas políticas mercantilistas das grandes potências, engendrou a formação do Brasil contemporâneo, entendido, na concepção de Caio Prado, como processo de diferenciação e autonomização da sociedade brasileira que lhe dá um caráter "mais estável, permanente, orgânico, de uma sociedade própria e definida (...)" dentro de seu contexto civilizatório.[56] A investida imperialista da era global, liderada pelo capital financeiro internacional, com o apoio incondicional das potências dominantes, Estados Unidos à frente, desencadeia um processo de reversão neocolonial.

Com efeito, quem observa de uma perspectiva de longa duração as transformações estruturais que revolvem de baixo para cima a vida nacional tem a impressão de que, após a crise do processo de industrialização e a inserção subalterna na ordem global, as rodas do processo de formação da sociedade nacional começaram a girar em marcha a ré. O desenvolvimento capitalista tornou-se incompatível com a continuidade da formação. O que, num determinado momento, dava a impressão de que poderia se consolidar como uma sociedade capaz de mandar no seu destino volta a ficar extraordinariamente vulnerável

---

[56] Nas palavras de Caio Prado: "É certo que a colonização da maior parte, pelo menos, destes territórios, inclusive o Brasil, lançada e prosseguida em tal base, acabou realizando alguma coisa mais que um simples 'contato fortuito' dos europeus com o meio, na feliz expressão de Gilberto Freyre, a que destinava o objetivo inicial dela; e que, em outros lugares semelhantes, a colonização europeia não conseguiu ultrapassar: assim na generalidade das colônias tropicais da África, da Ásia e da Oceania, nas Guianas e algumas Antilhas, aqui na América. Entre nós foi-se além, no sentido de constituir nos trópicos uma 'sociedade com características nacionais e qualidades de permanência, e não se ficou apenas nesta simples empresa dos colonos brancos distantes e sobranceiros" (*ibid.*, p. 24).

às vicissitudes do capital internacional. O que se perde são os processos que davam à sociedade brasileira maior estabilidade, permanência e organicidade. O ajuste aos imperativos da ordem global solapa as transformações que contribuíam para fazer do Brasil uma formação econômica e social própria e definida, que avançava em seu movimento de diferenciação e autonomização. Ficam irremediavelmente comprometidas as estruturas econômicas, sociais, políticas e culturais necessárias para que o sentido, o ritmo e a intensidade do desenvolvimento capitalista possam ser submetidos aos desígnios da sociedade nacional. É como se a descrição de Caio Prado sobre o período colonial ecoasse como caracterização da economia brasileira na era global. Os produtos mudam: *commodities* agrícolas e minerais – carne, grãos, etanol, café, laranja, celulose, couros, tabacos, petróleo, ferro, metais não ferrosos; *commodities* semi-industrializadas dependentes de energia elétrica – como o aço. A escala do processo de exploração amplia-se de maneira assustadora, de modo a abarcar praticamente todo o território nacional e todas as dimensões da vida econômica, não apenas a agricultura. O objetivo da produção é a valorização do capital sem nenhuma preocupação com as grandes carências da grande maioria da população. Tudo se subordina às exigências do capital financeiro – política econômica, infraestrutura produtiva, política energética, padrão de intervenção do Estado na economia, relações trabalhistas, política social, política cultural. O país fica completamente à mercê da lógica especulativa dos capitais internacionais, sujeito a verdadeiros "arrastões" que deixam a vida nacional vulnerável a recorrentes sobressaltos e crises cataclísmicas cíclicas. Nem sempre a entrada de capital estrangeiro redunda em aumento dos investimentos produtivos. Quando os investimentos implicam aumento de emprego, a mão de obra recrutada já não é de escravos africanos, mas é crescente o apelo a formas modernas de trabalho escravo entre imigrantes e migrantes miseráveis, como é crescente o aparecimento de formas aviltantes de exploração do trabalho de mulheres e crianças.[57]

Posta em conexão com as profundas transformações provocadas pelo ajuste da economia brasileira às exigências da ordem global, a nova realidade do campo revela-se como a face agrária do processo de reversão neocolonial impulsionado pelo processo de conquista do capital financeiro internacional. A revitalização do agronegócio reforça os nexos orgânicos que configuram a situação de subdesenvolvimento e dependência, repondo com força redobrada os laços ressaltados pela tradição da economia política latino-americana entre: controle da economia pelo capital internacional; latifúndio; desemprego estrutural; marginalidade social; inadequação tecnológica; heterogeneidade estrutural; estreiteza e precariedade do mercado interno; controle do Estado por burguesias aculturadas; modernização dos padrões de consumo; posição subalterna na divisão internacional do trabalho; transferência de recursos ao exterior; tendência estrutural à concentração do progresso técnico; recrudescimento do colonialismo interno; instabilidade monetária; tendência estrutural à estagnação; fragilidade fiscal; deterioração dos termos de troca como tendência de longo prazo; deslocamento do centro dinâmico da economia para o exterior; tendência estrutural a desequilíbrios externos; irracionalidade econômica; dependência tecnológica, financeira e cultural; precariedade dos centros internos de decisão; ameaça permanente de crises de reversão estrutural.

Ao dissolver as bases materiais, sociais, políticas e culturais que dão um mínimo de autonomia relativa para a sociedade nacional, o processo de reversão neocolonial compromete irremediavelmente a possibilidade de combinar capitalismo, democracia e soberania nacional. Não implica o fim do Estado brasileiro nem seu enfraque-

---

57 Para uma visão ampla sobre o tema, consultar ANTUNES, R. *Riqueza e miséria do trabalho no Brasil.* São Paulo: Boitempo, 2006.

cimento para defender os interesses do grande capital, mas acarreta o progressivo embaraço de sua capacidade de realizar políticas públicas que levem em consideração as carências do conjunto da população e os interesses estratégicos do país. Mais do que nunca, o capitalismo brasileiro combinará acumulação de riqueza e barbárie. No período colonial, o combate à barbárie colocava no horizonte a necessidade histórica da revolução da independência, colocando no horizonte a constituição do Estado nacional burguês. Na era global, o combate à barbárie manifesta-se como a necessidade histórica da revolução brasileira, entendida como um conjunto encadeado de mudanças econômicas, sociais e culturais que coloca no horizonte a superação do Estado nacional burguês, pelo encadeamento da revolução democrática e nacional com a revolução socialista.

***

A perspectiva de totalidade sobre o lugar da questão agrária na problemática da formação é fundamental para evitar a repetição de interpretações teóricas que redundaram em práticas políticas desastrosas para a causa da reforma agrária. Tal perspectiva revelará o equívoco que significa: dissociar os problemas diretamente relacionados às "terras improdutivas" dos problemas associados às "terras produtivas"; tratar o latifúndio como anacronismo residual; e, em consequência, separar a questão agrária dos complexos processos que condicionam a questão urbana, a questão nacional e a questão operária, enfim, do conjunto das contradições que definem a necessidade histórica da revolução brasileira.

No momento em que uma absoluta subordinação da agricultura à lógica do capital financeiro aumenta assustadoramente a fome por terras e que o ajuste do Brasil à ordem global desencadeia um processo devastador de reversão neocolonial, é urgente uma profunda crítica à teoria e à prática que fundamentaram a luta pela reforma agrária no último período. Tirar as consequências da falência do programa democrático-popular é o ponto de partida. A reforma agrária não pode se ater à reivindicação das terras improdutivas sem colocar em questão o caráter socialmente perverso e ambientalmente predatório das terras produtivas. Impõe-se uma completa mudança no padrão de desenvolvimento da agricultura que tem na socialização das terras e dos meios de produção o seu ponto nevrálgico. Nesse sentido, a reforma agrária é parte da luta de todos os brasileiros que se batem contra o capitalismo dependente.

A derrota da luta pela terra deixa uma clara lição. Enquanto a questão agrária não for encampada pelo conjunto dos trabalhadores do campo e da cidade, e não for combinada com a luta pela reforma urbana, pela redução da jornada de trabalho e pela autonomia econômica, política e cultural da sociedade brasileira, num processo de mudança social de grande envergadura, que opõe explorados e exploradores, ela carecerá da potência necessária para pôr uma pá de cal nos interesses econômicos que se beneficiam do capitalismo selvagem para potencializar a acumulação de capital. Por essa razão, a luta pela reforma agrária não pode ser desvinculada do conjunto de transformações que caracterizam a revolução brasileira, cuja tarefa fundamental consiste em romper a dupla articulação – controle do capital internacional sobre a economia nacional e segregação social como base do regime de classes – responsável pelo processo de reversão neocolonial que leva ao paroxismo a relação de causalidade entre capitalismo e barbárie.

REFERÊNCIAS BIBLIOGRÁFICAS

ANTUNES, R., *Riqueza e miséria do trabalho no Brasil*. São Paulo: Boitempo, 2006.

BAQUERO, F. S. e KLEIN, E. *Política de mercado de trabajo y pobreza rural en América Latina*. Tomo 1. Roma: Cepal/FAO/OIT, 2012.

BANCO DE DADOS DA LUTA PELA TERRA, *Relatório 2010*. Disponível em: <www2.fct.unesp.br/grupos/nera/projetos/dataluta_brasil_2010.pdf>. Acesso: 22 set. 2012.

BELLUZZO, L. G., *Desenvolvimento capitalista no Brasil*. São Paulo: Brasiliense, 1982/1983, 2 v.

CANUTO, A., SILVA LUZ, C. R. e WICHINIESKI, I. (orgs.). *Conflitos no campo Brasil 2011*. Goiânia: CPT Nacional Brasil; São Paulo: Expressão Popular, 2012.

CARDOSO, F. H. O *modelo político brasileiro*, São Paulo: Difusão Europeia do Livro, 1972.

CARDOSO DE MELLO, J. M. *O capitalismo tardio*. São Paulo: Brasiliense, 1982.

CARVALHO, J. J. "A proposta é uma coisa, o plano do governo é outra". *Estudos Avançados da USP*, v. 18, n. 50. São Paulo: Edusp, 2004, p. 337-345.

CNBB. "Igreja e problemas da terra". Documento aprovado pela 18ª Assembleia da Conferência Nacional dos Bispos do Brasil. Itaici, 14 fev. 1980, mimeo.

______. "Questão agrária no Brasil atual". Brasília, 2012, mimeo.

COSTA, E. V. *Da monarquia à República: momentos decisivos*. São Paulo: Fundação Editora da Unesp, 1999.

DAVID, M. B. A.; WANIEZ, P. e BRUSTLEIN, V. "Atlas dos beneficiários da reforma agrária". *Estudos Avançados*, v. 11, n. 31. São Paulo: Edusp, 1997. Disponível em: <www.scielo.br/scielo.php?script=sci_arttext&pid=S0103-40141997000300004>.

DELGADO, G. C. *Capital financeiro e agricultura no Brasil, 1965-1985*. São Paulo: Incone-Unicamp, 1985.

______. *Do capital financeiro na agricultura à economia do agronegócio – meio século de mudança cíclicas (1965-2012)*, no prelo.

FERNANDES, F. *Sociedade de classes e subdesenvolvimento*, Rio de Janeiro: Zahar, 1981.

______. *A revolução burguesa no Brasil : ensaio de interpretação sociológica*. Rio de Janeiro: Zahar, 1976.

______. *Movimento socialista e partidos políticos*. Hucitec: São Paulo, 1980.

______. *Brasil: em compasso de espera*. Hucitec: São Paulo, 1980.

______. "Nem federação nem democracia". *São Paulo em Perspectiva*, v. 4, n. 1. São Paulo: Seade, 1990, p. 25-27.

______. *Nova República?* Rio de Janeiro: Zahar, 1985.

______. *A Constituição inacabada: vias históricas e significado político*. São Paulo: Estação Liberdade, 1989.

FURTADO, C. *Análise do modelo brasileiro*. Rio de Janeiro: Civilização Brasileira, 1972.

______. *O mito do desenvolvimento*. Rio de Janeiro: Paz e Terra, 1974.

______. *Pequena introdução ao desenvolvimento*. São Paulo: Nacional, 1980.

______. *O Brasil pós-"milagre"*. Rio de Janeiro: Paz e Terra, 1981.

GRAZIANO, X. e NAVARRO, Z. "Realidade agrária e ideologia". *Revista de Política Agrícola*, ano XXI, n. 2, abr.-mai.-jun. 2012, Brasília: Secretaria Nacional de Política Agrícola, Companhia Nacional de Abastecimento, p. 139 e 140.

IANNI, O. *Origem agrária do Estado brasileiro*. São Paulo: Brasiliense, 1984.

______. *Ditadura e agricultura*. Rio de Janeiro: Civilização Brasileira, 1979.

______. *A ideia de Brasil moderno*. São Paulo: Brasiliense, 1992.

IASI, M. L. *As metamorfoses da consciência de classe: o PT entre a negação e o consentimento*. São Paulo: Expressão Popular, 2006.

MARICATO, E. *Brasil, cidades: alternativas para a crise urbana*. Petrópolis: Vozes, 2001.

______. *Habitações e as políticas fundiária, urbana e ambiental*. Brasília: PNUD e Ministério das Relações Exteriores, 1995.

MARTINS, M. D. (org.). *O Banco Mundial e a terra: ofensiva e resistência na América Latina, África e Ásia*. São Paulo: Viramundo, 2004.

MARX, K. *O capital*, v. 1. Rio de Janeiro: Civilização Brasileira, 1968.

______. *Salário, preço e lucro*. Lisboa: Estampa, 1975.

MST. *Documento preparatório do IV Congresso do MST*, realizado em Brasília, no ano 2000, mimeo.

NAVARRO, Z. "A vida e os tempos da questão agrária no Brasil", *in:* TEIXEIRA, Erly Cardoso *et al.* (org.). *As questões agrárias e da infraestrutura de transportes para o agronegócio*. Viçosa, UFV-DER, 2011, p. 85-12.

OLIVEIRA, Ariovaldo U. de. "A 'não' reforma agrária do MDA/Incra no governo Lula". Trabalho apresentado na reunião paralela realizada pela Via Campesina durante a Conferência Internacional Reforma Agrária e Desenvolvimento Rural – CIRADR-FAO. Porto Alegre, 7-10 mar. 2006. Disponível em: <pt.scribd.com/doc/96607576/A-Nao-Reforma-Agraria-No-Governo-LULA>.

______. Entrevista. Disponível em: <www.mst.org.br/Politica-agraria-do-governo--Lula-valorizou-o-agronegocio>. Acesso: 22 set. 2012.

PNRA. *Plano Nacional de Reforma Agrária (II PNRA). Paz, produção e qualidade de vida no meio rural*. Brasília, MDA, 2003. Disponível em <sistemas.mda.gov.br/arquivos/PNRA_2004.pdf>.

PORTUGAL JR., J. G. "Economia regional e os problemas de emprego". Rio de Janeiro: Ipea; São Paulo: Fundap, 1998.

______. "Padrões de heterogeneidade estrutural no Brasil". Tese (doutorado) – Unicamp, 2012.

PRADO JR., Caio. *Formação do Brasil contemporâneo*. São Paulo: Brasiliense, 1942.

______. *História econômica do Brasil*. São Paulo: Brasiliense, 1945.

______. *A revolução brasileira*. São Paulo: Brasiliense, 1966.

______. *A questão agrária no Brasil*. São Paulo: Brasiliense, 2000.

RAMOS, P. "História e questão agrária brasileira: do início do Brasil Império ao governo Lula (1822-2010)", Texto preparado para o III Congresso Latino-americano de História Econômica (Cladehe-III), mesa geral n. 6, História Agrária, Campinas, 2012.

RODRIGUES, F. C. "MST – formação política e reforma agrária nos anos de 1980". Tese (doutorado) – Faculdade de Educação da Universidade Estadual de Campinas (FE-Unicamp). Campinas, 2013, mimeo.

RODRIGUEZ, O. "Heterogeneidad estructural y subempleo". *Pesquisa agricultura, subempleo y distribución del ingreso*. São Paulo: Cebrap/FAO, 1982.

SAMPAIO JR., P. S. A. *Entre a nação e a barbárie: os dilemas do capitalismo dependente em Caio Prado Júnior, Florestan Fernandes e Celso Furtado*. Petrópolis: Vozes, 1999.

SILVA, L. O. *Terras devolutas e latifúndio*. Campinas: Ed. Unicamp, 1996.

______. "As leis agrárias e o latifúndio improdutivo". *São Paulo em Perspectiva*, v. 11, n. 2, abr-jun. 1977, São Paulo, Seade, 1997, p. 15-25.

STEDILE, J. P. (coord.). *A questão agrária hoje*. Porto Alegre:, Editora da UFRG, 1994.

______. "El MST y las disputas por las alternativas en Brasil". *Observatório Social de América Latina* (Osal), ano V, n. 13, jan.-abr. 2004, Buenos Aires: CLACSO, p. 31-40.

SYDOW, E. e MENDONÇA, M. L. (orgs.). *A política destrutiva do Banco Mundial para a reforma agrária*. São Paulo: Rede Social de Justiça e Direitos Humanos, s.d.

TAVARES, M. C. *Acumulação de capital e industrialização no Brasil*, Campinas: Unicamp, 1974.

______. *Ciclo e crise*. Rio de Janeiro: FEA-UFRJ, 1978.

______. "Problemas de industrialización avanzada en capitalismos tardios y periféricos". *Economía de América Latina. Revista de Información y Análisis de la Región*, n. 6, México, 1981, mimeo.